MÉMOIRES

DE LA

COMTESSE DE BOIGNE

III

Procédé et Imp. V.Jacquemin

RENÉ EUSTACHE MARQUIS D'OSMOND,
PAIR DE FRANCE,
AMBASSADEUR A LONDRES,
PÈRE DE LA COMTESSE DE BOIGNE,
d'après un portrait de J. Isabey
(Collection de Mademoiselle Osmonde d'Osmond).

RÉCITS D'UNE TANTE

MÉMOIRES

DE LA

COMTESSE DE BOIGNE

NÉE D'OSMOND

PUBLIÉS INTÉGRALEMENT D'APRÈS LE MANUSCRIT ORIGINAL

III

De 1820 à 1830.

PARIS

ÉMILE-PAUL FRÈRES, ÉDITEURS

100, RUE DU FAUBOURG-SAINT-HONORÉ

1922

SEPTIÈME PARTIE

De 1820 à 1830.

CHAPITRE I

Mes habitudes et mes habitués. — Récompense nationale au duc de
Richelieu. — La reine de Suède le suit dans son voyage. — Salon de
la duchesse de Duras. — Goût de madame de La Rochejaquelein pour
la guerre civile. — Madame de Duras se fait auteur. — Mariage de
Clara de Duras. — La duchesse de Rauzan.

J'aurai moins occasion dorénavant de parler de la
politique des Cabinets; la retraite de mon père en éloignait ma pensée. Le désir de le tenir au courant m'avait,
depuis quelques années, encouragée à m'enquérir des
affaires publiques avec soin. Privée de ce stimulant d'un
côté et assez refroidie par les événements de l'autre, je
cessai de m'en occuper avec le même zèle.

Il m'arrivait bien de temps à autre quelque confidence,
quelque révélation de dessous de cartes; mais je ne pre-
nais plus la peine de m'informer de leur exactitude, de
remonter aux sources, de suivre les conséquences et les
résultats; et, hormis que j'en causais plus volontiers que
les personnes qui n'y avaient jamais pris intérêt, hormis
que je n'adoptais pas sans examen les nouvelles qui flattaient mes désirs, je n'étais guère mieux informée que
tout le gros des gens du grand monde.

J'avais arrangé ma vie d'une façon qui me plaisait fort. Je sortais peu et, lorsque cela m'arrivait, ma mère tenait le salon, de sorte qu'il était ouvert tous les soirs. Quelques habitués s'y rendaient quotidiennement, et, lorsque l'heure des visites était passée, celle de la conversation sonnait et se prolongeait souvent très tard.

De temps en temps, je priais du monde à des soirées devenues assez à la mode. Mes invitations étaient verbales et censées adressées aux personnes que le hasard me faisait rencontrer. Toutefois, j'avais grand soin qu'il plaçât sur mon chemin celles que je voulais réunir et que je savais se convenir. J'évitais par ce moyen une trop grande foule et la nécessité de recevoir cette masse d'ennuyeux que la bienséance force à inviter et qui ne manquent jamais d'accourir au premier signe. Je les passais en revue, dans le courant de l'hiver, par assez petite portion, pour ne pas en écraser mon salon. L'incertitude d'y être prié donnait quelque prix à ces soirées et contribuait plus que tout autre chose à les faire rechercher.

Je voyais les gens de toutes les opinions. Les ultras dominaient dans les réunions privées, parce que mes relations de famille et de société étaient toutes avec eux ; mais les habitués des autres jours se composaient de personnes dans une autre nuance d'opinion.

Nous étions les royalistes du Roi et non pas les royalistes de Monsieur, les royalistes de la Restauration et non pas les royalistes de l'Émigration, les royalistes enfin qui, je crois, auraient sauvé le trône si on les avait écoutés.

Je le reconnais, toutefois, nous-mêmes trouvions alors le ministère Decazes tombé dans l'ornière de gauche et prêtant une oreille trop bénévole aux théoriciens de la doctrine dont la plupart mettaient leurs arguments au service de leurs intérêts. Bien des gens auraient voulu se rallier autour du duc de Richelieu pour faire contre-poids à cette tendance qui effrayait. Non seulement il ne le désirait pas, mais encore il s'y refusait et s'était éloigné.

Monsieur Decazes, un peu repentant peut-être de sa conduite envers le duc, s'occupa avec empressement de lui faire décerner une récompense nationale; mais les germes d'ingratitude, soigneusement semés depuis quelques mois, avaient fructifié; et, lorsqu'on voulut faire valoir des services qu'on avait pris tant de peine à déprécier, on ne trouva nulle part assez d'élan pour résister aux malveillances des oppositions de l'extrême gauche et de l'extrême droite. Au lieu d'être votée d'acclamation, la récompense nationale fut discutée, disputée et ne passa qu'à une faible majorité.

Monsieur de Richelieu, le plus désintéressé des hommes, fut profondément blessé de la forme de cette transaction. Il employa la somme votée par les Chambres à une fondation dans la ville de Bordeaux. Accoutumé à la frugalité et à la simplicité, ses revenus personnels suffisaient de reste à ses besoins.

Il était entré à l'hôtel des affaires étrangères apportant tout son bagage dans une valise; il en sortit de même; mais, malgré cette modestie, il *se sentait* autant qu'homme de France. Il se souciait peu que ses services fussent mal rémunérés, mais il était cruellement blessé qu'ils ne fussent pas mieux appréciés.

Il était donc profondément dégoûté des affaires et ne voulait y rentrer ni comme chef d'opposition, ni, encore moins, comme chef du gouvernement. C'était un forçat délivré de ses chaînes et il formait le bien ferme propos de ne jamais les reprendre.

Le désir de jouir de la liberté qu'il avait reconquise

l'engagea à faire un voyage dans le Midi. Il ne s'attendait guère à la nouvelle persécution qu'il allait y trouver.

La femme de Bernadotte avait passé l'hiver de 1815 en Suède. La rigueur du climat ayant excité une maladie cutanée qui se porta sur son visage, cette espèce de lèpre, jointe aux regrets qu'elle conservait de Paris, lui avait rendu l'habitation de Stockholm si intolérable qu'elle n'avait pu consentir à y prolonger son séjour. Elle était établie à Paris, dans son hôtel de la rue d'Anjou où elle avait une espèce d'existence amphibie. Ses gens et l'ambassadeur du Roi son époux l'appelaient Votre Majesté, le reste de l'univers madame Bernadotte.

Louis XVIII la recevait le matin dans son cabinet *pour rendez-vous d'affaires*. Elle n'allait pas chez les autres princes, ni à la Cour. Du reste, elle faisait des visites à ses anciennes amies sur le pied de l'égalité, et vivait dans une coterie assez restreinte. Je l'ai souvent rencontrée chez madame Récamier où elle n'avait en rien une attitude royale. Quoiqu'elle se fît annoncer : *la reine de Suède*, elle n'exigeait ni n'obtenait aucune distinction sociale.

Vers la fin du ministère de monsieur de Richelieu, elle eut quelque démarche à faire pour un de ses parents. Elle écrivit au ministre et lui demanda une audience. Monsieur de Richelieu se rendit chez elle (comme cela se pratiquait autrefois, par tous les ministres, pour toutes les femmes de la société, usage dont monsieur de Richelieu a seul conservé la tradition de mon temps). Il fut très poli. Ce que madame Bernadotte désirait réussit ; il vint lui-même l'en informer. Elle l'invita à dîner ; il accepta.

Il ne se doutait guère qu'il jetait les fondements d'une frénésie qui l'a poursuivi jusqu'au tombeau. Madame Bernadotte s'était prise d'une telle passion pour le pauvre duc qu'elle le suivit à la piste pendant son voyage. Cela commença par lui paraître extraordinaire. Il ne comprenait pas comment elle se trouvait toujours arriver trois heures après lui dans tous les lieux où il s'arrêtait.

Bientôt il ne put se dissimuler que lui seul l'y attirait et l'y retenait. L'impatience le gagna. Il cacha sa marche et ses projets, fit des crochets, choisit les plus tristes résidences, les plus méchantes auberges. Peines perdues, la maudite berline arrivait toujours trois heures après sa chaise de poste. C'était un cauchemar !

Il sentait, de plus, combien cette poursuite finirait par prêter au ridicule. Il trouva le moyen de faire savoir à la royale héroïne de grande route qu'il était décidé à retourner sur-le-champ à Paris si elle persistait à le suivre. Elle, de son côté, s'informa d'un médecin si les eaux que le duc devait prendre étaient essentielles à sa santé. Sur la réponse affirmative, elle se décida à faire trève à ses importunités et passa la saison des eaux à Genève ; mais, à peine fut-elle terminée, qu'elle se remit en campagne ; et cette persécution qu'il espérait pouvoir mieux conjurer à Paris qu'ailleurs y ramena le duc, bien plus que l'ouverture de la session.

La maison de madame de Duras était toujours la plus agréable de Paris. La position de son mari à la Cour la mettait en rapport avec les notabilités de tout genre, depuis le souverain étranger qui traversait la France jusqu'à l'artiste qui sollicitait la présentation de son ouvrage au Roi. Elle avait tout le tact nécessaire pour choisir dans cette foule les personnes qu'elle voulait grouper autour d'elle ; et elle s'était fait un entourage charmant, au milieu duquel elle se mourait de chagrin et de tristesse.

Le mariage de sa fille aînée avec monsieur de La Rochejaquelein lui avait été un véritable malheur. Elle y avait constamment refusé son approbation et ne consentit pas même à assister à la cérémonie, lorsque madame de Talmont, ayant atteint vingt et un ans, se décida à la faire célébrer. Le duc de Duras, quoique très récalcitrant, accompagna sa fille à l'autel.

Il est assez remarquable qu'elle s'est mariée deux fois le jour anniversaire de sa naissance, à l'époque juste où la loi le permettait. Le jour où elle a eu quinze ans, elle a épousé le prince de Talmont au milieu dès acclamations de sa famille, et, le jour où elle en a eu vingt et un, elle a épousé monsieur de La Rochejaquelein, malgré sa réprobation.

Le grand mérite de monsieur de La Rochejaquelein, aux yeux de sa nouvelle épouse, était son nom vendéen et l'espoir qu'elle serait appelée à jouer un rôle dans les troubles civils de l'Ouest.

Félicie de Duras sortait à peine de l'enfance lorsque le manuscrit de monsieur de Barante (connu sous le nom dès *Mémoires de madame de La Rochejaquelein*), circula dans nos salons. Ce récit s'empara de sa jeune imagination. Depuis ce temps, elle a constamment rêvé la guerre civile comme le complément du bonheur, et, pour s'y préparer, dès qu'elle a été maîtresse de ses actions, elle a été à la chasse au fusil, elle a fait des armes, elle a tiré du pistolet, elle a dressé des chevaux, elle les a montés à poil, enfin elle s'est exercée à tous les talents d'un sous-lieutenant de dragons, à la grande désolation de sa mère et à la destruction de sa beauté qui, avant vingt ans, avait succombé devant ce régime de vie.

Madame de La Rochejaquelein s'est donné depuis 1830 la joie de courir le pays le pistolet au poing, d'y fomenter des troubles, d'y attirer beaucoup de malheurs et de ruines. Je ne sais si la réalité de toutes ces choses lui aura paru aussi charmante que son imagination les lui avait représentées ; mais elle est plus excusable qu'aucune autre personne de s'être jetée dans la guerre civile, car c'était son rêve depuis l'âge de douze ans.

Sa belle-mère, la princesse douairière de Talmont, à qui le mariage avec monsieur de La Rochejaquelein plaisait, principalement, je crois, parce qu'il désolait la duchesse de Duras, conserva le nouveau ménage chez elle. Elle a laissé toute sa fortune à Félicie qu'elle semblait aimer passionnément et qui était encensée jusqu'à la fadeur dans le petit cercle de cet intérieur. Je lui ai entendu adresser cette phrase par un des habitués de sa belle-mère :

« Princesse, permettez-moi de prendre la liberté de vous dire que vous avez toujours parfaitement raison. » Je n'en ai jamais oublié l'heureuse rédaction.

Madame de Duras cherchait, quoique un peu honteusement, à recueillir la succession de madame de Staël. Elle était elle-même effrayée de cette prétention et aurait voulu qu'on la reconnût sans qu'elle eût à la proclamer. Ainsi, par exemple, n'osant pas arborer le rameau de verdure que madame de Staël se faisait régulièrement apporter après le déjeuner et le dîner et qu'elle tournait incessamment dans ses doigts, dans le monde comme chez elle, madame de Duras avait adopté des bandes de papier qu'un valet de chambre apportait *in fiocchi* sur un plateau après le café et dont elle faisait des *tourniquets* pendant toute la soirée, les déchirant les uns après les autres.

Elle s'occupait dès lors à écrire les romans qui ont depuis été imprimés et auxquels il me semble impossible de refuser de la grâce, du talent et une véritable connaissance des mœurs de nos salons. Peut-être faut-il les avoir habités pour en apprécier tout le mérite. *Ourika* retrace les sentiments intimes de madame de Duras. Elle a peint sous cette peau noire les tourments que lui avait fait éprouver une laideur qu'elle s'exagérait et qui, à cette époque de sa vie, avait même disparu.

Ses occupations littéraires ne la calmaient pas sur ses chagrins de cœur que l'attachement naissant de monsieur de Chateaubriand pour madame Récamier rendait très poignants, et ses chagrins de cœur ne suffisaient pas à la distraire de son ambition de situation.

Elle n'avait pas de garçon. Le second mariage de sa fille aînée l'avait trop irritée pour s'occuper de son sort. Elle reporta toutes ses espérances sur la seconde, Clara, à qui elle voulut créer une existence qui montrât à Félicie tout ce qu'elle avait perdu par sa rébellion.

Elle choisit Henri de Chastellux et obtint de lui qu'il consentirait à changer son nom pour celui de Duras, avec la promesse qu'en épousant Clara il hériterait du duché et de tous les avantages que les Duras auraient pu faire à leur fils. En conséquence, nous assistâmes à la messe de mariage du marquis et de la marquise de Duras, mais, lorsque nous revînmes le soir, la duchesse de Duras, à la suite d'une visite de monsieur Decazes, nous présenta, en leur place, le duc et la duchesse de Rauzan. C'était un ancien titre de la maison de Duras que le Roi avait fait revivre en faveur des nouveaux époux. Il avait voulu que ce présent de noces arrivât par l'intermédiaire du favori que la duchesse de Duras avait, malgré les répugnances de parti et les réticences de salon, employé pour obtenir que l'hérédité du titre et de la pairie du duc de Duras fussent assurés à Henri de Chastellux.

Il ne manqua pas de gens pour le blâmer d'avoir quitté un nom qui valait bien celui de Duras ; mais, à mon sens, il s'est borné à mettre deux duchés et une belle fortune dans la maison de Chastellux, car ses enfants seront Chastellux, malgré les engagements contraires qu'il a pu prendre.

Madame de Duras se complut à entourer Clara de tous les agréments, de toutes les distinctions, de tous les amusements qui peuvent charmer une jeune femme, afin surtout de faire sentir à madame de La Rochejaquelein le poids de son mécontentement. Elle se vengeait comme un amant trahi, car toutes ses préférences avaient été pour Félicie et, même en cherchant à la tourmenter, elle l'adorait encore. Au surplus, elle ne parvint jamais à diviser les deux sœurs qui restèrent tendrement unies, à leur mutuel honneur, quoique l'aînée fût traitée comme une étrangère dans la maison paternelle où l'autre semblait posée sur un autel pour être divinisée.

Les contemporaines de madame de Rauzan ont établi qu'elle était fort bornée. Je ne puis être de cet avis Elle a beaucoup de bon sens, un grand esprit de conduite; elle est très instruite, sait plusieurs langues dont elle connaît la littérature. Peut-être n'a-t-elle pas beaucoup d'esprit naturel, mais elle en a été tellement frottée pendant ses premières années qu'elle en est restée suffisamment saturée pour me satisfaire pleinement.

Je ne sais si je m'aveugle par l'affection que je lui porte, mais elle me paraît à cent pieds au-dessus de la plupart de celles qui la critiquent.

CHAPITRE II

Quoique je restasse habituellement chez moi, je fré-
quentais pourtant deux salons, en outre de celui de
madame de Duras, ceux de la princesse de Poix et de la
marquise de Montcalm. J'étais accueillie chez madame de
Poix avec une bonté extrême et je m'y plaisais.

Ce monde, absolument différent de celui auquel on
était accoutumé, mais qui prenait encore vif intérêt à
tous les événements du jour, représentait le siècle dernier se mettant à la fenêtre pour voir passer celui-ci.
Une jeune personne qui causait y devenait sur-le-champ
l'objet d'une gâterie générale et d'acclamations obli-
geantes que, tout en les trouvant intempestives, on recevait très bénévolement ; du moins, tel est l'effet qu'elles
faisaient sur moi.

La princesse de Poix était la plus aimable vieille
femme que j'aie rencontrée. Elle joignait aux grâces de
l'esprit, aux douceurs du commerce le plus facile, un
caractère digne et ferme qui la rendait également propre
à être chef de famille et centre de la société. La conduite exemplaire de sa jeunesse lui donnait le droit d'être
indulgente dans sa vieillesse, et elle en usait avec assez

de discernement pour que sa protection fût honorable
et secourable.

Elle est morte comblée d'ans, de respect et de considération, ayant survécu à toutes ses intimités et même
à son fils, le duc de Mouchy dont la perte l'a cruellement éprouvée et a hâté sa fin. Elle supportait, depuis
plusieurs années, un état de cécité complet avec une
patience admirable, usant de tous les moyens rationnels
d'adoucir cette calamité et se soumettant aux inconvénients irrémédiables avec la résignation courageuse et
enjouée qui peut en atténuer la souffrance.

Madame de Poix n'ayant jamais émigré, son salon
avait peu subi l'influence de la Révolution. Une partie
des personnes qui s'y rencontraient chaque soir conservaient l'habitude quotidienne de s'y retrouver depuis
quarante ans. Les autres, après une absence plus ou
moins longue, étaient venues s'y rallier en se rangeant
de nouveau aux formes et au ton dont la vieille maréchale
de Beauvau était restée, jusqu'à très récemment, l'exemple et l'oracle. On se trouvait ainsi rattaché directement
à la société du temps de Louis XV.

Les enfants et les petits-enfants de la princesse, après
avoir dîné et passé quelque temps auprès d'elle, allaient
chercher les plaisirs du grand monde vers neuf heures.
Ils étaient remplacés par mesdames de Chalais, d'Hénin,
de Simiane, de Damas, et messieurs de Chalais, de Montesquiou, de Damas, de Lally, etc. qui s'y réunissaient
chaque soir. D'autres habitués étaient moins fidèlement
exacts, et toute la bonne compagnie de Paris passait en
visite dans ce salon.

Les personnes que j'ai nommées formaient *la coterie*
proprement dite, d'ancienne date assurément, car, longtemps avant la Révolution, mesdames les princesses
de Poix, de Chalais, d'Hénin et de Bouillon, étaient

connues à la Cour sous le titre des *princesses combinées*.

Le ton de cette société était monté à un degré d'enthousiasme et à une sensiblerie pour les petites choses qui semblaient très exagérés à notre génération, rappelée à la simplicité par l'importance des événements, mais qui ne manquaient ni de grâce ni d'obligeance. Un mot un peu heureux, échappé dans la conversation, était relevé avec une approbation qui allait souvent jusqu'à l'applaudissement manuel. Les exclamations : *Qu'elle est charmante ! Qu'il a d'esprit !* etc., se distribuaient en face fort bénévolement.

Madame de Staël avait conservé quelque chose de cette tradition ; mais, plus jeune, elle l'arrangeait mieux aux habitudes du siècle dont elle avait davantage essuyé le frottement.

Dans le salon de madame de Poix, une histoire quelque peu attendrissante faisait couler une profusion de larmes ; c'était aussi un reste d'habitude de la jeunesse de ces dames où les cœurs sensibles étaient fort à la mode.

On racontait de la princesse d'Hénin, qui professait un sentiment passionné pour madame de Poix, qu'un soir où celle-ci était fort souffrante, madame d'Hénin fut obligée de la quitter pour aller faire son service de dame du palais à Versailles. Le lendemain matin, madame de Poix reçoit une lettre de sa jeune amie : « Elle lui écrit n'ayant pu dormir de la nuit ; elle a compté toutes les heures et, lorsque celle qui devait amener le redoublement a sonné, elle-même a ressenti une espèce de frisson. Elle en est tout épouvantée ! Serait-ce un pressentiment ? Elle ne peut résister à son trouble et fait partir un homme sur-le-champ. Elle ne vivra pas jusqu'au retour ; de grâce qu'on la rassure, etc., etc. »

Madame de Poix, très touchée de l'état de madame d'Hénin, écrit en toute hâte qu'elle a passé une assez bonne nuit et fait entrer le valet de chambre pour lui remettre son billet :

« Allez vite porter ma réponse à madame d'Hénin... Elle a donc passé une bien mauvaise nuit ?

— Je ne sais pas, princesse.

— Était-elle bien souffrante ce matin ?

— On n'était pas entré chez elle quand je suis parti.

— Elle ne vous a donc pas donné sa lettre elle-même ?

— Si fait, princesse, la princesse me l'a remise hier au soir. »

Madame de Poix rit un peu des frissons de son amie, mais cela ne changea rien à leur intimité qui s'est prolongée jusqu'à la mort. Il faut ajouter que madame d'Hénin était la plus affectée de toutes ces dames, et madame de Poix la plus naturelle aussi bien que la plus aimable et la plus raisonnable.

Madame de Simiane, dont j'ai déjà parlé au sujet de monsieur de Lafayette, avait été la jolie femme *par excellence* de la Cour de Louis XVI et conservait une grande élégance, beaucoup d'agrément et tout autant d'esprit qu'il en fallait pour être encore charmante dans sa gracieuse bienveillance.

Madame de Chalais, avec plus d'esprit, n'avait pas le même besoin de plaire, mais cependant beaucoup de bonté.

La comtesse Charles de Damas, moins vieille que ces autres dames et dont l'intimité était de relation plus que de sympathie, a toujours passé vis-à-vis de ses contemporaines pour avoir prodigieusement d'esprit. Je n'en ai jamais vu trace ; mais je me récuse, ne pouvant avoir raison contre l'opinion générale. Toujours gémissante, toujours larmoyante, elle me réprésentait « la plaintive élégie en longs habits de deuil », et ses sentiments étaient trop affectés pour jamais m'émouvoir. Peu de jours avant ses couches, son mari la trouva toute en larmes :

« Qu'avez-vous, ma chère amie ?

— Hélas ! je pleure mon enfant.

— Hé ! bon Dieu, quelle idée, pourquoi le perdriez-vous ?

— Le perdre ! ah ! cette affreuse pensée me tuerait ! Mais, hélas, ne vais-je pas m'en séparer ?

— Vous en séparer ? Vous comptez le nourrir.

— Il ne sera plus dans mes entrailles. »

Cette enfant, née d'entrailles si maternelles, n'a pas hérité de ces affectations. Elle est une des personnes les plus distinguées et les plus naturelles de mon temps. Je suis liée avec elle depuis notre mutuelle enfance. Elle avait épousé en premières noces monsieur de Vogué qui se tua en tombant de cheval.

Madame de Damas n'omit aucun soin pour entretenir la douleur de sa fille au plus haut degré de violence. Mais elle finit par s'affranchir et épousa César de Chastellux, le frère aîné d'Henry devenu duc de Rauzan.

Je reviens au salon de madame de Poix où madame de Chastellux, au surplus, se trouvait fréquemment.

L'abbé de Montesquiou y régnait. C'est encore une de ces personnes d'esprit que je n'ai jamais su apprécier. Je ne lui en refuse pourtant pas ; mais il l'a employé à faire des sottises comme homme public et à se rendre insupportable par son aigreur comme homme privé.

Aussi, un certain monsieur Brénier, médecin de Nancy, député de la Chambre introuvable et qui avait été adopté par la société ultra à cause de la violence de ses opinions, disait-il un jour à l'abbé de Montesquiou, qui donnait un de ses coups de griffes aux ministres ses successeurs :

« Monsieur l'abbé, vous ne devriez jamais oublier que vous avez de très grands droits à être fort modeste. »

Cette brutalité expulsa le médecin de la société, et personne n'y perdit, car il était aussi absurde que grossier, mais le mot resta.

Monsieur de Lally a fait des requêtes, des mémoires, des discours, des tragédies, des satires, des panégyriques des morts, bien plus d'éloges des vivants. Je ne sais si rien de tout cela le mènera à la postérité. Ses contemporains l'ont appelé le plus gras des hommes sensibles, on aurait pu ajouter le plus plat des hommes bouffis. Peut-être cela tenait-il à l'affaiblissement de l'âge, mais je ne l'ai jamais vu que plein de ridicules et d'affectation, répandant des larmes à tout propos, pleurant sur l'enfance, pleurant sur les vieillards, pleurant pour la gloire, pleurant pour la défaite, pleurant de joie, pleurant de tristesse, enfin toujours pleurnichant. Je le voyais beaucoup au Palais-Royal, où il jouait son grand jeu, interrogeant tous les enfants, jusqu'à ceux au maillot, s'attendrissant de leurs réponses, et les encensant avec un excès de flatterie qui n'avait pas cours en ce lieu.

Je ne parlerai pas des autres hommes de la société de madame de Poix. Quelques-uns s'étaient renouvelés depuis la Révolution et n'appartenaient pas à son temps. Messieurs de Chalais et de Damas étaient de fort bons et loyaux personnages, mais nullement remarquables.

Le salon de madame de Montcalm était composé de gens de notre âge, et, jusqu'à la mort de son frère le duc de Richelieu, il a eu une teinte politique très marquée.

Le duc de Richelieu avait été marié, à dix-sept ans, à mademoiselle de Rochechouart qui en avait douze. Selon l'usage du temps, on l'avait envoyé voyager. Pendant les trois années de son absence, il recevait de fréquentes lettres de sa jeune épouse, remplies de grâce et d'esprit. A son instante prière, elle lui envoya son portrait où il retrouva les traits, un peu plus développés, du petit minois enfantin gravé dans son souvenir.

Madame la comtesse de Chinon (c'est le nom que portait le jeune ménage) ayant accompli sa quinzième année, le mari fut rappelé. Plein d'espérance, il débarqua à l'hôtel de Richelieu. On vint au-devant de lui sur l'escalier.

Le vieux maréchal, son grand-père et le duc de Fronsac, son père, avaient placé entre eux un petit monstre de quatre pieds, bossue par devant et par derrière, qu'il présentèrent au comte de Chinon comme la compagne de sa vie. Il recula de trois marches et tomba sans connaissance sur l'escalier. On le porta chez lui. Il se dit trop souffrant pour paraître au salon, écrivit à ses parents sa ferme détermination de ne jamais accomplir un hymen qui lui répugnait si cruellement, fit demander dés chevaux de poste dans la nuit même, prit en désespéré la route d'Allemagne et alla faire les campagnes de Souvarow contre les Turcs.

La duchesse de Fronsac, seconde femme de son père, avait trouvé moyen de pénétrer jusqu'à lui, pendant son court séjour à Paris et de lui présenter deux petites sœurs charmantes, dont il emporta le gracieux souvenir.

Lorsque, quinze ans plus tard, la tourmente révolutionnaire étant un peu calmée, il obtint par la protection de l'empereur Paul Ier, au service duquel il était entré, la permission de venir faire un voyage en France sous le consulat de Bonaparte, il rapporta cette agréable image, et retrouva deux petites bossues qui ne cédaient guère à sa femme dans leur tournure hétéroclite. Toutefois, mieux aguerri, il ne prit pas la fuite.

Ce ne fut qu'après avoir vendu ses biens, payé les dettes de la succession et distribué sa part de l'héritage paternel à ses deux sœurs qu'il reprit le chemin de la Crimée où il s'occupait à fonder la ville d'Odessa.

La difficulté des communications, pendant la Révolution, avait tenu le duc de Richelieu dans la même ignorance sur la tournure de ses sœurs que la discrétion mal entendue de sa famille sur celle de sa femme. Il lui en était resté une sorte de répugnance instinctive pour les bossues.

Longtemps après, ayant été nommé tuteur de sa nièce, mademoiselle d'Hautefort, devenue baronne de Damas, et la trouvant aussi contrefaite, il ne put s'empêcher de s'écrier en serrant la main d'un homme de ses amis :

« Ah ! par Dieu, c'est trop fort, je suis donc né pour être poursuivi, enguignonné de bossues ! »

Si le petit monstre de quinze ans, présenté à monsieur de Richelieu, lui avait inspiré une répugnance invincible, son propre aspect, en revanche, avait produit un effet bien différent. Son air noble, sa charmante figure avaient confirmé l'impression préparée par une correspondance tendre qui se poursuivait fort activement entre les deux jeunes époux.

Sous une enveloppe si hideuse, madame de Richelieu portait un esprit élevé et un cœur généreux. Elle ne s'occupa qu'à réconcilier les deux familles à la fuite intempestive de monsieur de Richelieu, offrit à celui-ci de l'assister dans toutes les tentatives pour faire casser son mariage et accepta comme une faveur le refus qu'il en fit. Avertie par la conduite de son mari des disgrâces personnelles que la tendresse de ses parents avait cherché à lui dissimuler, elle ne voulut pas s'exposer aux dédains du monde et à la pitié des indifférents. Elle se retira dès lors dans une belle terre (Courteilles), à vingt lieues de Paris, qu'elle a constamment habitée jusqu'à sa mort.

Quoique bien jeune encore au moment où la Révolution éclata, ses vertus lui avaient déjà acquis de l'influence ; elle l'employa à maintenir la tranquillité dans ses environs. Elle fut la providence de toute la famille Richelieu, et, loin de jamais témoigner du ressentiment au duc, elle a constamment employé les recherches les plus délicates à l'entourer des soins d'une amitié désintéressée, renfermant dans son sein tout ce qui pouvait sembler dicté par un sentiment plus vif.

Le duc de Richelieu, vaincu par des procédés si généreux et assez noble lui-même pour pardonner à une personne qu'il avait si grièvement offensée, allait quelquefois, depuis la Restauration, la voir au château de Courteilles où il était reçu avec une joie extrême.

Leur âge à tous deux aurait fini par rendre cette existence simple et facile ; je suis persuadée qu'au moment où la mort l'a enlevé, monsieur de Richelieu était près de s'établir à Courteilles. Quant à sa femme, rien ne l'aurait décidée à affronter le monde de Paris dont elle s'était retirée avant d'y être entrée.

Madame de Montcalm était l'aînée des deux sœurs du duc de Richelieu. Un très mauvais état de santé l'autorisait à ne point quitter une chaise longue, et l'espoir de dissimuler sa taille lui donnait la patience de se soumettre à cette sujétion. Elle montrait un beau visage, et le reste de sa personne était enveloppé de tant de garnitures, de châles, de couvre-pieds que sa difformité était presque entièrement cachée.

J'ai toujours attribué à cette circonstance la préférence marquée que monsieur de Richelieu lui accordait sur sa sœur, madame de Jumilhac, qui promenait son épouvantable figure sans le moindre embarras à travers toutes les foules et toutes les fêtes. Un esprit extrêmement piquant, une imperturbable gaieté, un entrain naturel que je n'ai vu à personne autant qu'à elle, la faisaient rechercher de tout ce qu'il y avait de plus élégant dans la meilleure compagnie.

Il n'y avait pas de bonne fête sans madame de Jumilhac. Elle était très à la mode et, chose bien bizarre, malgré sa figure, c'était le but et l'ambition de toute sa vie.

Madame de Montcalm, avec un esprit beaucoup plus cultivé, était, à mon sens, bien moins aimable que sa sœur. Fort exigeante, elle voulait, avant tout, être admirée de gens capables d'apprécier un mérite qu'elle croyait transcendant. L'autre ne pensait qu'à s'amuser avec les premiers venus.

Peut-être suis-je partiale dans mon jugement des deux sœurs. J'étais fort liée avec la cadette ; il m'était difficile de rester neutre entre elles. En ayant réciproquement l'une pour l'autre les procédés les plus nobles, les plus délicats dans les circonstances importantes, elles se taquinaient et se chagrinaient si constamment dans tous les petits détails de la vie journalière qu'elles en étaient venues à se détester cordialement. Les personnes de leur intimité se trouvaient nécessairement influencées et conduites à prendre parti.

Quoiqu'il en soit, monsieur de Richelieu accordait une préférence marquée à madame de Montcalm. Il passait chez elle la plus grande partie de ses soirées, ce qui lui facilitait le moyen d'attirer autour de sa chaise longue toutes les notabilités françaises et étrangères.

CHAPITRE III

Le carnaval de 1820 fut extrêmement gai et brillant.
Les plaies du pays commençaient à se cicatriser. Malgré
le peu de reconnaissance témoignée à l'administration
qui avait travaillé et réussi à émanciper le pays, les personnes mêmes qui craignaient ce résultat et avaient
intrigué pour l'empêcher éprouvaient, en dépit de leurs
préventions, du soulagement à ne plus voir l'uniforme
étranger se pavanant *chez lui,* dans nos rues.

Monsieur le duc de Berry donna un grand bal à
l'Élysée. Les invitations furent nombreuses et assez libé-
ralement distribuées. Monsieur le duc de Berry trouvait
la Cour tenue trop étroitement. Les prétentions des entours avaient profité des goûts sédentaires et retirés des
autres princes pour les accaparer entièrement. Il fallait
être de leur Maison, ou y tenir de bien près, pour avoir
accès jusqu'à eux ?

Monsieur le duc de Berry blâmait cette exclusion et
annonçait l'intention de s'en affranchir. Il avait déjà donné
quelques dîners où il avait admis des pairs et des députés

marquants par leur existence politique, et il se proposait encore d'étendre le cercle de ses invitations. Lui-même aurait eu beaucoup à y gagner, car il avait assez d'esprit pour pouvoir profiter de la conversation et pour chercher à l'encourager. Il était stimulé dans ce projet par l'attitude du Palais-Royal.

Monsieur le duc d'Orléans avait affecté, plus que personne, de relever la tête au départ des alliés et de changer sa façon de vivre ; il était bien aise qu'on remarquât combien il respirait plus librement. Le premier mercredi de chaque mois, il recevait comme prince, mais non pas en habit de Cour. Il n'était porté, au Palais-Royal, que par les femmes présentées pour la première fois ; encore les en dispensait-on fréquemment.

On n'avait pas non plus, ainsi qu'aux Tuileries, inventé de séparer les hommes et les femmes, ni de nous faire défiler comme un troupeau, ou entrer en fournées, disciplinées par un huissier, pour obtenir le mot, ou le coup de tête qu'on nous accordait avec autant d'ennui que nous en avions à le recevoir.

Les salons du Palais-Royal, brillamment éclairés, étaient remplis de femmes magnifiquement parées, d'hommes chamarrés d'ordres et de broderies, qui circulaient librement. On s'y rencontrait ; on se réunissait aux gens de sa société. On attendait sans ennui la tournée des princes qui distribuaient leurs obligeances de la façon la plus gracieuse.

Les réceptions du Palais-Royal se trouvaient être de fort belles assemblées où on s'amusait et d'où l'on sortait content de sa soirée et des gens qui vous l'avaient procurée. Elles étaient très à la mode. J'ignore ce qui décida plus tard à y renoncer et à n'avoir plus qu'une seule réception princière le premier mercredi de l'année où il y avait une telle foule que c'était une corvée insupportable.

En outre des cercles dont je viens de parler, il y avait
de fréquents et excellents concerts ainsi que de grands
dîners, pas trop ennuyeux où on avait soin que les invitations fussent toujours suffisamment mélangées pour que
toutes les opinions se trouvassent représentées et qu'il
n'y eût repoussement pour aucune.

J'allais très souvent au Palais-Royal. Dans les jours
ordinaires, les princesses et leurs dames travaillaient à
une table ronde placée à l'extrémité de la galerie. Les
enfants jouaient à l'autre bout. Monsieur le duc d'Orléans
partageait son temps entre ces deux groupes et le billard.
Dès que les enfants étaient couchés, il se rapprochait de
la table, et on causait de tout fort librement et souvent
d'une façon très amusante.

Monsieur le duc d'Orléans se tenait au courant de tout
ce qui paraissait de nouveau soit dans les arts, soit dans
les sciences. Les savants lui communiquaient leurs découvertes ; celles qui étaient de nature à intéresser les princesses étaient produites et démontrées au salon. Les artistes qui passaient y étaient entendus et y apportaient une
variété qui le rendait fort agréable aux habitués.

La liste en était assez étendue pour qu'il y vînt dans
le cours de la soirée une trentaine de personnes, soit de
celles pour qui la porte était toujours ouverte, soit de
celles qui demandaient à faire leur cour et à qui on fixait
un jour.

Monsieur le duc de Berry y venait parfois avec sa
femme, et avait l'air de s'y plaire. Je ne le voyais plus
que rarement. Dès la seconde Restauration, il avait cessé
de faire des visites et, depuis son mariage, il n'allait dans
le monde qu'aux grands bals où il accompagnait sa femme.
Cependant, lorsque nous nous rencontrions, nos vieilles
habitudes, d'une familiarité qui datait de l'enfance, nous
remettaient facilement en intimité.

Je me souviens qu'un soir, au Palais-Royal, me trouvant à côté de lui sur une banquette, dans le billard, il me témoigna son approbation des habitudes sociales des maîtres de la maison, et combien cela valait mieux que d'être toujours : *Comme nous, entre nous comme des juifs,* ce fut son expression.

Je lui représentai qu'il lui serait bien facile de mettre l'Élysée sur le même pied et qu'il aurait tout à gagner à se faire connaître davantage.

« Pas si facile que vous le croyez bien. Mon père le trouverait très bon et serait même aise d'en profiter, car, malgré tous ses scrupules religieux, il aime le monde ; mais je ne crois pas que cela convînt au Roi ; et je suis sûr que cela déplairait à mon frère et plus encore à ma belle-sœur. Elle n'entend pas qu'on s'amuse autrement qu'à sa façon : *moult tristement...* vous savez ?... » Et il se prit à rire.

Ce *moult tristement* est un terme que Froissard applique aux divertissements des anglais.

Après quelque long dîner de Londres, monsieur le duc de Berry s'écriait souvent :

« Ah ! que nous nous sommes *bien divertis, moult tristement, selon l'us de leur pays.* »

En outre des sévérités de madame la duchesse d'Angoulême, il y avait un obstacle principal qu'il n'exprimait pas mais qu'il voyait très bien : c'était la différence qui existait entre madame la duchesse de Berry et madame la duchesse d'Orléans. Toutefois, dans l'approbation du Prince il perçait beaucoup de jalousie contre le Palais-Royal. J'en eus une nouvelle preuve le jour de ce bal de l'Élysée où je retourne après cette longue digression.

La maladie du duc de Kent avait fait hésiter à le remettre, un léger mieux encouragea à le donner. Le télégraphe apporta la nouvelle de la mort le jour même où il devait avoir lieu. Je l'appris par monsieur le duc de Berry.

La file m'avait retardée. Je lui trouvai, dès en arrivant, l'air que je lui connaissais quand il était mécontent. Le bal était si beau, si brillant, si animé que je ne comprenais pas qu'il n'en fut pas satisfait. Il s'approcha de moi.

« Hé bien ! vous savez que le Palais-Royal ne vient pas ; ils ont envoyé leurs excuses.

— Vraiment, Monseigneur ?

— C'est fort déplacé. Le Roi avait décidé que la nouvelle de la mort du duc de Kent ne serait sue que demain ; et voilà qu'ils la répandent par leur absence qu'il faut bien expliquer... C'est pour me donner un tort. »

Je cherchai à l'apaiser et lui rappelai, ce qui était exact, que monsieur le duc d'Orléans était personnellement intimement lié avec le duc de Kent, qu'il devait être douloureusement affecté et que sa situation était toute différente de celle de monsieur le duc de Berry.

« Ah bah, reprit-il avec impatience, c'est toujours pour faire pot à part. »

Il y avait bien un peu de vrai dans cette boutade de mauvaise humeur.

Le bal fut magnifique et parfaitement ordonné. Le Prince en fit les honneurs avec bonhomie et obligeance, et le succès de cette fête, dont il s'était lui-même occupé, le dérida avant la fin de la soirée. Il dit, tout autour de lui, qu'il était enchanté qu'on s'amusât et que ces bals se renouvelleraient souvent. Hélas ! aveugles mortels que nous sommes, c'était pourtant le dernier !

Madame la duchesse d'Angoulême fit les honneurs avec un empressement et une gracieuseté que je ne lui avais jamais vus. Elle était polie, accorte, couverte de diamants, noblement mise et avait bien l'air d'une grande princesse.

En revanche, sa belle-sœur avait celui d'une maussade
pensionnaire. Elle ne faisait politesse à personne, ne
s'occupait que de sauter et courait sans cesse après monsieur le duc de Berry pour qu'il lui nommât des danseurs.
Il ne voulait pas qu'elle valsât, et elle prenait une mine
boudeuse toutes les fois que les orchestres jouaient une
valse. Il est difficile d'être moins à son avantage et plus
complètement une sotte petite fille que madame la
duchesse de Berry ce jour-là. Il n'approchait que trop
celui où elle devait montrer une distinction de caractère
que personne ne lui supposait.

Je me rappelle pourtant avoir entendu raconter à monsieur le duc de Berry que, se trouvant un jour avec elle
dans une voiture dont les chevaux s'emportaient, elle
avait continué à parler sans que le son de sa voix s'alté-
rât, qu'il avait fini par lui dire :

« Mais, Caroline, tu ne vois donc pas ?

— Si fait, je vois ; mais, comme je ne puis arrêter les
chevaux, il est inutile de s'en occuper. »

La voiture versa sans que personne fût blessé. Madame
la duchesse de Berry est une des créatures les plus cou-
rageuses que Dieu ait formée.

L'étiquette ne permettait pas de quitter le bal avant
les princes. J'étais exténuée de fatigue lorsque je rencontrai monsieur le duc de Berry après le souper. Il me
parut de très bonne humeur et enchanté de l'effet de son
bal.

« Vous n'en pouvez plus, me dit-il, allez-vous-en. »
Je fis quelques difficultés.

« Allez, allez, c'est moi qui vous chasse. Bonsoir, ma
vieille Adèle. »

C'était son terme d'amitié envers moi. Voilà les derniers mots que je lui ai entendu prononcer. La poignée
de main qui les accompagna fut aussi la dernière que

j'aie reçue de lui. Je ne reviens pas sur ces moments sans
émotion. Avec de grands défauts, il avait des qualités
très attachantes et, dans sa poitrine de prince, battait un
cœur d'homme généreux.

Le samedi suivant, qui précédait le dimanche gras 13
février 1820, il y eut un bal costumé chez monsieur Greffulhe, riche banquier qui avait épousé mademoiselle
du Luc de Vintimille et qu'on avait créé pair de France.
La fête était très belle; tout ce qu'il y avait de meilleure
et de plus élégante compagnie à Paris s'y réunit.

Monsieur le duc et madame la duchesse de Berry l'ho-
norèrent de leur présence. La princesse ne dansa pas;
mais, comme elle était vêtue en reine du moyen âge, avec
un voile flottant et en velours chamarré de broderies
d'or, on ne le remarqua pas.

On donnait, en ce temps, au théâtre de la porte Saint-
Martin, une parodie de l'opéra des *Danaïdes* où l'acteur
Potier, après avoir distribué de ces couteaux, dits eus-
taches, à ses filles pour tuer leur mari, ajoutait: « *Allez,
mes petits agneaux* ». Ce mot, dit par Potier d'une façon
inimitable, avait fait la fortune de la pièce, et tout Paris
le connaissait.

Le duc de Fitzjames avait adopté le costume de Potier
et, les poches pleines de couteaux, en donnait à toutes
les jeunes femmes en y ajoutant quelques phrases appro-
priées à leur situation personnelle. Il s'adressa particulièrement à madame la duchesse de Berry; ce fut sujet
d'une longue plaisanterie sur l'endroit du cœur qu'il fallait frapper, et je vis madame la duchesse de Berry partir
tenant encore ce couteau à la main. Hélas! vingt-quatre
heures ne s'étaient pas écoulées qu'un couteau plus for-
midable était enfoncé dans ce cœur qu'on lui conseillait
de toucher.

Édouard de Fitzjames s'est souvent reproché ce badi-

nage, bien innocent assurément, mais dont je conçois
que le souvenir lui fut pénible.

Pendant tout le temps que le prince était resté au bal,
monsieur Greffulhe ne l'avait pas quitté d'un instant. Il
paraissait inquiet et préoccupé. Dès qu'il eut remis ses
illutres hôtes dans leur voiture et qu'elle fut sortie de sa
cour, il sembla débarrassé d'un pesant fardeau.

J'appris qu'il avait reçu de nombreux avertissements
qu'on chercherait à profiter des facilités que donnait
le masque pour assassiner monsieur le duc de Berry;
mais, hormis le maître de la maison, personne ne faisait état de ces menaces anonymes. Tout le monde était
fort gai, fort entrain; les plaisirs de tout genre se succédaient.

La coterie, à laquelle j'appartenais, se réunit le lendemain dimanche chez madame de La Briche. On y avait
préparé une mascarade qui représentait un baptême de
village. Un grand monsieur de Poreth, de six pieds de
haut, en était le maillot; il portait sa nourrice. Tout était
conçu dans cet esprit, et cette parade bouffonne ne manquait pas de gaieté.

On était fort en train de s'amuser, quoiqu'un des personnages de la farce, l'amphitryon de la veille, monsieur
Greffulhe, eût été retenu chez lui par une indisposition
dont, par parenthèse, il mourut cinq jours après.

Les éclats de joie étaient en pleine possession du salon,
lorsqu'Alexandre de Boisgelin y entra. Il s'assit à côté de
madame de Mortefontaine, près de la porte, et lui parla
à voix basse. J'allais sortir, ils m'appelèrent.

Alexandre arrivait de l'Opéra. Il savait monsieur le
duc de Berry atteint. Il avait vu l'assassin; il avait vu le
sanglant couteau. Cependant il ignorait encore le danger
de la blessure. Il croyait le blessé transportable, avait
été donner des ordres à l'Élysée et retournait l'y atten-

dre. Il nous imposa le silence, en promettant de revenir aussitôt que le Prince serait arrivé chez lui.

Nous restâmes, madame de Mortefontaine et moi, assises l'une près de l'autre et osant à peine nous regarder dans la peur d'éclater. Mais bientôt de nouveaux avertissements parvinrent dans ce salon où les plaisirs régnaient encore. Je n'oublierai jamais son aspect. Les groupes éloignés de la porte étaient livrés à la gaieté et aux rires, tandis que ceux plus rapprochés recevaient successivement la sinistre nouvelle et que la consternation gagnait de place en place, mais pourtant assez lentement. Personne ne voulant s'en faire le héraut, elle circulait tout bas de proche en proche.

Les hommes, qui pouvaient se débarrasser des costumes dont ils étaient affublés, se précipitaient dans les rues pour aller aux informations. Ceux qui avaient des devoirs à remplir couraient chez eux pour prendre leur uniforme. Bientôt nous nous trouvâmes entre femmes.

Il ne resta que monsieur de Mun, qui, vêtu en dame du château, lacé, colleretté, falbalassé, emplumé, ne pouvait se déshabiller. Il resta dans ce costume, toute la nuit au milieu des allants et des venants, des aides de camp, des valets, des ordonnances, car les messagers de toutes sortes ne nous manquaient pas, sans que personne, ni lui, ni nous, ni les survenants ne pensassent à le remarquer, tant le trouble était grand. Ce n'est que par la réflexion que nous nous en sommes souvenues.

Nous apprîmes que, loin que monsieur le duc de Berry fût venu à l'Élysée, madame de Gontaut avait reçu ordre de porter la petite Mademoiselle à l'Opéra et les femmes de madame la duchesse de Berry de l'y aller joindre. Enfin, à quatre heures du matin, on vint nous dire, du poste de l'Élysée, que les nouvelles étaient meilleures, que le prince avait été pansé, qu'il était calme et qu'on

allait le transporter, couché sur des matelas. Chacun se
sépara, la terreur dans le cœur. Dès sept heures, nous
étions en campagne, mais c'était pour apprendre la fin
de cette cruelle tragédie.

Les récits qui m'en ont été faits sont de la plus scrupuleuse exactitude. Ils me sont revenus par trop de bouches pour que j'en puisse douter un instant.

La mort de monsieur le duc de Berry a été celle d'un
héros, et d'un héros chrétien. Il s'est occupé de tout le
moude avec un courage, une présence d'esprit, un sang-
froid admirables. Comment cela s'accorde-t-il avec le peu
de résolution dont on a pu quelquefois le soupçonner?
Hélas! je ne sais! Les hommes sont pleins de ces sortes
d'anomalies inexplicables. Lorsqu'on veut les montrer
parfaitement conséquents avec eux-mêmes, on ne fait plus
que le portrait d'un personnage de roman.

Monsieur le duc de Berry venait de mettre sa femme
en voiture. Les valets de pied fermaient la portière. Il
rentrait à l'Opéra pour voir la dernière scène du ballet
et recevoir d'une danseuse le signal de la visite qu'il
désirait lui faire. Il était suivi de deux aides de camp;
deux sentinelles portaient les armes des deux côtés de la
porte.

Un homme passe à travers tout ce monde, heurte un
des aides de camp au point qu'il lui dit: « Prenez donc
garde, monsieur; » dans le même instant pose une main
sur l'épaule du Prince, de l'autre enfonce, par-dessus
l'épaule, un énorme couteau qu'il lui laisse dans la poitrine et prend la fuite sans que personne, dans tout ce
nombreux entourage, ait le temps de prévenir son action.

Monsieur le duc de Berry crut d'abord n'avoir reçu
qu'un coup de poing, et dit: « Cet homme m'a frappé, »
puis, portant la main sur sa poitrine, il s'écria: « Ah!
c'est un poignard; je suis mort. »

Madame la duchesse de Berry, voyant du mouvement, voulut aller vers son mari. Madame de Béthisy, sa dame de service dont je tiens ce détail, chercha à la retenir. Les valets de pied hésitaient à baisser le marchepied ; elle s'élança de la voiture sans qu'il fût ouvert. Madame de Béthisy la suivit.

Elles trouvèrent monsieur le duc. de Berry assis sur une chaise dans le passage. Il n'avait pas perdu connaissance ; il dit seulement : « Ah ! ma pauvre Caroline, quel spectacle pour toi ! » Elle se jeta sur lui : « Prends garde, tu me fais mal. »

On parvint à le monter jusqu'au petit salon qui communiquait avec sa loge. Les hommes qui l'y avaient conduit se dispersèrent aussitôt pour aller chercher des secours ; il se trouva seul avec les deux femmes.

Le couteau, resté dans la poitrine, le faisait horriblement souffrir ; il exigea de madame de Béthisy de l'arracher, après y avoir vainement essayé lui-même. Elle se résigna à lui obéir. Le sang alors jaillit avec abondance ; sa robe et celle de madame la duchesse de Berry en furent inondées.

Depuis ce moment jusqu'à l'arrivée des chirurgiens et les saignées qu'ils pratiquèrent, il ne fit plus entendre que des gémissements continuels, des mots entrecoupés : « J'étouffe, j'étouffe, de l'air, de l'air ! » Ces pauvres femmes ouvraient la porte, et la musique du ballet inachevé, les applaudissements du parterre, venaient faire un contraste épouvantable à la scène qu'elles avaient sous les yeux.

Madame la duchesse de Berry déployait un sang-froid et une force de caractère qu'on ne saurait trop honorer, car son désespoir était extrême. Elle pensait à tout, préparait tout de ses propres mains, et la pensionnaire du matin était devenue tout à coup héroïque.

Je crois que monsieur le duc d'Angoulême arriva le premier des princes, puis Monsieur. Celui-ci s'était jeté dans la voiture de la personne venue l'avertir. On ignorait encore si cet assassinat n'était pas le commencement d'une conspiration plus générale ; il pouvait y avoir du danger.

Le duc de Maillé, premier gentilhomme de la Chambre, ne pouvant trouver place dans la voiture, prit le parti de monter derrière, renouvelant ainsi, en occurrence honorable, le courtisanesque dévouement du vieux maréchal de Beauveau qui, en sa qualité de capitaine des gardes, était revenu de Rambouillet à Versailles derrière une chaise de poste où le jeune Louis XVI avait trouvé asile, un jour où il avait manqué ses relais à la chasse.

Combien les circonstances qualifient diversement les mêmes faits ! La conduite du maréchal, malgré tout le succès qu'elle eut à Versailles, m'a toujours semblé d'un valet et l'action du duc de Maillé d'un loyal gentilhomme.

J'ai entendu raconter, à des témoins oculaires, que le passage du vieux Roi dans les corridors de l'Opéra, où il se traînait pour aller recevoir le dernier soupir du dernier de sa famille, avait un caractère plus imposant, par ce contraste même, que si pareille scène se fût passée dans l'intérieur d'un palais.

Les détails touchants qui accompagnèrent cette horrible catastrophe et qui eurent trop de témoins pour qu'on osât les discuter relevèrent beaucoup la famille royale aux yeux de la France, et la mort de monsieur le duc de Berry lui fut plus utile que sa vie.

Les plus petites circonstances de cette cruelle nuit me furent redites par les nombreux assistants et surtout par les princesses d'Orléans. Elles en étaient bouleversées lorsque j'allai chez elles le lendemain. Mademoiselle me raconta que le Roi avait dit à monsieur le duc d'Orléans ;

au moment ou madame la duchesse de Berry se précipitait sur le corps de son mari et refusait de s'en séparer :

« Duc d'Orléans, ayez soin d'elle ; elle est grosse. »

Monsieur le duc de Berry lui avait également recommandé de prendre garde de ne point se blesser ; mais il faut rendre justice à la jeune princesse ; elle ne pensait aucunement à son état et était tout entière à son malheur. Elle ne faisait trêve à sa douleur que pour témoigner de sa méfiance et de sa haine à monsieur Decazes qui, abimé dans sa propre consternation et enveloppé de son innocence, ne s'apercevait même pas de l'animadversion qu'il suscitait et qui éclatait en paroles et en gestes.

Cela fut poussé à un point si absurde que, monsieur Decazes ayant été dans la salle où était gardé Louvel et lui ayant, à la prière des médecins, demandé à voix basse si l'arme était empoisonnée, on eut l'infamie de dire autour de lui qu'il avait été s'entendre avec l'assassin !

Monsieur le duc de Berry ne cessa pas d'implorer la clémence du Roi pour ce misérable qu'il supposait avoir une vengeance personnelle à exercer contre lui, donnant ainsi un bel exemple de charité chrétienne.

Il recommanda à sa femme deux jeunes filles qu'il avait eues en Angleterre d'une madame Brown et dont il avait toujours été fort occupé. On les envoya chercher. Ces pauvres enfants arrivèrent dans l'état qu'on peut imaginer ; madame la duchesse de Berry les serra sur son cœur.

Elle a été fidèle à cet engagement pris au lit de mort, les a élevées, dotées, mariées, placées près d'elle et leur a montré une affection qui ne s'est jamais démentie. Nous les avons vues paraître à la Cour, d'abord comme mesdemoiselles d'Issoudun et de Vierzon, puis comme princesse de Lucinge et comtesse de Charette.

Monsieur le duc de Berry confia ensuite, à l'indulgence de la vertu de son frère, le soin d'un enfant qu'il avait eu tout récemment d'une danseuse de l'Opéra, Virginie. Les sanglots de monsieur le duc d'Angoulême répondirent de son zèle à accepter ce dépôt. Je ne sais ce qu'est devenu ce petit garçon, mais j'ose répondre que monsieur le duc d'Angoulême ne l'a pas abandonné.

Monsieur le duc de Berry eut des mots touchants et parfaitement appropriés pour tout le monde. Il ne se fit pas un instant illusion sur son état et ne s'occupa que des autres. Il remplit ses devoirs religieux avec résignation et confiance et rendit son âme à Dieu avec une douceur tout à fait imprévue dans un caractère si violent.

S'il était permis de reprendre quelque chose à une si belle fin, je reprocherais au prince de n'avoir pas dit un mot de monsieur de La Ferronnays. Vingt-trois ans de dévouement valaient un souvenir; mais il était alors bien loin (à Pétersbourg). L'agonie ne dura que peu d'heures. Les objets présents ne laissèrent guère le temps de penser aux absents.

La mort de monsieur le duc de Berry causa une désolation générale. Les personnes qui s'en croyaient le moins susceptibles s'identifièrent aux chagrins de cette noble famille, et les relations de cette cruelle nuit arrachèrent des larmes mêmes aux plus opposants.

Il est inouï que ce farouche Louvel, qui poursuivait le Prince depuis longtemps, n'ait pas trouvé une autre occasion de le frapper. La vie irrégulière de monsieur le duc de Berry le menait presque journellement et sans aucune escorte dans les lieux où il semblait bien autrement facile de l'atteindre.

La même catastrophe, arrivée à la porte d'une danseuse, au moment où il sortait de cabriolet, aurait eu un tout autre effet sur le public que de le voir tomber dans les

bras de sa jeune épouse, toute couverte de son sang, là
où il était entouré de toutes les convenances de son rang.
Sous ce rapport, il y eut quelque chose de providentiel
dans un si grand malheur.

Le désespoir du palais de l'Élysée ne peut se décrire.
Monsieur le duc de Berry, malgré ses vivacités, était
adoré de ses serviteurs. Il était humain, généreux, juste
et même facile, le premier moment de colère passé.

On ne sait pas assez qu'il a le premier introduit, en
France, les caisses d'épargne. Il en avait fondé une pour
sa maison et, pour encourager ses gens à y mettre, lorsqu'un d'eux avait économisé cinq cents francs, il doublait
la somme. Il s'occupait lui-même de ces détails. Si un
de ses domestiques avait besoin de reprendre l'argent
placé, il s'informait de la nature de ses nécessités et, lorsqu'elles étaient réelles et honorables, y suppléait. Cette
occupation de leurs petits intérêts lui valait leur dévouement passionné. Il fut pleuré de larmes venant du cœur.

Si monsieur le duc de Berry avait été élevé par des
personnes raisonnables, si on lui avait appris à vaincre
la fougue de ses passions, à compter avec les autres hommes, à sacrifier ses fantaisies aux convenances, il y avait
en lui de l'étoffe pour faire un prince accompli. Tel qu'il
était, sa mort n'était pas une perte ni pour son fils, ni
pour sa famille, ni pour son pays.

La conviction que j'en avais ne m'a pas empêchée de
le regretter sincèrement. Ce sentiment fut général. On
en dira maintenant tout ce qu'on voudra, mais cette tra-
gique nuit fut reçue comme une calamité nationale. Il
s'éleva un long cri de douleur dans toute la France et les
partis l'exploitèrent si bien qu'en trois jours il s'était
changé en imprécations contre monsieur Decazes.

Les premières personnes qui les avaient exprimées
n'avaient songé qu'à l'accuser d'incurie, mais le vulgaire,

ayant pris le change, on ne chercha pas à le désabuser. Il fut établi, à la halle, que monsieur Decazes avait armé le bras de Louvel ; et un député osa le dénoncer, à la Chambre, comme complice du crime. Cela ne supportait pas un moment d'examen. Mais la passion ne raisonne pas, et les gens de parti aiment mieux profiter de l'aveuglement des masses que de chercher à les éclairer.

D'un autre côté, on faisait valoir au château les douleurs de madame la duchesse de Berry. En supposant que ses répugnances fussent injustes, le Roi pouvait-il exiger qu'elle vît l'homme qui lui en inspirait de si vives ? Son désespoir, son état n'exigeaient-ils pas des ménagements ?

L'exaltation fut poussée au point que monsieur Decazes n'était plus en sûreté. Un frémissement menaçant se faisait entendre autour de lui quand il traversait les salles des gardes du corps, et sa vie était en danger dans tous les carrefours. Le Roi céda. Il s'agissait de le remplacer au ministère. Il était président du conseil et ministre de l'intérieur. Monsieur se chargea d'aplanir les difficultés.

Depuis que monsieur Pasquier avait remplacé le général Dessolle aux affaires étrangères, le duc de Richelieu avait prêté un amical et un loyal appui au ministère dont monsieur Decazes était le chef. Pour témoigner de sa bienveillance, il venait d'accepter la commission d'aller complimenter le roi George IV. La mort de son vieux père l'avait rendu souverain titulaire du pays qu'il gouvernait depuis quinze années comme prince régent.

Le duc devait partir à l'heure même où monsieur le duc de Berry expirait ; son voyage fut retardé. Le Roi lui fit proposer de remplacer monsieur Decazes ; il refusa. Monsieur l'envoya chercher, il le supplia d'accepter ; le duc de Richelieu refusa de nouveau et plus péremptoirement vis-à-vis du Prince. Enfin, poussé jusque dans ses derniers retranchements, il lui dit que son objection la plus forte était l'impossibilité de gouverner pour un roi valétudinaire dont la vie semblait toujours prête à échapper, lorsqu'on avait contre soi l'héritier de la Couronne et tous ses familiers.

« Si j'acceptais, Monseigneur, dans un an vous seriez à la tête de l'opposition contre mon administration. »

Monsieur donna sa parole d'honneur de soutenir les mesures du duc de Richelieu de tous ses moyens. Le duc résistait toujours. Enfin il le supplia à genoux (et quand je dis à genoux, j'entends exprimer à deux genoux par terre), au nom de sa douleur, de venir au secours de sa famille et de protéger ce qui en restait du couteau des assassins.

Monsieur de Richelieu, ému, troublé, hésitait encore. Monsieur reprit :

« Écoutez, Richelieu ; ceci est une transaction de gentilhomme à gentilhomme. Si je trouve quelque chose à redire à ce que vous ferez, je vous promets de m'en expliquer franchement avec vous seul, mais de soutenir loyalement et hautement les actes de votre ministère. J'en prends l'engagement sur le corps sanglant de mon fils ; je vous en donne ma parole d'honneur, foi de gentilhomme. »

Monsieur de Richelieu, vaincu et profondément touché, s'inclina respectueusement sur la main qu'on lui tendait, en disant : « Je l'accepte, Monseigneur ».

Trois mois après, Monsieur était à la tête de toutes les oppositions et au fond de toutes les intrigues ; mais peut-être en ce moment était-il de bonne foi. Quoi qu'il en soit, il conduisit monsieur de Richelieu en triomphe chez le Roi qui l'accueillit avec peu d'empressement.

Autant Monsieur cherchait à faciliter la retraite de monsieur Decazes, autant le Roi désirait prolonger les obstacles dans l'espoir que la clameur s'apaiserait et qu'il pourrait conserver près de lui l'objet de toutes ses affections.

Monsieur Decazes jugeait plus sainement sa position. Il avait cherché à ramener l'opinion en présentant des lois d'exception et en demandant lui-même le rappel de la loi d'élection, celle-là même que naguère il soutenait avec tant de chaleur. Dès que ces démarches n'avaient pas suffi à lui concilier le public, il comprit que les ambitieux du parti ne permettraient pas aux exaltés de se calmer et qu'il lui serait impossible de braver la réprobation générale qui l'accablait en ce moment.

Monsieur de Chateaubriand eut assez peu de générosité pour imprimer que le *pied lui glissait dans le sang*. Certes, il était trop éclairé pour croire monsieur Decazes coupable du meurtre de monsieur le duc de Berry ; mais il voulait le rendre impossible comme ministre, dans l'espoir d'être appelé au partage de sa succession. Ne pouvant faire tête à l'orage, le favori arracha au Roi la permission de se retirer. Le monarque ne céda qu'avec le plus vif chagrin et, pour adoucir un peu sa royale douleur, il le nomma pair, duc et son ambassadeur à Londres.

En attendant qu'il pût se rendre à sa nouvelle résidence, il partit pour ses terres dans le Midi. L'exaspération était si vive contre lui qu'il n'était pas sans danger de voyager sous son nom. Ses équipages étant assez nombreux pour attirer l'attention, il profita des relais commandés sur la route pour le duc de Laval-Montmorency qui retournait à son poste de Madrid.

Il faisait bon entendre les fureurs de celui-ci sur la fantaisie qu'avait eue *monsieur le duc Decazes* de voyager sous le nom de Montmorency.

CHAPITRE IV

Monsieur de Richelieu devint président du conseil
sans portefeuille ; monsieur Pasquier resta aux affaires
étrangères ; monsieur Siméon eut l'intérieur ; monsieur
Portal la marine ; monsieur de Serre les sceaux ; monsieur Roy les finances. La guerre était entre les mains
peu habiles du marquis de La Tour Maubourg, mais il
représentait bien ; son loyal caractère et sa jambe de bois
imposaient ; et monsieur de Caux conduisait l'armée.

En seconde ligne, cette administration était renforcée
de messieurs de Reyneval, Mounier, Anglès, Saint-
Cricq, Bequey, Barante, Guizot, etc... Monsieur de
Richelieu recherchait avec un soin scrupuleux les hommes
de talent pour s'entourer de leurs lumières, en profiter
et les faire valoir en les plaçant en évidence.

Personne moins que lui n'a été accessible à la petitesse de vouloir paraître éclairé de sa propre spontanéité.
Il voulait consciencieusement trouver l'homme propre à
la place et non pas la place propre à l'homme qu'il sou-

haitait favoriser. Aussi a-t-il eu beaucoup de partisans, mais point de clientèle.

Je crains que les gouvernements représentatifs ne soient établis sur un principe si immoral d'intérêt personnel que cette vertueuse impartialité, au lieu d'être un mérite, ne devienne un inconvénient dans un ministre. Je voudrais croire que *non,* mais l'expérience dit que *oui.*

De toutes les administrations de mon temps, celle-ci était incontestablement la plus forte, la plus habile et la plus unie. Aussi a-t-elle jeté, en moins de deux années, des fondations assez solides pour que la Restauration ait pu élever impunément dessus les folies accumulées pendant le cours de huit années consécutives. La neuvième a comblé la mesure et bouleversé l'édifice.

Si ce ministère avait duré plus longtemps, il y a toute apparence que le régime d'une monarchie sagement tempérée aurait été suffisamment établie dans tous les esprits pour imposer aux oppositions de droite et de gauche et résister à leur double attaque. Puisse-t-on retrouver ces utiles fondations ! Puissent-elles n'être point perdues dans le déblai !...

Il a été constaté, par les événements subséquents, que cette forme de gouvernement satisfaisait complètement aux vœux et aux besoins de l'immense majorité du pays.

Ce second ministère Richelieu était ce qu'on a appelé depuis la révolution de 1830 *juste milieu,* ce qui, dans toutes les langues de tous les pays du monde, veut dire le plus près que les circonstances admettent de la sage raison.

Le Roi fut bien plus affecté de perdre monsieur Décazes qu'il ne l'avait été de la mort de son neveu. La violence qu'on faisait à ses sentiments les avait encore exaltés. Il soulageait ses chagrins par une multitude de petites effusions parfois ridicules.

La gravure de monsieur Decazes, magnifiquement encadrée, fut placée dans sa chambre. Le portrait en miniature figurait sur son bureau. Le jour du départ, il donna pour mot d'ordre *Élie* et *Chartres*, en accompagnant ces mots d'un gros soupir. Monsieur Decazes s'appelait *Élie* et devait coucher à *Chartres*.

Le lendemain, il donna *Zélie*, nom de madame Princeteau, et la ville où la caravane s'arrêtait. Puis ce fut le tour du nom de madame Decazes, *Égidie*. Il suivit ainsi les voyageurs, d'auberge en auberge, jusqu'à Bordeaux.

La veille du départ, le duc de Castries avait reçu, à neuf heures du soir, un beau portrait du Roi. A dix, on lui remit un magnifique ouvrage de Daniel sur l'Inde orné des plus belles gravures. L'un et l'autre étaient apportés, par un valet de pied, de la part du Roi. Peu accoutumé à ces petits soins, le duc se confondit en remerciements, en attendant qu'il allât lui-même mettre l'hommage de sa reconnaissance aux pieds de Sa Majesté.

A minuit, on entra dans sa chambre à grand fracas, « de la part du Roi ». C'était un médaillier le plus élégant, avec des couronnes ducales relevées en bosse sur toutes les faces, contenant des médailles en or frappées depuis la Révolution.

Le duc de Castries se frottait les yeux, ne comprenant rien à sa nouvelle faveur. Après y avoir bien pensé, il se rendormit pour y rêver. A trois heures, on le réveilla de nouveau ; mais cette fois le valet de pied venait, avec une multitude d'excuses, redemander tous les dons. Trompés par le titre de duc, que monsieur Decazes ne portait que depuis la veille, les gens du Roi avaient fait porter chez monsieur de Castries les objets que Sa

Majesté destinait au favori. Le duc de Castries n'eut à son compte que les louis qu'il avait distribués aux porteurs de ces fugitives magnificences.

L'instruction du procès de Louvel mit en mouvement toutes les passions et les exigences royalistes. Peu s'en fallut que monsieur de Bastard ne passât pour son complice parce qu'il refusa d'en reconnaître dans tous ceux que l'esprit de parti signalait. Le duc de Fitzjames se distingua dans cette chasse aux assassins. Madame la duchesse de Berry s'y associa par une misérable et coupable intrigue.

Un pétard fut placé dans un poêle hors d'usage, situé dans un escalier dérobé de l'appartement du Roi. Il fit une assez violente explosion ; toutefois, le vieux monarque en fut peu ému. On rechercha les auteurs de cet attentat sans pouvoir les découvrir. De nouveaux pétards furent ramassés dans les environs des Tuileries. Quelques-uns même partaient sous les fenêtres de madame la duchesse de Berry.

Bientôt elle trouva dans ses appartements des écrits effrayants. Une lettre surtout, placée sur sa toilette, contenait, au nom des associés de Louvel, des menaces atroces contre la princesse et l'enfant qu'elle portait dans son sein.

La police était désespérée de ne rien découvrir sur un complot qui se dénonçait ainsi lui-même avec tant d'audace. Comment avait-on pu pénétrer jusque chez madame la duchesse de Berry pour poser un papier sur sa toilette ? Ses gens furent interrogés et leurs réponses ne faisaient qu'obscurcir l'affaire.

Enfin on arriva à une femme de chambre favorite de la princesse ; elle se troubla si visiblement qu'on la pressa vivement de questions. On lui fit écrire quelques lignes, sous un prétexte quelconque ; la répugnance

qu'elle témoigna augmenta les soupçons. On la renvoya
au palais pendant qu'on livrait son écriture aux experts ;
et les ministres, au rapport de cet interrogatoire, s'api-
toyèrent fort sur le sort des grands exposés à trouver des
traîtres parmi ceux qu'ils comblent le plus de faveur.

Le soir, le Roi assembla un Conseil extraordinaire-
ment et lui déclara, avec un peu d'embarras et une pro
fonde tristesse, qu'il fallait couper court à toute perquisition. Il raconta qu'au retour de l'interrogatoire la
femme de chambre avait prévenu sa royale maîtresse que
mentir sous serment était au-dessus de ses forces. Elle
voyait bien d'ailleurs que ces messieurs soupçonnaient
la vérité et elle ne pouvait promettre de la cacher à une
seconde séance.

Madame la duchesse de Berry envoya chercher son
confesseur et le chargea de révéler à Monsieur que les
pétards étaient de son invention, les lettres écrites sous
sa dictée et placées par son ordre. Elle était bien sûre,
au reste, de n'avoir en cela que prévenu la pensée des
assassins et voulait stimuler l'attention de la police
qu'elle présumait très mal faite, puisqu'on n'avait pas
encore chassé tous les agents de monsieur Decazes.

Si ses bonnes intentions ne suffisaient pas à expliquer
ses actions, il ne fallait s'en prendre qu'à elle, ses gens
n'ayant agi que par son commandement exprès. Sa femme
de chambre, ajouta-t-elle, n'avait écrit la fameuse lettre
de menaces qu'après de longues représentations et un
ordre impératif. Monsieur avait dû porter cette maussade communication au Roi, et celui-ci la transmettait
au conseil. Après ce récit, fait d'une voix altérée, écouté
les yeux baissés, le Roi ajouta :

« Messieurs, je vous demande de ménager le plus
que vous pourrez la réputation de ma nièce quoiqu'elle
ne mérite guère d'égards. »

En effet, on traina encore en longueur cette affaire pour que les agents subalternes ne pussent pas deviner la révélation obtenue. On laissa revenir ceux des gens de la princesse qui étaient mandés, et même la dame à écriture. Les questions furent posées de façon à rassurer.

On ralentit petit à petit les poursuites et, au bout de quelques jours, il n'en resta, dans l'opinion publique, qu'une grande animadversion contre les mesures de la police qui n'avait rien pu découvrir, lorsqu'on avait des preuves matérielles que madame la duchesse de Berry était entourée d'assassins et de traitres.

Les habitués du pavillon de Marsan furent les plus violents dans leurs clameurs.

Je crois que cette affaire est le début de madame la duchesse de Berry dans la carrière de l'intrigue. Il promettait ; elle ne lui a pas manqué de parole.

Depuis la mort de monsieur le duc de Berry, madame la duchesse de Berry était établie aux Tuileries, dans l'appartement que le prince y avait conservé et où il avait l'habitude de tenir sa cour les jours de réception. Madame la duchesse de Berry s'est souvent repentie de n'avoir pas continué, dès le premier moment de son veuvage, l'indépendance d'un établissement séparé, car elle n'a plus obtenu la permission d'habiter l'Élysée.

Il fallait un véritable courage à la commission chargée de l'instruction du procès de Louvel et surtout à son rapporteur, le comte de Bastard, pour s'affranchir des influences dont on cherchait à les entourer. Le chancelier Dambray, pitoyable ministre, mauvais président de la Chambre des pairs, se trouvait mieux placé lorsqu'il la dirigeait comme cour et se montrait magistrat intègre et impartial.

Il soutint les conclusions du rapporteur qui montraient Louvel comme un fanatique atrabilaire et isolé, n'ayant communiqué avec personne depuis dix-huit mois qu'il nourrissait son affreux projet, tout en faisant la part aux doctrines révolutionnaires que la presse et les jacobins ne cessaient de propager.

Les ultras de la Cour, de la ville et surtout de la province furent loin de se tenir pour satisfaits de ces résultats de l'enquête, et chacun avait une preuve incontestable à rapporter de la complicité de quelque voisin.

Les débats n'apportèrent aucune révélation ; la condamnation et l'exécution eurent lieu sans aucun obstacle. Louvel fut mené en place de Grève à trois heures de l'après-midi, escorté de l'exécration du peuple et sans exciter de trouble, quoique les esprits fussent mis en fermentation par la discussion de la nouvelle loi d'élection et qu'il y eût eu les jours précédents des rassemblements assez tumultueux pour devoir être réprimés par la force armée ; mais ces groupes, formés principalement d'officiers à demi-solde et de jeunes étudiants excités par les députés libéraux, n'auraient pas voulu se déclarer en faveur d'un assassin.

Le gouvernement déploya la force nécessaire, sans rigueurs inutiles. Quelques coups de plat de sabre et de poitrails de chevaux suffirent. La sentinelle qui avait tiré sur le jeune Lallemant, étudiant en droit, fut mise en jugement. On acheva de discuter la loi. Les ministres Pasquier et de Serre emportèrent, un à un, les arguments avec autant de talent que d'habileté et la tranquillité se rétablit pour le moment.

Toutefois, le parti révolutionnaire s'était renforcé du parti militaire, gens d'action, arrêtés subitement dans une carrière de vanité et d'ambition, froissés et irrités dans tous leurs sentiments par la Restauration et animés contre elle d'une haine vindicative.

Ces dispositions avaient été réprimées pendant l'occupation étrangère, mais, depuis l'émancipation, il s'ourdissait partout des trames. C'était un danger inhérent à l'évacuation du territoire qu'il fallait prévoir et affronter.

Malgré le jugement de la Cour des pairs, madame la duchesse de Berry fit élever à Rosny un tombeau renfermant le cœur de son malheureux époux sur lequel elle fit inscrire : « Tombé sous les coups des factieux ». Cela choqua le pays qui avait pris une part si généreuse à sa douleur.

Monsieur de Chateaubriand publia une histoire sur monsieur le duc de Berry où il représenta le crime comme celui de la France. Ces deux monuments élevés à sa mémoire indisposèrent contre elle.

Monsieur de Chateaubriand était profondément blessé de n'avoir pas été appelé à faire partie du nouveau ministère. Louis XVIII n'était rien moins que disposé à le nommer, et monsieur de Richelieu n'en voulait pas davantage pour collègue. Mais, comme il avait était fort avant dans toutes les intrigues du pavillon de Marsan, quoique Monsieur n'eût aucun goût pour lui, on obtint que le Roi payât les dettes qu'il a toujours en permanence, et il fut envoyé ministre en Prusse. Il ne resta guère à Berlin. Il avait déjà été nommé à Stockolm où il n'avait jamais voulu se rendre.

Je m'étais assez bien trouvée des eaux d'Aix, l'année précédente, pour avoir le désir d'y retourner. Je souhaitais d'ailleurs assister à l'inauguration d'un bel établissement que monsieur de Boigne fondait à Chambéry. C'est la maison de *refuge de Saint-Benoît,* destinée à recevoir quarante personnes, parmi la classe moyenne de la société, ayant dépassé l'âge de soixante ans et se-

trouvant sans ressource, des ecclésiastiques, de vieux militaires, d'anciens employés, etc.; des veuves ou des vieilles filles, ayant perdu leurs maris ou leurs parents, sans conserver de fortune.

Monsieur de Boigne avait doté cette maison d'un assez gros revenu et s'était complu à l'établir avec tous les soins qui devaient assurer à ses futurs habitants une existence aussi douce que paisible.

Je m'identifiai fort à cette noble pensée et je fis, avec satisfaction, les honneurs du premier repas donné aux réfugiés (c'est le nom qu'on assigna aux habitants de la maison Saint-Benoît) et aux autorités du pays invitées à cette occasion. Je passai la journée, et presque la totalité du lendemain, avec les nouveaux installés dont le contentement faisait bonheur à voir. Monsieur de Boigne n'avait rien négligé pour rendre [le séjour] confortable.

De tous les nombreux bienfaits dont il a doté Chambéry, la maison du refuge m'a toujours paru la plus utile et la plus satisfaisante pour son cœur. Il a construit une aile à l'hôpital, un hospice pour les aliénés, un pour les voyageurs, un autre pour les maladies cutanées. Il a bâti des casernes, un théâtre, ouvert des rues, planté des boulevards, construit des maisons ; et, pour couronner l'œuvre, rétabli un couvent de capucins et un collège de Jésuites lorsque, dans les dernières années, il devint très dévot, à sa façon pourtant car, avec l'autorisation du directeur jésuite, les capucins faisaient le carême, jeûnaient et mangeaient maigre pour le général de Boigne, moyennant des bons de deux mille livres de viande qu'il donnait au couvent, à prendre sur les bouchers de Chambéry.

Je ne sais pas trop comment cela s'arrangeait. Il est avec le ciel des accommodements. Cette façon de faire maigre m'a toujours extrêmement réjouie, et monsieur de.

Boigne ne se faisait faute d'en plaisanter lui-même les capucins ses bons amis.

C'est pendant le séjour que je fis aux eaux, cette année, que je vis le plus familièrement monsieur Lainé et que je me confirmai dans l'idée qu'il n'était point du tout homme d'État. Lui-même répétait souvent qu'il n'était nullement propre aux affaires.

Il avait refusé la demande que monsieur de Richelieu lui avait faite de rentrer au ministère. Cependant, par suite de cette inconséquence naturelle à la vanité humaine, il ne laissait pas d'être blessé que ce sacrifice n'eût pas été exigé de son patriotisme.

La grande conspiration militaire, qui se préparait depuis plusieurs mois, éclata au mois d'août de cette année. Monsieur Lainé en recevait les détails par chaque courrier. Il n'arrivait que deux fois la semaine.

Monsieur Lainé ouvrait ses lettres avec le frisson et leur lecture déterminait un accès de fièvre, soit qu'elles lui apportassent l'espoir ou l'inquiétude. Il venait les attendre chez moi, et je l'ai vu passer alternativement, trois fois en dix jours, de la confiance absolue à un entier découragement : tout était sauvé ; tout était perdu.

Il déduisait alors les motifs de ses craintes ou de ses espérances avec une éloquence bien propre à entraîner mais qui perdit bientôt toute influence sur mon esprit par la mobilité des impressions qu'elle exprimait. Et c'était moi, faible femme, qui cherchais à le remonter en lui répétant ses arguments de la veille ; mais il ne les écoutait plus dès que son imagination se trouvait autrement frappée. Après avoir fait son hymne de joie ou de désespoir, il retournait chez lui, se mettait au lit, avait un accès de fièvre, et attendait le jour de poste en devisant plus tranquillement dans l'intervalle.

Monsieur Lainé était un homme grand, sec, dégingandé, gauche, d'une figure laide et dénuée de toute physionomie. Sa conversation était généralement froide, compassée et peu intéressante. On pouvait passer des soirées entières avec lui en lui entendant jeter, çà et là, dans la conversation des phrases courtes, sans rédaction et sans effet; mais, si quelque circonstance frappait son imagination, alors le dieu se révélait en lui, sa physionomie s'animait, son regard brillait, son geste s'ennoblissait, sa voix devenait sonore et timbrée ; il s'opérait en lui une véritable métamorphose, mais aussi une surexcitation après laquelle il retombait dans un état d'atonie véritable.

C'était pour lui-même que monsieur Lainé éprouvait ces mouvements d'inspiration ; il n'avait pas besoin d'être exalté par son auditoire. Je lui ai entendu faire, dans ma petite chambre d'Aix, dix morceaux qui auraient été applaudis avec transport s'ils avaient été prononcés à la tribune ; mais aussi, s'il avait fallu répliquer, un instant après, à quelque antagoniste, hormis qu'il n'eût réussi à le mettre en colère, notre brillant improvisateur n'aurait eu ni un mot, ni une pensée à son service.

Monsieur Lainé avait un magnifique talent d'opposition ; personne ne s'élevait plus grandement, plus noblement contre ce qu'il trouvait le mal ; mais le genre même de son éloquence n'était pas gouvernemental. Il était trop irrité contre les arguments de mauvaise foi qu'emploient les partis et, lorsqu'il ne les pulvérisait pas au premier coup, il était incapable de leur faire cette guerre de poste à laquelle les ministres sont astreints. Il m'est resté, des six semaines que j'ai passées à voir monsieur Lainé tous les jours, de l'amitié pour sa personne, de l'admiration pour son éloquence et nulle confiance dans son jugement.

Les équipages de la reine Caroline d'Angleterre traversèrent Aix. On nous dit qu'elle avait séjourné dans une auberge sur la route de Genève ; d'étranges récits nous en parvinrent.

Curieuse de savoir la vérité sur les détails, je m'en enquis lorsque, peu de temps après, je suivis le même chemin. Je descendis de voiture à Rumilly et j'entrai dans l'auberge. Une jeune fille, ayant l'air très décent, travaillait dans la cuisine ; je lui fis quelques questions sur le séjour de la Reine. Elle me répondit, en baissant les yeux, qu'elle ne savait rien.

« Est-ce qu'elle ne s'est pas arrêtée ici.

— Si fait, madame, mais je n'y étais pas. »

L'hôtesse alors s'approcha et me raconta que cette reine était restée huit jours chez elle, mais que, dès la première soirée, elle s'était empressée d'envoyer ses filles chez une de leurs tantes :

« J'étais honteuse, madame, de ce que je voyais moi-même et j'avais répugnance à envoyer mes servantes pour la servir. »

Il paraît que le courrier Bergami était devenu trop bonne compagnie pour satisfaire aux goûts de cette impudique princesse. Elle en était pourtant dominée. Mais, sous prétexte d'une conférence avec le ministre d'Angleterre à Berne, pour régler son passage en Suisse, elle l'avait expédié en mission de confiance, et elle avait passé la semaine de son absence à Rumilly dans une orgie perpétuelle avec ses autres valets.

L'indignation était arrivée à un tel point dans le petit bourg ainsi sali de sa présence que, le jour de son départ, une querelle s'étant élevée entre un de ses gens et un postillon et la Reine prétendant imposer silence de sa parole royale, il y eut une explosion de fureur générale. Toute la population y prit part. On la voulait lapider, et elle en courut quelque risque.

Voilà l'honorable personne qu'une partie notable de la nation anglaise réclamait à grands cris comme souveraine. Nouvelle preuve de la bonne foi des oppositions en tous pays.

Après avoir passé quelques jours dans l'enchantement que je suis toujours assurée de retrouver à Genève, je traversai le Jura, au milieu de la neige, et j'arrivai à Paris la veille de la naissance de monsieur le duc de Bordeaux. Je ne nierai pas qu'elle ne m'ait causé une vive joie et que je n'aie répété toutes les exagérations royalistes sur cet *enfant du miracle*, comme nous l'appelions.

Véritablement, lorsqu'on pense que son père avait péri pour assurer l'extinction de la race et que ce faible rejeton avait échappé à toutes les excitations morales et physiques de sa malheureuse mère pendant cette fatale soirée du 13 février, il était permis de trouver là le doigt de la Providence et de compter sur sa protection.

Toutefois, je me rappelle parfaitement une circonstance qui me frappa dans le temps et que nous avons bien souvent remémorée depuis. Je me promenais dans mon salon avec Pozzo et je poétisais sur cette naissance depuis une heure. Tout à coup, il s'arrêta, posa sa main sur mon bras, et me dit :

« Vous voilà bien contente, bien joyeuse, bien charmée ! Vous entendez toutes ces cloches qui sonnent, hé bien, c'est le glas de la maison de Bourbon ; souvenez-vous de mes paroles. »

Pozzo n'avait que trop bien prévu. La naissance de monsieur le duc de Bordeaux excita sa famille à vouloir rétablir la monarchie absolue, en même temps qu'elle enlevait au peuple l'espérance de l'extinction naturelle de la branche aînée avec laquelle il ne se sentait pas en sympathie.

C'est ainsi que la prévision des faibles mortels est souvent trompée par les décrets de la Providence et que nos cris d'allégresse devaient se transformer en larmes de regrets. Je dois à Pozzo la justice de reconnaître qu'il qu'il a été du bien petit nombre de gens qui le prédirent dès alors.

Le duc de Wellington exprimait à peu près la même idée, au mariage de monsieur le duc de Berry, lorsqu'en répondant à quelqu'un qui trouvait madame la duchesse de Berry trop frêle pour donner l'espoir d'avoir des enfants, il dit : « Ce serait un grand bonheur pour la Restauration. Sa meilleure chance pour s'établir est de laisser l'espérance de l'extinction de la branche régnante ! »

Les partis firent courir des bruits sur la naissance de monsieur le duc de Bordeaux que la royale impudeur de sa mère ne permit pas de soutenir.

Je n'entrerai dans aucun détail ni sur ses couches, ni sur le procès de la reine d'Angleterre. Tout ce que je dirai c'est qu'entre les procès-verbaux de l'héroïsme maternel de l'une de ces princesses et les scandaleuses dépositions sur la vie de l'autre, les gazettes furent, pendant quelques jours, d'une si dégoûtante indécence qu'on n'osait pas les laisser sur la table.

Il y eut au moment du baptême de monsieur le duc de Bordeaux une promotion de chevaliers des ordres. On avait hésité à en faire jusque-là parce que le Roi ne pouvait tenir chapitre avant d'avoir été sacré, et les infirmités de Louis XVIII ne lui permettaient pas de s'exposer à tous les regards pendant une si longue et si fatigante cérémonie.

On se décida cependant à faire des chevaliers. Mon père ne fut point porté sur la liste. Il en fut même comme exclu, car tous les autres ambassadeurs, en activité et en retraite, furent nommés. Le Roi conservait du mécontentement de sa retraite et monsieur de Richelieu eut le tort de ne pas insister et de laisser donner un dégoût très vif à un de ses plus chauds partisans qui, par cette retraite même, lui avait donné une marque de confiance plus constitutionnelle qu'il n'entrait encore dans les idées françaises.

Mon père en fut profondément blessé, et je me reproche de n'avoir pas assez partagé son chagrin. Ne trouvant que peu de sympathie autour de lui, il le renferma dans son sein, et j'ai su depuis qu'il en avait grandement souffert. S'il l'avait épanché, peut-être lui aurait-il été moins sensible ; mais je ne pouvais me persuader que sa haute raison attachât tant de prix à une décoration qui me semblait si futile.

CHAPITRE V

L'épidémie des insurrections militaires gagnait de
plus en plus. Elle avait éclaté d'abord à Cadix ; une tentative avait eu lieu chez nous. Naples en fut attaquée, et
bientôt après le Piémont.

L'insurrection à Naples était devenue une révolution ;
notre cabinet se refusait à l'intervention armée des
autrichiens. Il espérait, par des négociations, amener
les napolitains eux-mêmes à renoncer à une partie des
concessions arrachées aux terreurs de leur vieux Roi
et à se contenter de sacrifices qui laissassent du moins
la possibilité d'un gouvernement monarchique. En
d'autres termes, il désirait faire remplacer la constitution espagnole de 1812 par la charte française de 1814.
Les puissances absolutistes se souciaient peu d'un pareil
exemple. Il y eut un congrès assemblé à Troppau.

Je n'écris pas l'histoire et ne prétends point donner
le journal de ce congrès ni de ceux qui le suivirent. Je
n'en parle que pour citer une anecdote peu connue ; je
la tiens de bonne source et elle ne laissa pas d'influer
sur le destin du monde.

L'empereur Alexandre, dont le libéralisme commençait à se calmer beaucoup, se trouvant à un grand dîner
chez l'empereur d'Autriche, s'exprima en termes fort
chauds contre les fauteurs de révolutions. Il assura que
les gouvernements militaires étaient seuls à l'abri des
bouleversements, ajouta qu'à la vérité la moindre insurrection des troupes y serait mortelle, puis affirma que
les armées autrichiennes, russes et prussiennes étaient·
complètement...

Le prince de Metternich lui coupa la parole en parlant
d'autre chose. L'Empereur parut surpris et choqué. Tout
le monde fut étonné, et le dîner s'acheva dans le silence.
A peine levé de table, le prince s'approcha de l'Empereur
et lui demanda pardon de son impertinence ; il avait cru
remarquer dans ses paroles l'ignorance de ce qui se passait en Russie et avait voulu l'empêcher de les prononcer.

Il apprit à l'Empereur l'insurrection de la garnison
de Pétersbourg : elle avait déposé ses officiers et quitté
la ville pour marcher· sur les colonies militaires.
L'Empereur protesta de l'impossibilité d'un pareil fait.
Monsieur de Metternich le supplia d'attendre avant de·
se prononcer hautement, promettant de garder le secret
le plus absolu, et de laisser Sa Majesté Impériale être le
premier à répandre la nouvelle dans les termes qui lui·
conviendraient le mieux.

Quarant-huit heures s'écoulèrent. Enfin, le troisième·
jour arriva le courrier de Pétersbourg. Il apportait la
confirmation de l'insurrection et du départ des troupes.

Leur présence dans les colonies militaires aurait pu
entraîner les suites les plus graves, mais elles avaient
été poursuivies et ramenées, moitié par force moitié par
persuasion. Le danger était conjuré, et c'était pour pouvoir en donner l'assurance à l'Empereur qu'on avait
retardé jusque-là le départ du courrier.

Il fut très mécontent d'avoir appris des événements
de cette importance par une voie étrangère et tança
vertement son monde ; mais il conçut une grande idée
de la manière dont le prince de Metternich était instruit
par ses agents et beaucoup de reconnaissance du secret
qu'il avait fidèlement gardé, même vis-à-vis de l'Empereur son maître. C'est à dater de ce moment que l'empereur Alexandre commença à se livrer, d'une part, aux
terreurs qui ont empoisonné le reste de sa vie et, de
l'autre, à une confiance pour le prince de Metternich
qui bientôt ne connut plus de borne.

Dans ces conjonctures, le prince Ypsilanti quitta le
drapeau russe pour lever en Grèce celui de l'indépendance. A toute autre époque, le cabinet de Pétersbourg,
qui préparait cette catastrophe depuis un siècle, l'aurait
assurément appuyé de tous ses moyens ; mais l'Empereur,
effrayé de ce qui portait le caractère d'insurrection et
surtout d'insurrection militaire, céda facilement aux
exhortations du prince de Metternich. Celui-ci ne voulait
pas de guerre en Orient. Son seul but était d'assurer la
domination autrichienne en Italie.

On avait déjà vu le vieux Roi de Naples arriver à
Troppau, accompagné de deux énormes lévriers, seuls
objets de ses sollicitudes, rapporter tous les engagements pris avec ses sujets, manquant ainsi aux serments
les plus solennels au risque des dangers qu'il pouvait
faire courir à son fils, resté à Naples en otage de sa
bonne foi. On l'avait vu suivre les souverains alliés à
Laybach, passer dans les rangs des troupes autrichiennes,
prêcher la croisade contre ses propres États et, les
larmes aux yeux, demander vengeance envers ceux qu'il
avait juré de protéger. Ses vœux étant accomplis et
son pays conquis, occupé, foulé et ruiné par l'étranger,
il reprit assez de courage pour consentir à y retourner.

On le fit accompagner par des commissaires de toutes
les puissances, en partie pour le soutenir contre ses
propres terreurs, en partie pour donner à sa cause triom-
phante l'appui moral de la sanction européenne et plus
encore pour modérer la cruauté des réactions que la
peur dont il était encore dominé aurait pu lui inspirer.
Naples se rappelait en frémissant son premier retour
de Sicile, et le monde n'en avait pas perdu la mémoire.

Le prince héréditaire vint à sa rencontre jusqu'à
Rome. Les commissaires assistèrent à l'entrevue de ces
deux royaux personnages, et c'était la rougeur sur le
front que Pozzo, pleurant d'un œil et riant de l'autre,
racontait la discussion qui s'éleva entre eux sur l'excès
des craintes qu'ils avaient mutuellement ressenties.

En Italie, les choses s'appellent par leur nom ; on ne
cherche pas de circonlocution. Et c'était de leur *maladetta paüra* que le père et le fils s'entretenaient librement :

« E che paüra ti ! è io che ho avuto paüra.

— Oh ! cara maestà no, non era niente, è dopo la sua
partenza ch'è venuta la vera paüra. »

Et puis ils racontaient tous les degrés et tous les
effets de cette terrible *paüra* avec une candeur qui
pourtant ne touchait guère leurs auditeurs.

Pozzo me disait : « En sortant de cette entrevue, mes
collègues et moi nous avons été vingt-quatre heures sans
oser seulement nous regarder. »

Le prince de Metternich fait, au même sujet, un récit
où il convient de joindre la pantomine lazaronesque
au jargon du vieux Roi pour qu'il ait tout son mérite.

Ferdinand lui parlait sans cesse à Laybach *di questa
maladetta paüra*. L'impassibilité du ministre persuadant
au Roi qu'il n'appréciait pas toute l'importance de ce
mobile, il lui demanda un jour s'il savait bien ce que

c'était que la « paüra ». Sur la réponse un peu dédai-
gneuse de monsieur de Metternich, le Roi reprit, avec
une extrême bonhomie :

« Non... non ce n'est pas ça... *ve lo dirò io...* C'est
une *certa cosa* qui vous *piglia là* », en mettant sa main
sur le sommet de sa tête et faisant le geste de tordre ;
« et qui vous prend *les cervelles* et les fait danser *fin*
qu'on croit qu'elles vont sortir de la tête ; *poi scende al
stomacho...* on croit qu'on va *svenare...* *pare* qu'on se
meurt... » Et il mettait les deux mains sur son estomac,
« *poi scende un po più giù* », les deux mains suivaient.
« On sent une *dolor del diavolo*, et *poi... poi... brebre
brebre* »... ; en lâchant les mains et terminant sa
description physiologique par un geste expressif.

Lorsque l'insurrection militaire se déclara en Piémont, le roi Victor donna sa démission et descendit du
trône plutôt que d'imiter le roi de Naples en s'humiliant
devant ses sujets pour les trahir par la suite. Victor
avait à la fois trop de courage et trop de loyauté pour
jouer un pareil rôle. Celui qu'accepta le prince de Carignan dans cette triste affaire, si mal conçue, lui attira
l'animadversion de tous les partis.

J'avoue que je me sens un assez grand fond de bienveillance envers ce prince pour être tentée de l'excuser.
Il était bien jeune : nourri dans la haine des autrichiens
qu'il avait raison de détester, il savait ce sentiment partagé par le Roi.

On l'avait entouré et persuadé qu'il s'agissait d'entrer
dans une ligue commune à tous les peuples de la péninsule. Naples était déjà émancipée. La Lombardie, la Ro-
magne, la Toscane devaient lever à la fois le drapeau
de l'indépendance et expulser les allemands de leur sein.
La nationalité italienne une fois rétablie, on diviserait
ce pays en deux grands États capables de se défendre

eux-mêmes contre leurs voisins, et la maison de Savoie se trouverait naturellement appelée à gouverner celui du nord.

Voilà le roman à l'aide duquel on avait fait entrer le prince de Carignan dans la conspiration, en lui assurant que le Roi lui-même y donnerait les mains avec joie, une fois le mouvement commencé.

Lorsqu'il vit le Piémont seul s'émouvoir et que, loin d'amener la réunion de l'Italie sous la protection du roi de Sardaigne, l'insurrection avait pour but de le dépouiller de son autorité, le prince de Carignan s'aperçut qu'il était joué par la faction révolutionnaire. Il voulut se retirer du complot, s'y prit maladroitement, livra ses anciens confidents et compromit sa réputation d'homme d'honneur fort au delà peut-être qu'il ne le méritait. Quoi qu'il en soit, la punition fut dure. Il fut chassé de Turin, et l'asile qu'il trouva chez son beau-père à Florence ne lui fut ouvert que sous les conditions les plus rigoureuses et les plus humiliantes.

L'habileté du général Bubna, gouverneur autrichien, avait déjoué les trames ourdies en Lombardie avec tant de bonheur, que la tranquillité y fut maintenue, sans avoir recours à de grandes sévérités. Il lui suffit de se montrer instruit des menées et d'avertir les fauteurs de troubles qu'ils devaient s'éloigner.

La façon dont il expulsa lord Kinnaird, un des agents les plus actifs du complot, est bien dans son caractère. Tous les jours, lord Kinnaird faisait la partie de whist du général. Un soir, au lieu de l'*à demain* habituel, Bubna accompagna son serrement de main quotidien de :

« Bonsoir, mon cher lord, bon voyage.

— Comment, bon voyage ?

— Hélas ! oui, vous nous quittez.

— Point du tout.

— Ah! si fait; j'ai visé votre passeport, vos chevaux sont commandés pour cinq heures du matin. Bon voyage, mon cher lord. Si vous teniez à avoir une escorte, elle serait à vos ordres à six heures, mais le pays est tranquille et je ne pense pas que ce soit nécessaire. Bonjour, mon cher lord, bon voyage. »

Lord Kinnaird partit en effet à cinq heures bien précises, sans attendre l'escorte que Bubna lui aurait infailliblement envoyée. Ce congé donné de cette façon, devant quarante personnes, avertit les complices qu'ils étaient découverts et qu'il fallait renoncer à une trame où la plupart des assistants étaient entrés.

Le général Bubna conseilla plus confidentiellement à quelques seigneurs de Lombardie, les plus compromis, une courte absence et surtout un voyage à Vienne. Ce ne fut qu'après sa mort que les complots se renouvelèrent et que des gouverneurs moins habiles eurent recours à des mesures plus acerbes.

Tandis que les passions révolutionnaires s'agitaient en Europe, la main puissante qui les avait domptées et fait servir à répandre son nom dans tout l'univers, cette main désarmée qui effrayait encore les nations cédait au plus terrible des vainqueurs.

Le 5 mai 1821, Napoléon Bonaparte exhalait son dernier soupir sur un rocher au milieu de l'Atlantique. La destinée lui avait ainsi préparé le plus poétique des tombeaux. Placée à l'extrémité des deux mondes, et n'appartenant qu'au nom de Bonaparte, Sainte-Hélène est devenue le colossal mausolée de cette colossale gloire; mais l'ère de sa popularité posthume n'avait pas encore commencé pour la France.

J'ai entendu crier par les colporteurs des rues : *La mort de Napoléon Bonaparte, pour deux sols; son discours au général Bertrand, pour deux sols; les déses-*

poirs de madame Bertrand, pour deux sols, pour deux sols, sans que cela fît plus d'effet dans les rues que l'annonce d'un chien perdu.

Je me rappelle encore combien nous fûmes frappées, quelques personnes un peu plus réfléchissantes, de cette singulière indifférence ; combien nous répétâmes : « Vanité des vanités et tout est vanité ! » Et pourtant la gloire est quelque chose, car elle a repris son niveau, et des siècles d'admiration vengeront l'empereur Napoléon de ce moment d'oubli.

Je ne puis donner des détails particuliers sur les temps de son exil. Ils ne me sont arrivés que par des séides ou des détracteurs. J'ai connu quelques-unes des personnes qui l'ont accompagné, mais elles voulaient tirer parti de leurs paroles. Gourgaud prétendait vendre ses révélations, Bertrand exploiter sa fidélité. Ni l'un ni l'autre ne méritaient de confiance dans leurs récits. Encore moins pouvait-on se fier à ceux de sir Hudson Lowe qui, accablé du poids de sa responsabilité, avait compris sa mission fort gauchement. Il tracassait l'Empereur dans les détails et lui cédait dans les choses essentielles.

S'il était possible de se faire une idée un peu juste sur l'ensemble de son existence à Sainte-Hélène, il me semble qu'elle a été composée de grandeur dans les souvenirs dont ses belles dictées font foi, et de petitesses dans les actions dont la correspondance avec sir Hudson Lowe fait aussi témoignage.

Au surplus, l'Empereur avait ce caractère de l'omnipotence que, même au sommet de sa gloire et occupé à culbuter les empires, il trouvait encore le temps d'entrer avec chaleur dans des détails qu'un simple particulier aurait négligés sans scrupule. La puissance de Dieu soigne l'aile du moucheron. Peut-être ce que notre malveillance qualifiait de petitesse était-il l'excès de la force.

Lord Castlereagh, en entrant dans le cabinet de George IV, lui dit :

« Sire, je viens apprendre à Votre Majesté qu'Elle a perdu son plus mortel ennemi.

— Quoi, s'écria-t-il, est-il possible! elle est morte! »

Lord Castlereagh dut calmer la joie du monarque en lui expliquant qu'il ne s'agissait pas de la Reine, sa femme, mais de Bonaparte. Peu de mois après, les espérances conçues par le Roi furent accomplies. Il faut convenir que, si jamais de pareils sentiments peuvent être justifiés, c'était assurément par la conduite de la reine Caroline. Sa mort fut un soulagement pour tout le monde, et surtout pour le parti qui avait entrepris la tâche impossible de l'honorer. Elle périt victime de ses excès.

CHAPITRE VI

Intrigues contre le ministère. — Madame du Cayla. — Retraite du
ministère. — Formation du nouveau ministère dont monsieur de Villèle
est le chef. — Son caractère. — La Congrégation. — Ses projets.

Le cabinet, à la tête duquel se trouvait placé le duc de
Richelieu, s'occupait activement des affaires. La France
reprenait son rang parmi les nations ; on commençait à
compter avec elle. La question d'Orient s'entamait et
elle prétendait [avoir] place au banquet. La prospérité
intérieure s'établissait avec la tranquillité. La Chambre
des pairs avait montré une grande indulgence envers les
conspirateurs du mois d'août 1820 ; mais la sagesse du
gouvernement maintenait les artisans de trouble dans le
respect et cette longanimité n'avait pas eu de grands
inconvénients. Des lois sages se préparaient. Tout enfin
annonçait la session comme devant être calme et utile
pour le pays.

Le ministère, occupé de ses travaux et composé de
gens éloignés des intrigues de la Cour, ignorait ou attachait trop peu d'importance à ce qui s'y tramait.

Le roi Louis XVIII avait besoin d'un favori. L'éloignement de monsieur Decazes le laissait dans un isolement
qu'il lui fallait combler. Si un des ministres avait voulu
prendre ce rôle, le Roi s'y serait prêté volontiers, mais
aucun n'était propre à le remplir.

Le hasard conduisit madame du Cayla dans le cabinet
du monarque. Elle avait des restes de beauté, était spi-

rituelle, intrigante et possédait surtout un fond de bassesse que rien n'épouvantait. Les tristes séductions employées auprès du vieux Roi ne le cédaient qu'à l'ignoble salaire qu'elle en recevait. Si le ministère avait été plus éclairé sur ses manœuvres, on aurait pu la retenir dans une situation subalterne et mercenaire : l'or aurait suffi à son âpreté ; mais il la méprisa trop. Elle eut le temps d'établir son influence et voulut l'exercer politiquement.

Je ne sais si elle conçut l'idée d'allier sa fortune à celle de monsieur de Villèle ou si monsieur de Villèle pensa le premier à se servir de ce vil instrument, mais, ce dont je suis sûre, c'est que Sosthène de La Rochefoucauld, depuis de longues années le soupirant plus ou moins heureux de madame du Cayla, devint l'intermédiaire de cette alliance encore très secrète. Une fois conclue, on y fit facilement entrer Monsieur, et la chute du ministère Richelieu fut décidée dans ce petit conseil, sous le patronage de la Congrégation.

L'intrigue éclata dès l'ouverture de la session. On proposa dans l'adresse, en réponse au discours du Roi, une phrase qui se pouvait interpréter comme un blâme aux ministres, et il fut bientôt évident qu'elle serait soutenue par les deux oppositions, de droite et de gauche, réunies pour attaquer le ministère dans cette conjoncture.

Les doctrinaires, sous l'influence de leur chef monsieur Royer-Collard, firent l'appoint de cette majorité factice, bien persuadés qu'ils étaient de voir tomber en trois mois un ministère ultra et d'être appelés à le remplacer.

Monsieur Royer-Collard possède une de ces ambitions occultes qui prétend tout obtenir en ayant l'air de tout dédaigner. Il n'en est pas de plus dangereuses ni de plus amère. Il s'était fait une grande existence avec un peu de talent et beaucoup d'emphase. On peut citer de lui deux ou trois discours remarquables et un grand nombre de mots, plus creux que profonds, mais qui ont eu grande vogue pendant un certain temps.

L'alliance précaire des partis était le résultat des manœuvres de monsieur de Villèle. Si le ministère avait méprisé cette union contre nature, elle ne pouvait durer huit jours; mais monsieur de Villèle s'était bien flatté de trouver monsieur de Richelieu trop honorablement susceptible pour s'obstiner à garder une place où il semblait atteint par la désapprobation d'un des organes de la nation. Son espérance fut justifiée. Ce fut une faute, car la Chambre des députés parlait au nom de l'intrigue ; mais ces genres de fautes n'appartiennent qu'aux plus nobles caractères. D'ailleurs le Roi, déjà gagné par les blandices de madame du Cayla, loin de solliciter ses ministres de braver une situation évidemment transitoire, les encouragea à faire du vote de l'adresse une question de cabinet.

Lorsqu'il fut constaté que tout le parti ultra, dont Monsieur était le chef, travaillait aussi activement que lui-même au renversement du ministère, monsieur de Richelieu alla trouver le prince et lui demanda compte de cette parole de gentilhomme donnée, avec tant de solennité, l'année précédente.

Monsieur ne se déconcerta nullement : « Oh ! je vous en aurais dit bien d'autres pour vous faire accepter alors ; les temps étaient si mauvais que nous étions encore heureux de n'être réduits qu'à vous et de pouvoir nous arrêter aux gens de votre nuance d'opinion ; mais vous comprenez bien, mon cher duc, que cela ne pouvait durer. »

Monsieur de Richelieu lui tourna le dos, avec plus

d'indignation que de respect. Il rassembla ses collègues et, après une longue conférence, ils conclurent que, s'il était facile de résister à la coalition improvisée des deux oppositions et à sa majorité factice, il était impossible, en revanche, de gouverner utilement avec l'hostilité de Monsieur. Rien n'aurait été plus aisé que de le rendre odieux au pays en démasquant ses intrigues, ses intentions et de le reléguer à n'être qu'un chef de faction ; mais le cabinet était composé de gens trop consciencieux et trop royalistes pour vouloir achever de dépopulariser un prince, héritier de la couronne, que la santé du Roi plaçait sur l'estrade même du trône.

En conséquence, les ministres décidèrent de se retirer en masse et le duc de Richelieu fut chargé d'en prévenir le Roi. Celui-ci, arrivé au dénouement, fut fort troublé : « Mon Dieu, dit-il, en mettant sa tête entre ses mains, que vais-je devenir ? Que veulent-ils faire ? Que va-t-on m'imposer ? »

Monsieur de Richelieu l'engagea à voir Monsieur et à se concerter avec lui. Peu d'heures après, il reçut un billet du Roi qui le mandait en toute hâte. Il le trouva seul dans son cabinet, le visage radieux : « Venez vite, mon cher Richelieu, votre conseil était excellent. J'ai vu mon frère ; j'en suis parfaitement content : il est très sage, tout est arrangé ; vous pouvez vous en aller quand vous voudrez. »

Voilà quelles furent les expressions de la reconnaissance royale pour tous les services et tout le dévouement du duc de Richelieu. Je l'ai vu lui-même sourire en les répétant, mais ce sourire avait quelque chose de triste qui marquait un cœur profondément ulcéré.

Monsieur de Richelieu avait, aux yeux de toute la famille royale, un tort indélébile que rien ne pouvait effacer. Pendant l'émigration et au moment où la fonda-

tion d'Odessa l'occupait le plus activement, l'année de
son service de premier gentilhomme de la chambre auprès de Louis XVIII vint à sonner. Le duc pria le duc
de Fleury, son camarade, établi à Mittau chez le Roi, de
le remplacer et négligea de venir prendre son poste dans
une antichambre d'émigration. Pour les princes de la
maison de Bourbon, le service auprès de leur personne
est toujours le principal devoir. Jamais ils n'ont pardonné
ce premier grief au duc de Richelieu. Il avait, de plus,
pour leur déplaire, les titres qu'y donnaient un esprit
droit et sage et une noble indépendance de caractère.

L'empressement du Roi pour obtenir la retraite de ses
ministres était devenu si grand qu'il fit réclamer jusqu'à trois fois dans la soirée, leur démission. La difficulté de se réunir tous, à une heure insolite, pour la
rédiger en commun, en avait retardé l'envoi. On sut
depuis qu'il avait promis à madame du Cayla qu'elle lui
serait remise avant l'heure de son coucher. En effet, elle
la reçut à minuit.

Ici se termine le règne de Louis XVIII; il n'a plus
été qu'un instrument entre les mains des agents de Monsieur qui, lui-même, obéissait à la Congrégation. Lorsque monsieur de Villèle a cherché à s'en affranchir, il
est tombé comme les autres.

J'ai dit que Sosthène de La Rochefoucauld était depuis
nombre d'années dans des relations intimes avec madame du Cayla. Sa femme en témoignait du chagrin,
et son beau-père et sa belle-mère une humeur qu'ils ne
manquaient pas une occasion de faire éclater.

Mais, depuis la faveur de madame du Cayla, ils avaient
changé d'allure. Ils s'étaient graduellement rapprochés,
et monsieur et madame Mathieu de Montmorency passaient leur vie chez elle. Ce raccommodement obtint
pour salaire le ministère des affaires étrangères pour

Mathieu. Sosthène racontait qu'il avait d'abord pensé à
le prendre lui-même, mais il avait trouvé plus romain
de l'abandonner à son beau-père : « J'ai fait des rois,
seigneur, et n'ai pas voulu l'être. »

Il n'y eut pas de président du conseil. Monsieur de
Villèle n'osait pas encore y prétendre pour lui et ne
voulait pas en reconnaître un autre. Monsieur de Corbière suivit le sort de son ami et patron et prit le
portefeuille de l'intérieur. Monsieur de Peyronnet, qui
s'était fait remarquer par sa furibonde faconde pendant
le dernier procès à la Chambre des pairs, fut appelé aux
sceaux. Sa réputation était tellement honteuse à Bordeaux, sa patrie, qu'il y eut des paris ouverts contre
cette nomination, traitée d'apocryphe. Le *Moniteur* confondit les incrédules.

Le maréchal Victor, duc de Bellune, était un choix
selon les cœurs des plus purs ultras. On le reconnaissait
pour un vieil imbécile entouré d'une famille d'escrocs,
mais il *pensait si bien* que ce mérite l'emportait sur tous
les inconvénients possibles.

Afin que ce pitoyable cabinet reçut le scel du cachet
de Sosthène, le duc de Doudeauville, son père, grand
seigneur nécessiteux, fut nommé directeur des postes.
Sa dignité ne lui permit pas d'abandonner son hôtel
pour aller habiter celui de la rue Coq-Héron ; mais il en
fit enlever les meubles, les pendules, les ornements,
le linge, les surtouts et jusqu'au billard qu'il fit apporter chez lui.

Cette nomination donna lieu au dernier joli mot aristocratique de notre temps. Lorsqu'on annonça que le
duc de Doudeauville était directeur des postes, quelqu'un demanda : « Et qui est-ce qui sera duc de Doudeauville ? »

Le marquis de Lauriston se sépara seul de ses anciens

collègues et resta ministre de la maison du Roi. Ses talents et son caractère le rendaient bien plus digne de
figurer dans la nouvelle administration que de rester
avec l'ancienne. Il avait déjà donné des gages de sa servilité à madame du Cayla.

J'insiste sur cette crise ministérielle parce que c'est là,
selon moi, l'écueil où la Restauration s'est perdue. Ainsi
que les vaisseaux poussés par la tempête sur les Goodwin Sands, on a vu petit à petit la Congrégation l'attirer
sous les eaux jusqu'à ce qu'elle ait été engloutie aux
yeux de tous, chacun ayant prévu son sort sans pouvoir
lui porter d'assistance efficace.

Si monsieur de Villèle était parvenu au pouvoir par
des voies souterraines qui lui valurent, même parmi ses
plus féaux, le surnom de *la taupe,* il serait pourtant injuste de lui refuser un rare degré de sagacité.

Entré dans la marine au commencement de la Révolution, il avait passé sa jeunesse à l'île Bourbon où il
s'était marié. De retour en France, il s'était établi dans
son manoir paternel, aux environs de Toulouse, et y
avait vécu, pendant les années de l'Empire, sous l'influence de tous les petits préjugés de la gentilhommerie
de province.

Il était maire de la ville en 1814, et publia une brochure sur la convenance de rentrer dans les voies du
pouvoir absolu, sans garroter la volonté du Roi par la
Charte. Elle resta aussi obscure que son auteur et ne
fut exhumée que lorsqu'il devint un personnage politique; mais elle a probablement servi de fondation à la
confiance que Monsieur lui a promptement témoignée.

Les précédents de monsieur de Villèle n'avaient pas
été de nature à le qualifier pour jouer un rôle dans l'État,
et la vie d'intrigue avait absorbé tout son temps depuis
son entrée aux Chambres où il prit rapidement une

grande influence. Dès 1816, il était le chef de l'opposition ultra royaliste. Il se trouvait ainsi dans une profonde ignorance des affaires lorsqu'il y arriva ; mais il les apprit, en les faisant, avec autant de facilité que de perspicacité et aurait fini par administrer très bien s'il avait été maître de ses actions.

Il comprenait moins les finances, et pas du tout la diplomatie. Non seulement il n'avait pas la moindre connaissance des rapports des nations entre elles, des caractères des souverains et des ministres qui les gouvernaient, mais, sachant à peine l'histoire en homme du monde, chaque traité, chaque engagement qui liait les pays entre eux lui semblait une révélation.

J'ai entendu dire, à des diplomates, qu'il fallait lui tenir classe, comme à un écolier, avant de pouvoir causer des affaires avec lui et, sur ces sujets il ne montrait pas autant de perspicacité que d'ordinaire. Mais ce n'est pas un tort aux yeux des souverains. Tous les rois veulent faire la politique étrangère à leur gré ; c'est le commérage de leur intimité, et le ministre des affaires étrangères n'est jamais trop ignorant, selon eux, pourvu qu'ils se croient obéis.

Le vicomte Mathieu de Montmorency, avec des données un peu plus larges sur les rapports diplomatiques, avait un si petit esprit et une dévotion si ambitieusement puérile qu'il n'était que le serviteur des Jésuites. Au reste, pendant le ministère de monsieur de Villèle, hors monsieur de Chateaubriand un instant, tous ses collègues lui ont été soumis et il n'a eu à lutter qu'avec la Congrégation.

Monsieur de Villèle excellait dans l'art de gouverner une Chambre. Il avait réussi, par toutes les ruses électorales permises ou non permises, à se procurer une majorité selon sa volonté, et il la soignait admirablement.

Il avait constamment une oreille aux ordres de tous les imbéciles qui voulaient y déposer des sornettes ou lui raconter leurs puériles affaires. Il écoutait avec l'air de l'intérêt, sans aucun signe d'impatience, s'engageait à profiter de renseignements si utiles, et congédiait un homme dévoué qui s'en allait persuadé qu'il gouvernait Villèle et le proclamait un ministre incomparable.

Je suis loin de faire un tort à monsieur de Villèle de cette conduite. La faculté de se laisser patiemment ennuyer, sans trop le témoigner, est une vraie qualité d'homme d'État, surtout dans un gouvernement représentatif.

Le plus grand obstacle de monsieur de Villèle aux affaires c'est d'avoir été trop pressé d'y arriver. Son mérite incontesté et son influence dans son parti l'y auraient amené un peu plus tard ; mais, pour nouer l'intrigue qui l'y avait poussé, il lui avait fallu prendre des engagements qui le livraient pieds et poings liés à la Congrégation,

L'esprit prêtre et l'esprit émigré, relevant tous deux de Monsieur, voulaient diriger les affaires en dehors des intérêts nationaux. Monsieur de Villèle le sentait mieux que personne, mais, pris dans ses propres filets, il n'osait pas même chercher à s'en affranchir.

Deux de ses collègues, messieurs de Montmorency et de Clermont Tonnerre, se trouvaient les agents directs de la Congrégation. Messieurs de Lavau et Franchet lui obéissaient et l'inspiraient tour à tour, et monsieur de Rainneville, sous le titre de secrétaire général des finances, devint son espion près de monsieur de Villèle.

Homme d'esprit, monsieur de Rainneville ne tarda pas à s'apercevoir des dangers où l'on précipitait la monarchie ; il conçut des inquiétudes, mais ne put s'arrêter.

On va me dire, vous parlez sans cesse de la Congrégation ; qu'était-ce donc ? Je pourrais répondre : le mauvais génie de la Restauration, mais cela ne satisferait pas. Pour nous, qui l'avons vue à l'œuvre, nous ne pouvons douter de son existence, et pourtant je ne saurais dire, à l'heure qu'il est, quels étaient les chefs réels de cette association qui réglait le destin du pays. On a désigné un certain père Ronsin, jésuite. Je ne voudrais pas l'affirmer.

Indubitablement, la Société de Jésus se recrutait, à la Cour, de jésuites à robes courtes. Monsieur d'abord, Jules de Polignac, Mathieu de Montmorency, le marquis de Tonnerre, le duc de Rivière, le baron de Damas, en étaient les coryphées. Tout ce qui avait de l'ambition ou se sentait des dispositions à l'intrigue se ralliait, avec plus ou moins de zèle, à ce parti qu'on voyait au pinacle et qui ne devait point en descendre pendant tout le règne, prochainement espéré, de Monsieur.

Si je ne puis signaler les chefs de cette doctrine, je puis au moins indiquer ses projets ; ils me sont revenus par trop de voies, directes et indirectes, pour qu'ils ne me soient pas très familiers. Toutefois les articles n'en étaient pas rédigés avec une telle rigidité qu'ils ne conservassent assez d'élasticité pour se formuler avec plus ou moins de violence, selon les personnes qu'on cherchait à captiver. Mais voici les traits fondamentaux vers lesquels on devait tendre : les trois ordres rétablis dans l'État ; le clergé, mis en possession de biens territoriaux, indépendant, ne relevant que du Pape, c'est-à-dire de personne, et tenant le premier rang ; la noblesse, reconnue comme ordre, avec le plus des anciens privilèges qu'on pourrait ressusciter ; la Chambre des pairs rendue élective par la noblesse exclusivement qui se trouvait ainsi représentée comme faisant corps dans l'État ; la

Chambre des députés conservée, on la reconnaissait instrument admirable pour battre monnaie (selon l'expression admise), mais avec une loi électorale qui donnât une influence considérable aux classes supérieures. Voilà comme on entendait la Constitution.

La Couronne avait aussi sa part. Il s'agissait d'établir un moyen pour, en dernier ressort, forcer les assemblées à enregistrer les volontés du Roi qui pût répondre au lit de justice de l'ancien régime.

C'est en professant ces doctrines qu'on était regardé comme fidèle serviteur *du trône et de l'autel*, phrase banale dont on nous a rebattu les oreilles pendant les dix années que les intérêts de coterie et de passion ont si activement travaillé à en saper les fondements au lieu de les relever comme ils le prétendaient.

Les lois sur le sacrilège, sur le rétablissement des couvents, sur le droit d'aînesse, et enfin la forme de l'indemnité donnée aux émigrés ont été imposées à monsieur de Villèle par la Congrégation. Il en sentait toutes les conséquences et tâchait de les éloigner le plus possible.

Pendant la première année, les conspirations lui servirent de prétexte. Elles furent poursuivies et punies avec une extrême rigueur. L'échafaud politique se releva dans plusieurs provinces, aussi bien qu'à Paris. La ruse employée contre les mécontents dans celles de l'Est excita l'animadversion publique.

On fit parcourir la campagne par un corps de troupe, criant « Vive l'Empereur », afin d'encourager les bonapartistes à se déclarer et d'obtenir des preuves de culpabilité contre eux. Il faut avouer que cette mesure était plus digne des suppôts de l'inquisition que des ministres d'un roi constitutionnel.

Toutefois, cela passa pour un trait d'habileté à la Cour

et dans la Chambre des députés. Le pays et la Chambre des pairs furent indignés. Monsieur de Villèle se flattait qu'en jetant ces os à ronger à la Congrégation, elle se calmerait sur ses prétentions ; mais elle n'a jamais voulu lui laisser un moment de repos et, dès lors, elle préparait la guerre d'Espagne.

CHAPITRE VII

La France fit une perte réelle : la mort de monsieur de Richelieu la priva d'un homme habile, vertueux, honoré, autour duquel des gens de talent et de conscience se seraient naturellement groupés et que la force des choses aurait probablement rappelé au pouvoir avant que les affaires fussent désespérées. Peut-être monsieur de Richelieu aurait-il pu sauver la Restauration d'elle-même.

Dieu en avait autrement ordonné. Il a suscité le règne de Charles X. Plaise à sa divine volonté que ce soit pour le bonheur de nos neveux ! Ce n'est pas pour celui des contemporains.

Pendant les derniers mois de son ministère et surtout depuis sa retraite, monsieur de Richelieu venait souvent chez moi. Il y avait amené monsieur Pasquier, et c'est à cette époque qu'a commencé ma liaison plus intime avec ce dernier.

Tous deux regrettaient le pouvoir où ils se sentaient convenablement placés et où ils avaient l'intime conviction d'avoir rendu des services essentiels au Roi et au pays. Tous deux s'en expliquaient librement et blâmaient, quoiqu'avec mesure, les voies dangereuses où ils voyaient s'engager. Monsieur Pasquier n'était mu que par le sentiment d'un bon citoyen, inquiet pour le pays, et par une raisonnable ambition. Peiné de se voir arrêté dans sa carrière, il n'y avait rien d'amer dans ses impressions.

Il en était autrement du duc de Richelieu : la conduite des princes l'avait ulcéré jusqu'au fond du cœur. Il était blessé de leur ingratitude de toute la profondeur du dévouement qu'il leur avait porté et, quoique bien dégrisé de ce culte, ses vieux souvenirs le rendaient plus susceptible à leurs procédés. Le duc de Richelieu, grand veneur et premier gentilhomme de la chambre, continuait à aller parfois déjeuner au château ; il y était toujours très froidement accueilli.

Madame la duchesse d'Angoulême venait d'acquérir Villeneuve-l'Étang. Elle était fort en train de cette nouvelle propriété et se faisait apporter de la crème de chez elle. On la mettait dans un petit pot auprès de la princesse qui en donnait à quelques personnes. C'était une faveur. Un jour, elle affecta d'en offrir à travers la table, à droite et à gauche du duc de Richelieu, d'une manière si marquante que l'exclusion devenait une offense.

J'ai entendu le duc de Richelieu raconter lui-même cette futile circonstance, avec cette teinte d'ironie qui part d'un profond chagrin, accompagné de dédain. Il s'en voulait à lui-même d'être sensible à de telles misères, mais son vieux sang de courtisan prenait le dessus de sa raison, et, au fond, il y avait une intention d'insulte cachée, sous ces formes désobligeantes, dont il avait raison d'être courroucé.

C'est dans ces dispositions qu'il eut lieu de soupçonner un homme qu'il avait comblé, auquel il était fort attaché et qui avait toute sa confiance, d'une action qui, en terme judiciaire, s'appelle un vol. Cette découverte le bouleversa. Il ne voulut pas l'approfondir. Avant de prendre un parti sur la manière dont il lui convenait d'agir, il sentit le besoin de quelques jours de calme et partit pour se rendre chez sa femme à Courteilles. Il y avait récemment fait un séjour assez long dont il s'était bien trouvé.

La passion de la reine de Suède ne s'était pas calmée ; elle le suivit, selon son usage, et s'établit dans la petite auberge servant de tourne-bride au château d'où elle pouvait surveiller toutes ses actions. Cet espionnage, encore plus insupportable à monsieur de Richelieu dans l'état d'exaspération où il était arrivé, le décida à revenir.

Il avait, la veille, traversé à cheval un gué assez profond, et avait négligé de changer ses vêtements mouillés. On attribua à cette circonstance un mouvement fébrile et le mauvais visage qu'il avait en montant en voiture. Il refusa de voir le médecin de madame de Richelieu, mais promit de faire appeler le sien, s'il n'était pas mieux le lendemain.

A peine en route, la fièvre augmenta. Un aide de camp polonais, qui l'accompagnait toujours, en devint inquiet. A Dreux, la reine de Suède, qui le suivait à la piste et qui, aux relais, faisait placer sa voiture de manière à se procurer le bonheur de l'apercevoir un instant, fut tellement frappée de son changement qu'elle fit appeler l'aide de camp et lui dit : « Monsieur, il faut prendre sur vous de faire saigner le duc de Richelieu sur-le-champ. »

Elle lui répéta cette injonction à Pontchartrain et à Versailles, en lui donnant pour preuve de l'état dangereux d'affaiblissement où était le duc qu'il négligeait de baisser le store de sa voiture du côté où elle se trouvait placée. Malheureusement, l'aide de camp n'osa rien décider. L'accès tomba entre Versailles et Paris, et, en arrivant, monsieur de Richelieu n'était pas très souffrant.

Sa sœur, madame de Montcalm, était établie chez lui.

Il entra dans sa chambre, demanda à souper, mangea
fort peu. On le décida à envoyer chercher le docteur
Bourdois. Bourdois était malade ; il se fit remplacer par
Lerminier, médecin accrédité mais qui ne connaissait
pas le tempérament du duc. Bourdois l'avertit qu'il avait
affaire à l'homme du monde le plus nerveux et le plus
impressionnable par les affections morales : « Je lui ai
quelquefois cru une maladie grave, dit-il, et, deux heures après, je l'ai retrouvé dans son état naturel. »

Muni de ces funeste instructions, Lerminier arriva
chez monsieur de Richelieu. Il le trouva couché, moitié
assoupi, et fort irrité de voir une figure nouvelle. Il proposa divers remèdes qui tous furent repoussés. Enfin la
consultation se borna à ordonner quelques tasses d'infu-
sion de feuilles d'oranger pour calmer la soif ; on verrait
le lendemain ce qu'il serait convenable de faire.

Lerminier retourna chez Bourdois lui rendre compte
de sa visite et de l'exaspération du duc, seul symptôme
qui l'inquiéta. Bourdois lui assura l'avoir toujours trouvé
ainsi dès qu'il avait un peu de fièvre.

A six heures, l'abbé Nicole, avant de se rendre à son
cours, entra chez monsieur de Richelieu. Son valet de
chambre lui dit qu'il reposait après une nuit fort agitée.
Il s'approcha pour le regarder et fut tellement frappé de
son changement qu'il se décida à envoyer chercher des
médecins. Il en arriva plusieurs ; on essaya de tous les
remèdes, mais vainement : monsieur de Richelieu ne se
réveilla pas de ce sommeil de mort. Avant midi, il avait
cessé de vivre.

Cette mort subite, puisque personne ne le savait même
souffrant, frappa tout le monde. Ses amis, et il en avait
de sincères, le pleurèrent amèrement, et tous les gens
de bon sens le regrettèrent dans le moment et plus
encore par la suite.

C'est à cette occasion que monsieur de Talleyrand dit, pour la première fois, ce mot qu'il a si pauvrement prodigué depuis : « C'était quelqu'un ! »

Monsieur le duc d'Angoulême fut le seul de la famille royale qui témoigna quelque peine. Il dit à mon frère ces propres paroles : « Je le regrette beaucoup ; il ne nous aimait pas, mais il aimait la France. Sa vie était une ressource et sa mort est une perte. »

Le Roi, Monsieur et Madame furent plutôt soulagés de ne plus voir un homme vis-à-vis duquel ils étaient mal à l'aise. Les courtisans prirent exemple du maître et ne feignirent pas une douleur qu'ils ne ressentaient pas. Ils étaient excusables, car monsieur de Richelieu ne les aimait ni ne les estimait.

Le désespoir de la reine de Suède fut aussi violent que son extravagante passion. Elle loua une tribune à l'Assomption et, le corps du duc de Richelieu ayant été déposé dans cette église jusqu'à ce qu'on pût le transporter à la Sorbonne, elle y passa les jours et les nuits dans une douleur immodérée, justifiant ainsi les folies des années précédentes.

J'ai déjà raconté comment elle poursuivait monsieur de Richelieu sur toutes les grandes routes. Elle exerçait la même persécution dans Paris. Elle avait des appartements près de tous ceux qu'il habitait ou qu'il fréquentait ; il ne pouvait se mettre à une fenêtre qu'aussitôt la reine ne parut à une autre. Dès qu'il sortait, elle était à sa suite, sa voiture suivait la sienne, elle s'arrêtait quand il s'arrêtait, descendait quand il descendait, l'attendait pendant toutes ses visites et en reprenait le cours avec une persévérance qui était devenue un véritable cauchemar pour le pauvre duc.

Entrait-il dans une boutique, elle l'y suivait, y restait après lui, se faisait donner ce qu'il avait choisi et lui faisait envoyer le pareil. C'était surtout pour des fleurs qu'il faisait porter quelquefois chez une femme à laquelle il était attaché que la reine exerçait cette innocente filouterie. Elle racontait naïvement alors qu'elle se faisait l'illusion de croire ces fleurs choisies pour elle, quoiqu'elle sût fort bien leur destination.

Monsieur de Richelieu avait besoin d'exercice et allait assez souvent au jardin des Tuileries ; la reine y accourait, mais elle remarquait que sa présence en chassait le duc et regrettait de le priver de sa promenade.

Un jour, elle arriva toute radieuse chez madame Récamier. Elle avait fait un arrangement avec ses marchands pour avoir chaque jour un costume de forme et de couleur différentes. Monsieur de Richelieu, la reconnaissant de moins loin, ne détournait la tête qu'après qu'elle avait eu le bonheur d'envisager sa figure un instant. Une fois même où il causait avec animation, elle lui avait escamoté une révérence en passant très près de lui, et lui en faisant une qu'il lui avait rendue avant de la reconnaître.

Elle était accourue, transportée, raconter ce triomphe à madame Récamier dont je tiens ces détails. Celle-ci avait fait de vains efforts pour rappeler un peu de dignité féminine dans le cœur de la reine de Suède en lui reprochant des empressements si constamment rebutés, car la répulsion devenait aussi exaltée que la poursuite et frisait la brutalité. Mais elle l'aimait ainsi, *et même un peu farouche,* et toute l'éloquence de madame Récamier pâlissait devant cette étrange fantaisie.

Quant à monsieur de Richelieu, il en était importuné jusqu'au courroux. Tout consciencieux qu'il était d'employer les moyens de l'État à son service particulier, je me persuade qu'il ne résista pas à faire insinuer à Stockholm combien la reine y serait plus convenablement établie qu'à Paris. Ce qu'il y a de sûr, c'est que son mari pressait son retour ; elle répondait toujours par des certificats de médecin, et ne consentit à aller occuper une place sur le trône de son époux qu'après la mort du duc.

C'est le seul exemple d'un amour féminin aussi persévérant dans ses actions ostensibles sans avoir jamais reçu le plus léger encouragement et abreuvé de dégoût dont j'aie jamais eu connaissance.

Bientôt après la mort de monsieur de Richelieu, lord Castlereagh, devenu marquis de Londonderry, mit fin à son existence. Depuis quelques jours, il donnait des signes de bizarrerie. Un matin, il sortit à son heure accoutumée du lit conjugal, entra dans son cabinet, fit une partie de sa toilette, puis revint dans la chambre de sa femme chercher des pilules qu'il prenait journellement; les avala, et, en retournant dans son cabinet, se coupa, avec un très petit canif, l'artère jugulaire si artistement qu'une blessure de fort peu de lignes le fit tomber mort presqu'immédiatement. Lady Londonderry entendit sa chute et se précipita vers lui, mais tous les secours étaient déjà inutiles.

On a voulu chercher des causes politiques à ce suicide ; il n'y en avait aucune. Lord Londonderry était d'un caractère froid et calme, peu propre à s'émouvoir de pareilles considérations. Sa mort ne peut s'attribuer qu'à un accès de folie, maladie héréditaire dans sa famille. Certes, pour qui a été au courant des deux événements, la mort de monsieur de Richelieu a été bien plus déterminée par des affections morales, où la politique entrait pour beaucoup, que celle de lord Londonderry.

Monsieur de Chateaubriand avait été enchanté d'être nommé ambassadeur en Angleterre où il remplaça le duc Decazes. Son imagination mobile jouissait du contraste de déployer les pompes diplomatiques là où il avait traîné l'existence de l'obscur émigré. Ce bonheur fut moins vif qu'il n'avait prévu, d'autant que sa gloire personnelle ne jette pas de grands rayons hors de France.

Son talent, si populaire chez nous, a peu de retentissement à l'étranger, soit qu'il ait jeté son grand éclat pendant que la Révolution faisait trop de bruit pour qu'il fût écouté, soit que les témérités de l'école qu'il a fondée n'eussent pas pour des peuples, accoutumés à les trouver dans leur propre littérature, le charme que nous y reconnaissions avant que les extravagances des disciples eussent discrédité le maître.

Remarquons aussi que le mérite particulier des ouvrages de monsieur de Chateaubriand tient au prestige d'un certain agencement de mots, très artistement combinés, qui donne à son style un éclat de coloris auquel les étrangers doivent être bien moins sensibles que les nationaux. Quelle qu'en soit la raison, monsieur de Chateaubriand n'est point apprécié hors de France, et c'est ce qui, en tout temps, lui a rendu impossible de séjourner dans d'autres pays.

Il ne tarda pas à être aussi dégoûté de Londres que de Berlin, et sollicita vivement d'être envoyé au Congrès de Vérone. Le vicomte de Montmorency, fort son ami d'ailleurs, s'en souciait peu ; mais, aussitôt après le départ de ce ministre pour Vérone, monsieur de Villèle, chargé par intérim du portefeuille des affaires étrangères, se fit de plus nommer président du conseil et se mit en correspondance intime avec le vicomte de Chateaubriand.

Quant à Mathieu, il prenait sa route pour Vienne ; on l'y attendait avec impatience. A peine descendu de voiture, il sort à pied. Bientôt après, monsieur de Metternich arrive à l'ambassade ; on lui assure que, sans: doute il se sera croisé avec monsieur de Montmorency. Il retourne chez lui, sans l'y trouver. On le cherche pendant six heures dans la ville ; l'inquiétude commençait à gagner lorsqu'il revint paisiblement au gîte.

Chargé de lettres et de petits cadeaux par des religieuses de Paris pour une communauté de Vienne, il avait eu pour premier soin d'aller les porter et était resté six heures à visiter cette maison. Avait-il, là, rencontré quelque adepte du parti prêtre? Cela est très possible, mais je ne le sais pas et je me borne aux faits positifs.

Ce début ne lui donna pas grand relief dans le monde diplomatique qui se préparait à prendre la route de Vérone, et rien ne fut plus pitoyable que notre attitude politique à ce Congrès.

Nous y avions une nuée d'envoyés; messieurs de Blacas, de Caraman, de La Ferronnays s'y étaient réunis à leur ministre, en accompagnant les souverains auprès desquels ils étaient accrédités, et traînaient à leur suite une multitude de secrétaires et d'attachés. Il y avait plus de français à Vérone que de toutes les autres nations ensemble, et pourtant la France n'y jouait pas le premier rôle, d'autant qu'il n'y avait ni union ni franchise parmi ses propres agents.

Monsieur et le ministre des affaires étrangères voulaient porter la guerre en Espagne. Le Roi et le président du conseil voulaient l'éviter. Les divers ambassadeurs se partageaient entre ces deux opinions.

Monsieur de Villèle, persuadé par les protestations de monsieur de Chateaubriand qu'il apporterait un grand renfort à la sienne, l'autorisa à se rendre à Vérone. Il arriva [décidé à se] prononcer contre la guerre de la Péninsule, et ses dépêches confirmèrent monsieur de

Villèle dans l'idée qu'il avait acquis un puissant auxiliaire.

Le vicomte de Montmorency revint à Paris où il était attendu par le titre de duc. Il est difficile de comprendre la puérile joie que cette faveur inspira à lui et à sa femme, mais elle ne fut pas de longue durée. Le duc Mathieu déclara qu'il se tenait pour engagé à faire entrer une armée en Espagne. Monsieur de Villèle s'y refusa et monsieur de Montmorency donna, bien à regret, sa démission.

Monsieur de Chateaubriand, arrivé à tire-d'aile, prit la place de son ami, et, une fois assis au conseil, se montra plus vif pour la guerre d'Espagne que ne l'avait été son prédécesseur. Les cajoleries prodiguées par l'empereur Alexandre, lorsque monsieur de Chateaubriand était resté seul à Vérone après le départ de ses collègues, avaient-elles amené une révolution dans ses idées ou bien avait-il jusque-là caché ses véritables opinions ? On peut le soupçonner également de mobilité et de dissimulation, mais les faits sont tels que je les raconte.

Mathieu avait trouvé assez simple d'être remplacé par monsieur de Chateaubriand lorsqu'il le croyait d'un avis contraire au sien ; mais il fut indigné quand il le vit, arrivé au pouvoir, suivre les mêmes errements. Il s'en expliqua avec une extrême amertume. J'assistai à une scène de violence de sa part où il ne l'épargna pas. Il fallut toute l'habileté et la douceur de madame Récamier, presqu'également amie de tous deux, pour éviter le scandale d'une rupture, ouverte et motivée, devant le public. Monsieur de Chateaubriand la redoutait à juste titre.

La vie de Mathieu n'a pas été celle de tout le monde. Son père, le vicomte de Laval, fils cadet du maréchal, avait épousé mademoiselle de Boullongne, fille de finance, destinée à une immense fortune qu'elle n'a pourtant pas eue. Elle était extrêmement jolie, spirituelle, piquante, et s'empara promptement de l'esprit et du cœur de la duchesse de Luynes, sœur de son mari.

La vicomtesse de Laval désirait passionnément une place à la Cour. Madame de Luynes s'identifia à ce vœu de sa belle-sœur ; tout était à peu près arrangé lorsque la famille royale se prononça contre cette prétention de mademoiselle Boullongne. Elle fut repoussée durement. La famille de Montmorency se tint pour offensée de cet affront à une femme qui n'était plus mademoiselle Boullongne mais madame de Laval. Madame de Luynes proclama son mécontentement. Je crois même qu'elle cessa de faire son service de dame du palais jusqu'au moment où les malheurs de la Révolution la ramenèrent aux pieds de la Reine.

Le duc et la duchesse de Luynes n'avaient qu'une fille unique destinée à être la plus grande héritière de France. L'amour de la duchesse pour son nom lui fit désirer de la marier à un de ses neveux, et l'amitié qu'elle portait à la vicomtesse l'engagea à donner la préférence au fils unique de celle-ci sur les quatre fils de son frère aîné, le duc de Laval. Lui-même, fort dévoué à la vicomtesse, le souhaitait.

L'union de Mathieu avec la jeune Hortense de Luynes fut donc convenue, à la satisfaction des deux mères et avec l'assentiment du duc de Luynes. Il survint un obstacle auquel on ne s'attendait guère.

Gui de Laval, fils aîné du duc, roux, laid, asthmatique, cacochyme, vieillard de vingt ans, avait épousé mademoiselle d'Argenson, charmante personne qui faisait un contraste frappant avec l'époux que d'immenses avantages de rang et de fortune lui avaient fait accepter. Le jeune Mathieu ne fut pas le dernier à en être frappé, et il devint amoureux fou de sa charmante cousine.

Élevé dans l'hostilité de la Cour, par suite du mécon
tentement de ses parents, livré aux soins de l'abbé Sieyès
pour lui former le cœur et l'esprit, il tomba, ainsi préparé, dans la société intime de la famille d'Argenson où
il ne fit qu'accroître ses dispositions révolutionnaires et
développer l'incrédulité philosophique inspirée par son
instituteur. Toutefois la droiture d'un cœur passionné le
fit reculer devant l'idée d'épouser Hortense de Luynes,
tandis qu'il adorait la marquise de Laval. Celle-ci, plus
avisée, un peu plus âgée et peut-être moins éprise, comprit fort bien que la rupture de ce mariage lui serait
imputée à crime par toute la famille et obtint, par ses
sollicitations, le consentement de Mathieu.

Il conduisit à l'autel mademoiselle de Luynes encore
enfant, puis elle rentra dans son couvent. Mathieu l'ou-
blia à peu près auprès de la marquise. Cependant les
années amenèrent le moment où il devint convenable de
réunir les jeunes époux. Il fallut encore avoir recours à
l'influence de la marquise.

Ce rapprochement était à peine fait que la duchesse de
Luynes, après quinze ans de stérilité, accoucha d'un fils,
et, ce qui fut bien plus sensible à Mathieu, son cousin,
Gui de Laval, mourut sans enfants, laissant une veuve
dont la possession aurait fait son bonheur.

Il était trop honnête homme pour n'avoir pas d'excellents procédés pour sa jeune épouse, mais il l'accabla de
ses froideurs et, pour étourdir son cœur, se jeta tête baissée dans toutes les exagérations révolutionnaires. Ses
parents ne l'arrêtaient pas et sa maîtresse l'y poussait.
Elle était intimement liée avec mesdames de Staël, de
Broglie, de Beaumont et partageait leurs opinions qu'elle
faisait adopter à Mathieu. Il montra assez de talent à la
tribune où il finit par renier, avec toute l'exagération
d'une jeune cervelle, son origine et son Dieu. Il attira

sur sa tête la vive colère de la Cour et du parti anti-révolutionnaire ainsi que le blâme des gens sensés.

Lors de la première fédération, l'exaltation ou plutôt la mode engagèrent un certain nombre des femmes les plus élégantes à aller traîner la brouette, dans le Champ-de-Mars, pour aider *manuellement* aux préparatifs de la fête, soi-disant nationale, de la fédération.

La marquise de Laval ne fut pas des dernières à s'y rendre, dans un beau carrosse doré, suivie de trois laquais portant la livrée de Montmorency et la manche du connétable, pour bien constater de son amour pour l'égalité et témoigner combien elle aspirait à faire partie de la classe vénérable des travailleurs productifs.

Une averse survenue, qui trempa ses légers vêtements et ses souliers de taffetas, donna un cruel démenti à ses prétentions civiques. Elle gagna une fluxion de poitrine, le poumon s'attaqua ; elle languit quelques semaines et expira dans les bras de Mathieu. Effrayée peut-être de la route que prenaient les actes révolutionnaires et ramenée à des idées plus saines par les douleurs et l'approche de sa fin, elle les prêcha à son cousin avec l'éloquence du lit de mort.

Cette perte, qui le jeta dans un désespoir sans borne, fut un temps d'arrêt dans la carrière politique de Mathieu. C'est pourtant à ce moment que commença l'intimité de sa liaison avec madame de Staël qu'aucun événement n'a pu rompre ni même refroidir. Le public a cru que la consolatrice avait réussi à faire oublier la marquise. Je suis très persuadée du contraire. Cette sainte amitié, née dans les larmes, a conservé la pureté de son origine.

Pendant que l'affliction de Mathieu l'absorbait tout entier, la Révolution marchait de crime en crime et aucune âme honnête ne pouvait plus s'y associer. Je ne sais si c'est immédiatement après la mort de madame de Laval que les sentiments religieux s'emparèrent du cœur de son cousin ; mais je ne le retrouve, dans mes souvenirs, que quelques années plus tard menant en Suisse la vie d'un anachorète et expiant dans les remords les erreurs de sa première jeunesse. Il avait laissé en France, auprès de sa mère, la duchesse de Luynes, sa femme grosse. Il lui était né une fille, mariée depuis à Sosthène de La Roche-foucauld.

Le temps ayant un peu cicatrisé les blessures de Mathieu, les prières de madame de Staël l'attirèrent à Coppet où ses soins achevèrent de le calmer.

La France était redevenue habitable ; le désir de revoir sa patrie et de remplir les devoirs de famille, qu'une violente passion lui avait trop fait négliger, l'y ramena. Si madame Mathieu avait eu à souffrir de ses froideurs avant l'émigration, elle le lui rendit en hauteur et en maussaderie au retour.

Dans le long séjour qu'elle avait fait en prison pendant la Terreur, Hortense s'était passionnément attachée à une femme de chambre qu'elle y avait menée ou trouvée et vivait exclusivement avec elle, livrée à toutes les plus petites pratiques de la religion à laquelle seule elle pliait un caractère de fer. Sa fille tenait peu de place dans sa vie, ses parents moins encore, son mari point du tout. Reconnaissant ses torts envers elle et souhaitant trouver dans des affections légitimes une nourriture permise à un cœur très tendre, monsieur de Montmorency supporta, avec une patience admirable, les procédés dont il fut accueilli et chercha à ramener sa femme à plus de douceur.

Bientôt sa fille fut mise au couvent pour l'éloigner de ses caresses, et madame Mathieu lui déclara qu'étant en prison, pendant la Terreur, elle avait fait vœu de célibat pour sauver sa tête et celle de ses parents.

Mathieu se soumit et n'eut d'autre ressource que de suivre son exemple et de mener une vie tout à fait ascétique. Il se livra aux bonnes œuvres, aux mortifications de la chair et s'exalta dans les idées religieuses, repoussé qu'il était de tous les liens de famille. Nous l'avons vu pendant vingt ans tenant cette conduite et traité par sa femme avec un dédain poussé à un tel point que, par exemple, lorsqu'elle dînait hors de chez elle, elle ne se donnait pas la peine de l'en prévenir, et il rentrait pour se mettre à table sans trouver le repas qu'elle défendait à ses gens d'apprêter.

Il n'avait aucune fortune personnelle et, même lorsque la mort du duc de Luynes rendit madame Mathieu immensément riche, elle ne lui donna pas une obole. Je l'ai vu voyager sur l'extérieur des diligences parce qu'il n'avait pas de quoi payer une place dans l'intérieur. Elle joignait la désobligeance des formes aux duretés du fond, et il fallait l'inépuisable patience de Mathieu pour supporter une pareille conduite.

Il était d'une charmante et noble figure, aimable, spirituel et fait pour plaire. Il partageait son cœur entre Dieu et l'amitié, et portait ces sentiments jusqu'à l'exaltation. La Restauration y ajouta l'ambition, et cette ambition dévote qui, en sûreté de conscience, se prête même aux plus vilaines intrigues, assurée qu'elle est de ne prétendre au pouvoir que pour la plus grande gloire de Dieu.

Mathieu, que le besoin d'expier les erreurs de sa jeunesse avait jeté dans les mains des prêtres, était dès longtemps disciple de la petite Église ; il devint facilement membre de la Congrégation ; elle le poussa pour s'en faire un appui.

Madame la duchesse d'Angoulême le traita avec une grande distinction. Monsieur de Damas son chevalier d'honneur, étant mort en 1814, Mathieu le remplaça. Il eut beaucoup de crédit sur la princesse aussi bien que sur Monsieur.

Cette faveur de Cour commença à rapprocher madame Mathieu de son mari; elle ne lui refusa plus à dîner et quelquefois lui prêta ses chevaux.

Le duc Adrien de Laval, le seul des quatre frères de la branche aînée qui eût eu des enfants, perdit un fils unique de dix-neuf ans, et la branche de Montmorency Laval se trouva sans héritier. L'âge de la duchesse de Laval ne laissait pas l'espoir de le remplacer; le conseil de famille eut recours au ménage Mathieu.

J'ai vu la correspondance conjugale qui s'établit à ce sujet, et je suis forcée de convenir que les lettres de Mathieu sont si tendres d'affections si gracieuses de galanterie, si chastes d'expressions, que, persuadées qu'elles ne m'inspireraient que du dégoût ou de la moquerie, je les ai lues avec un véritable intérêt. Elles persuadèrent madame Mathieu. Les époux expédièrent un courrier à Rome pour être relevés des vœux qui les séparaient, et son retour fut attendu avec une impatience un peu exagérée.

Au moment même, madame Mathieu fut prise d'une passion immodérée pour son mari. Elle n'existait pas hors de sa présence; c'était un véritable roman, et la figure de cette héroïne de quarante-cinq ans, laide, mal tournée et surtout vulgaire à l'excès achevait le ridicule de cette bouffonne lune de miel que Mathieu supportait avec sa résignation accoutumée.

On a dit que les empressements de madame Mathieu avaient abrégé la vie de son mari. Quoi qu'il en soit, elle a été pendant quelques mois parfaitement heureuse de son amour, de l'importance de sa situation, du ministère et du titre de duchesse. Le chagrin de quitter l'hôtel des affaires étrangères et ses beaux salons fut compensé, peu après, par la nomination à la place de gouverneur de monsieur le duc de Bordeaux et l'espoir d'habiter les Tuileries.

Cependant la santé de Mathieu s'altérait de plus en plus. Il avait eu des crises fort douloureuses que sa patiente douceur dissimulait. Il était mieux; on l'espérait guéri lorsque, le vendredi saint de l'année 1826, n'étant pas assez rétabli pour assister aux offices, il sortit de chez lui pour aller, avec sa femme et sa fille, à l'église de Saint-Thomas-d'Aquin à l'adoration de la Croix. Il se prosterna appuyé sur une chaise; sa prière se prolongeant outre mesure, madame de La Rochefoucauld l'engagea à ne pas rester plus longtemps à genoux. Il ne répliqua pas : elle attendit encore, puis répéta ses paroles, puis s'effraya, puis chercha à le soulever; il était mort.

On le transporta dans la sacristie. Les secours lui furent vainement prodigués; il ne respirait plus. Une maladie de cœur venait de terminer sa vie au pied de cette Croix qu'il avait si vivement et, je crois, si sincèrement invoquée depuis trente ans.

On a fait de lui une gravure très ressemblante qui rappelle, d'une manière frappante, les traits que les peintres espagnols, et surtout Murillo, ont donné à Jésus-Christ. Selon moi, l'expression de la figure de Mathieu avait perdu quelque chose de sa beauté depuis que l'ambition tenait autant de place dans sa vie.

Je me le rappelle en 1810 dans la chapelle de Saint-Bruno, au désert de la Grande-Chartreuse, comme une vision aussi poétique qu'édifiante. Il était absorbé dans la prière, sa belle figure se trouvant éclairée par un

rayon de soleil ; tout ce que nous étions là en fûmes
frappés et certainement, dans un siècle plus croyant,
nous l'aurions vu entouré d'une auréole de lumière
divine.

J'ai toujours beaucoup aimé Mathieu et je l'ai pleuré.
Mais ses amis doivent-ils regretter qu'il ait ainsi fini de
la mort du juste, dans un moment où il était si entouré
d'intrigues et d'intrigants qu'il aurait pu difficilement
éviter de ternir sa vie ? Déjà sa liaison avec madame du
Cayla était une tache.

Le désespoir de la duchesse Mathieu fut très violent.
Dans cette âme si sèche, il n'y a place que pour la passion. C'est une singulière personne. Elle ne manque pas
d'une espèce d'esprit, raconte assez drôlement et compte
merveilleusement ses écus. Comme ce qu'elle a toujours
aimé le mieux c'est l'argent, elle suppose que Dieu partage ce goût. Lorsqu'elle souhaite quelque chose, elle
s'en va au pied des autels et promet au bon Dieu une
somme plus ou moins forte selon l'importance de l'objet.
Si son vœu est exaucé, elle paie consciencieusement ;
mais aussi elle ne donne rien lorsqu'elle n'a pas réussi.
Ainsi la seconde Restauration de 1815 lui a coûté trente
mille francs. Elle en avait promis cinquante si Mathieu
guérissait ; elle ne les a point payés. Elle fait aumône
de la partie de son bien exigée par l'Évangile, mais avec
des restrictions tout à fait comiques et sans qu'il y ait
jamais le moindre entrainement. Elle prétend être née
avec les dispositions les plus mondaines, les goûts les
plus vifs à la dissipation et avoir été obligée d'étrangler
ses passions, faute de pouvoir les conduire. Elle a survécu à sa fille, aussi bien qu'à son mari, et s'occupe à
diriger des établissements religieux qu'elle a fondés.

Monsieur regretta fort Mathieu. Madame était extrêmement refroidie pour lui : elle ne lui pardonnait pas

d'avoir préféré le portefeuille des affaires étrangères au poste de son chevalier d'honneur. C'est encore une preuve, ainsi que je l'affirmais à l'occasion du duc de Richelieu, de l'importance que les princes de la maison de Bourbon attachent au service près de leur personne.

CHAPITRE VIII

J'ai souvent remarqué avec étonnement que les femmes, même les plus dévouées, même les plus distinguées,
ne peuvent guère se garantir d'afficher leur crédit lorsque les hommes qu'elles chérissent arrivent au pouvoir.
Elles ne sauraient pourtant leur rendre plus mauvais
service.

Madame de Duras tomba dans ce piège de la fortune
d'autant plus facilement qu'elle commençait à être fort
inquiète de l'attachement de monsieur de Chateaubriand
pour madame Récamier. Elle exigea de lui de nommer
son gendre, le duc de Rauzan, chef des travaux politiques. Ce poste avait toujours été rempli par quelque
diplomate consommé, vieilli dans les bureaux.

Monsieur de Chateaubriand sentit l'absurdité de le
confier à un jeune homme qui avait été trois mois attaché
à l'ambassade de Rome et six semaines secrétaire de
légation à Berlin. Ne sachant comment se tirer d'une
promesse arrachée à sa faiblesse, [il] s'avisa d'écrire à

madame de Duras qu'il craignait que cette nomination, où on reconnaîtrait tout son empire, ne la compromît et ne lui attirât des ennemis. J'ai vu le billet où elle lui répondait qu'elle exigeait l'accomplissement de sa parole, qu'elle se faisait gloire de son attachement pour lui et ne craignait, en aucune façon, les propos malveillants qu'on pourrait tenir sur une liaison dont il avait bien soin qu'elle ne connût que les amertumes.

Monsieur de Chateaubriand n'osa pas résister davantage. Cette intempestive nomination eut lieu. Elle fut généralement blâmée, ridiculisée, et nuisit tout d'abord à sa considération. Chacun y reconnut la volonté impérieuse de madame de Duras et elle ne s'en cacha pas, et pourtant elle aurait tout sacrifié à cette gloire qu'elle immolait à l'autel de sa vanité.

La guerre d'Espagne étant décidée, il fallut s'occuper des préparatifs. Il semblait qu'il ne dût y avoir qu'un ordre à expédier pour entrer en campagne. La fièvre jaune, qui désolait la péninsule, avait autorisé l'établissement d'un cordon sanitaire sur la frontière, et, depuis que la peste révolutionnaire s'y était ajoutée, le nombre des troupes avait été considérablement accru.

Toutefois, les répugnances politiques et financières de monsieur de Villèle s'étaient également opposées à ce qu'elles fussent mises sur le pied de guerre. L'incapacité du maréchal duc de Bellune, aussi bien que la vénalité de ses entours, avaient servi les vœux du président du conseil, sans les partager.

Monsieur le duc d'Angoulême fut nommé généralissime et partit au commencement du printemps. J'ai lieu de croire qu'il n'était nullement partisan de cette guerre, mais il ne savait jamais qu'obéir au Roi.

En arrivant à Bayonne, il trouva que rien n'avait été préparé pour l'entrée en campagne. Il expédia un courrier porteur des plaintes les plus amères. Il démontrait combien il serait fâcheux, aux yeux de la France et de l'Europe, d'être arrêté dès ce premier pas et de confirmer, en apparence, les propos de l'opposition qui proclamait que le Roi n'oserait réunir une armée parce qu'elle se déclarerait contre son gouvernement.

Le télégraphe porta au prince l'autorisation de prendre sur lui toutes les mesures nécessaires pour concentrer les troupes et leur procurer des subsistances. Le ministre de la guerre, nommé major général de son armée, partit en poste pour Bayonne. Le conseil espérait ainsi s'en débarrasser sans offenser les ultras qui le chérissaient; mais monsieur le duc d'Angoulême ne voulut pas même le voir.

On a dit que, par une intrigue d'Ouvrard, tous les préparatifs faits par l'administration de la guerre s'étaient éclipsés. Il la fallait habilement ourdie car le duc de Bellune, si intéressé à prouver le contraire, fut obligé de convenir que tout manquait. Il fut désespéré, contresigna les arrangements arrêtés par le prince avec Ouvrard et reprit le chemin de Paris où il arriva au grand désappointement de ses collègues.

Il retrouva son cabinet et tout l'hôtel intacts. La maréchale en avait soutenu le siège et refusé l'entrée au général Digeon, ayant le portefeuille par intérim et destiné à remplacer le maréchal. La duchesse de Bellune l'avait relégué dans les bureaux, et cette défense matérielle de la place de son mari n'avait pas été sans quelque influence pour la lui conserver.

A peine dix jours écoulés depuis qu'Ouvrard avait été nommé fournisseur général, l'armée, réunie à Bayonne, se trouva dans l'abondance. Je ne sais si cette péripétie fut amenée par d'habiles fripons et s'il y eut bien des tours de bâton dans ce coup de baguette.

Beaucoup de noms honorables y furent compromis. Je n'ai pas de renseignements assez exacts pour m'être formé une opinion à ce sujet.

Ce que je sais, c'est que monsieur le duc d'Angoulême agit avec autant de prudence que de fermeté. L'important, en ce moment, n'était pas tant de payer les rations quelques centimes de plus; l'important était de marcher en avant et de ne point laisser aux malveillants le temps de travailler le moral des soldats en reculant devant des difficultés matérielles auxquelles personne n'aurait voulu croire.

Déjà monsieur le duc d'Angoulême avait montré une grande sagesse en soutenant le général Guilleminot contre une de ces intrigues que le parti ultra avait l'habitude d'exploiter. Une malle adressée à un aide de camp de Guilleminot fut saisie à la diligence. Elle avait été dénoncée et se trouva contenir des uniformes et des cocardes du temps de l'Empire.

L'officier, mandé à Paris, prouva si victorieusement n'avoir jamais eu un rapport quelconque avec cette malle que l'on fut obligé d'abandonner ce moyen, dont on avait fait grand bruit, et qui fut tracé jusqu'en assez saint lieu pour que tout le monde dût se taire. Le but de cette machination était d'inspirer de la défiance contre le général Guilleminot et de le faire remplacer par un homme de la Congrégation; mais monsieur le duc d'Angoulême traita le général avec d'autant plus de bonté et de distinction.

J'ai déjà dit que le prince n'était nullement sous la gouverne des prêtres. Pieux comme un ange, ayant toujours mené la vie la plus exemplaire, il n'avait pas besoin d'intermédiaire vis-à-vis du ciel. Il respectait les prêtres à l'autel, mais ne leur accordait aucune influence dans les affaires temporelles. Il n'a jamais eu d'aumônier particulier et refusa même d'en emmener dans cette campagne. Il disait que l'Espagne était un pays suffisamment catholique pour qu'il n'y manquât pas de prêtres. Chaque jour il entendait la messe, dite par le curé du lieu où il se trouvait et, les jours fixés pour ses dévotions, il avait de même recours au ministère du premier ecclésiastique, comprenant le français, qu'il trouvait sur sa route.

Un jour, un abbé, expédié de Paris et armé d'un brevet d'aumônier de l'état-major, se présenta au quartier général. Monsieur le duc d'Angoulême voulait le renvoyer. Messieurs Guilleminot et de Martignac, qui craignirent de s'attirer les foudres de la Congrégation, opinèrent pour qu'il restât; le prince reprit : « Vous le voulez, messieurs, vous ne tarderez guère à vous en repentir. »

En effet, l'abbé établit un foyer d'intrigue; et on sut bientôt qu'il était le centre d'une petite réunion d'où il partait des notes, adressées à Paris, sur la conduite privée de tous les officiers de l'armée. Le prince se procura une de ces listes annotées, fit venir l'abbé, la lui montra en lui remettant son ordre de route et lui disant : « Partez, et taisez-vous. Je ne veux pas d'espions en soutane. »

Tandis qu'il déployait cette sagesse dans le conseil, monsieur le duc d'Angoulême montrait une bravoure froide et sans aucune forfanterie sur le champ de bataille; il partageait les fatigues du soldat et les supportait mieux que sa frêle apparence ne semblait l'annoncer.

Mon frère l'accompagnait en qualité d'aide de camp, et je tiens de lui une multitude de traits, pas assez importants pour être rapportés, mais qui militent à confirmer la sage fermeté de l'ensemble de la conduite du prince. Aussi était-il abhorré par les courtisans de son père et de sa belle-sœur. Une puérile circonstance donnera mieux l'idée de la manière dont ils l'envisageaient que de longs développements.

A un déjeuner, assez nombreux, donné par le comte et la comtesse Fernand de Chabot pour l'inauguration d'un nouvel appartement, quelqu'un, impatienté des impertinences qu'on débitait sur monsieur le duc d'Angoulême, s'amusa à dire qu'il avait passé à l'ennemi à la tête de quatre régiments. « Vraiment, s'écria madame de Meffray, dame et favorite de madame la duchesse de Berry, vraiment! est-il possible? Je savais bien que monsieur le duc d'Angoulême pensait très mal, mais je ne le croyais pas encore capable de cela!» Sans doute madame de Meffray était une niaise, mais ses paroles indiquent le diapason de l'intérieur où elle vivait.

Lors de la sage ordonnance d'Andujar, les clameurs contre le prince furent telles que le ministère fut obligé de la casser. A dater de ce moment, monsieur le duc d'Angoulême cessa de prendre aucune part politique aux affaires de la Péninsule, se bornant à ses devoirs militaires.

Il avait été grandement dégoûté par les procédés du roi Ferdinand VII qui, non seulement ne lui avait accordé aucune confiance, mais avait même affecté des formes grossièrement arrogantes vis-à-vis de lui. Ainsi, par exemple, lorsque monsieur le duc d'Angoulême, au moment où le Roi débarquait à Port-Sainte-Marie, lui avait présenté son épée en s'agenouillant, il lui avait laissé accomplir cette cérémonie de courtoisie, à la grande indignation des français présents, et se relever sans lui offrir d'assistance.

L'absurde étalage qu'on a fait de la prise du Trocadéro a rendu ridicule jusqu'au nom d'un tres joli fait de guerre qui décida la prise de Cadix et termina la campagne, si on peut donner ce nom à une marche triomphale de Bayonne à Cadix. Les partisans des Cortès se défendirent dans quelques villes; mais, en général, l'armée française fut accueillie partout avec une grande joie.

Les populations des villages accouraient à sa rencontre. Le prince était reçu avec acclamation : « Viva el duca! Viva le Bourbone! Viva el re netto? Viva la sacra santo inquisition ! », criait la foule qui couvrait l'escouade royale de fleurs et de guirlandes et déployait des tapis sous les pieds des chevaux.

Aussi le maréchal Oudinot disait-il en soupirant : « Ce qu'il y a de déplorable, dans cette affaire-ci, c'est que nos gens se persuadent qu'ils font la guerre. » Malgré cette exclamation chagrine du vieux soldat, nos jeunes troupes, toutes les fois qu'elles en eurent occasion, montrèrent leur zèle et leur intrépidité accoutumés; et j'ai entendu dire à des officiers, ayant fait la *vraie guerre,* que notamment le petit fort du Trocadéro avait été emporté avec une vigueur digne des grenadiers de la grande armée.

Le prince de Carignan s'y distingua particulièrement. On lui a fort reproché d'avoir fait cette campagne contre les révolutionnaires. Elle lui avait été imposée comme amende honorable par la Cour de Sardaigne, et tout lui était bon pour sortir de la position intolérable où il se trouvait à Florence. Mais, quelque opinion qu'on puisse avoir sur la convenance de sa présence auprès de monsieur le duc d'Angoulême, tout le monde doit approuver la conduite qu'il y tint en passant, avec les premiers grenadiers, le fossé plein d'eau qui entourait la redoute.

Le lendemain, à la parade, une députation des grenadiers s'avança vers le prince et lui offrit, au nom du corps, une paire d'épaulettes de laine, appartenant à un des camarades tué à ses côtés pendant la périlleuse traversée du large fossé, et le proclama *grenadier français*.

Le prince attacha les épaulettes sur son uniforme, et certainement ce moment a été un des plus heureux de sa vie, quoique son visage se trouvât tout à-coup inondé de larmes. Tous les assistants étaient émus de cet épisode improvisé auquel personne ne s'attendait.

Il me rappelle une circonstance, bien postérieure, mais que je placerai ici, d'autant que je ne pense pas conduire ces récits jusqu'à l'époque où elle a eu lieu.

Le colonel de La Rue se trouvant à Vienne en 1832 avec le jeune duc de Reichstadt, celui-ci, qui cherchait sans cesse à le faire parler sur les armées de France, lui demanda si, en effet, le roi de Sardaigne avait payé de sa personne autant qu'on l'avait dit.

Monsieur de La Rue, témoin et acteur au Trocadéro, lui raconta ce qui s'y était passé, ainsi que la démarche des grenadiers, et il ajouta :

« Et je vous assure, monseigneur, que le prince était bien content.

— Sacrebleu, je le crois bien ! répondit le jeune homme en frappant du pied. » Puis il reprit après un assez long silence :

« Voyez la différence des pays, mon cher La Rue ; chez eux (il désignait du doigt l'ambassadeur de Russie), chez eux quand on veut humilier un officier, on le fait soldat. *Chez nous* quand on veut honorer un prince, on le fait grenadier ! Ah ! chère France ! » Et il s'éloigna du colonel pour cacher une émotion qu'il venait de lui faire partager.

Ce même monsieur de La Rue possède une pièce

assez curieuse. La veille de son départ de Vienne, il adressa à monsieur le duc de Reichstadt, qu'il rencontrait dans le monde tous les soirs, cette phrase banale :

« Monseigneur a-t-il des ordres à me donner pour Paris?

— Des ordres pour Paris! moi? Moi! oh! non, cher La Rue! » Et il sentit trembler la main qu'on lui avait tendue.

Il se retira affligé de l'effet produit sur le prince par son inadvertance. Au moment où il montait en voiture le lendemain, un valet de pied lui remit un paquet. C'était un grand papier plié en quatre, sur le milieu duquel était écrit de la main du duc : « Présentez mes respects à la colonne. »

Il n'y a ni date ni signature, mais l'enveloppe, mise par un secrétaire, est contresignée de tous les titres et qualités de S. A. I. le duc de Reichstadt et porte l'assurance que l'intérieur est de son écriture. Est-ce un usage allemand pour les lettres des princes ou une précaution particulière pour celle-là? Je l'ignore.

Monsieur de La Rue me l'a confiée; pendant une absence qu'il a faite, mais il me l'a redemandée; et je n'ai pas osé lui témoigner le désir que j'aurais eu de la conserver.

Je reprends le fil de mon discours. Madame la duchesse d'Angoulême s'était établie à Bordeaux, pendant la guerre d'Espagne, pour être plus à portée des nouvelles. Le même motif y conduisit ma belle-sœur. Cette similitude d'intérêt la rapprocha de la princesse, beaucoup plus gracieuse en général lorsqu'elle s'éloignait de Paris, et qui, dans cette circonstance, montra à madame d'Osmond des bontés qu'elle lui a toujours continuées.

Elle n'était pas précisément de son intimité, mais du

petit nombre des personnes qu'elle accueillait avec faveur, distinction d'autant plus appréciée qu'elle était moins prodiguée, aussi ma belle-sœur lui est-elle très dévouée. Le naturel de son esprit lui a fait trouver grâce devant Madame. Madame d'Osmond est la seule personne d'un esprit remarquable que je lui ai vu ne point repousser. Il y a fort à parier que, sans le séjour de Bordeaux, elle serait restée dans la disgrâce qu'elle méritait sous ce rapport.

L'animadversion de monsieur le duc d'Angoulême pour le duc de Bellune était si hautement prononcée qu'il fallait bien songer à le remplacer. Monsieur de Villèle en faisait d'autant plus volontiers le sacrifice qu'il désirait fort s'en débarrasser et était charmé d'en laisser l'impopularité au prince.

Monsieur de Chateaubriand, qui se savait assez mal dans son esprit, crut faire un acte de haute courtisanerie en poussant à la nomination du baron de Damas, attaché à sa maison. Lorsque monsieur le duc d'Angoulême reçut le courrier qui lui en apportait la nouvelle, il entra dans le salon où étaient réunis ses aides de camp et il leur dit :

« Messieurs, le duc de Bellune n'est plus ministre de la guerre. Devinez qui le remplace. Je vous le donne en dix. Que dis-je, en dix? Je vous le donne en cent et même cela ne sera pas assez, je vous le donne en mille. »

Quelques noms étranges ayant été prononcés, le prince reprit :

« Non, c'est encore mieux... Vous ne trouverez jamais... C'est le baron de Damas, votre camarade... le bon Damas! »

Il se prit à rire et tout l'état-major avec lui. On voit comme monsieur de Chateaubriand avait bien réussi à faire sa cour à monsieur le duc d'Angoulême.

A son retour à Paris, le prince se montra aussi simple et aussi modeste qu'il avait été brave et sage en Espagne. Son père le reçut avec une tendresse et une joie toute paternelle, le Roi avec cette pompe théâtrale qui suppléait en lui à la sensibilité.

Madame la duchesse d'Angoulême jouissait des succès de son mari d'une joie si étrangère à sa physionomie qu'elle en était altérée. Cette pauvre princesse a eu si peu d'occasion d'en ressentir qu'elle ne sait comment la porter. Son attachement pour monsieur le duc d'Angoulême était aussi tendre que sincère, quoiqu'il ne partageât pas ses passions politiques.

Le prince était resté en rapport avec les personnes les plus influentes du ministère Richelieu, messieurs Pasquier, Mounier, etc., et surtout monsieur Portal au sage esprit duquel il accordait grande confiance. Il leur parlait volontiers des affaires du moment pour s'éclairer de leurs lumières.

Ces relations, que le prince lui-même ne cherchait point à dissimuler, achevaient de le discréditer auprès des exaltés. Ils s'étaient ameutés contre lui dès ce voyage dans la Vendée où il avait prêché *Union et Oubli*. L'ordonnance d'Andujar, autre crime de même nature, aurait constaté qu'il était incorrigible et décidément jacobin si, déjà, sa désapprobation formelle de la manière dont monsieur Manuel avait été expulsé de la Chambre avait pu laisser quelques doutes sur ses sentiments.

Peu de jours après son retour, monsieur le duc d'Angoulême, sortant en voiture avec mon frère, fut accueilli de très vives acclamations par la foule assemblée dans la cour des Tuileries. Une fois sur le quai, et les salutations accomplies, il se renfonça dans sa voiture et dit avec un sourire amer :

« Voilà bien ce qui s'appelle, en termes de gazette,

un prince adoré! Il serait bien doux d'y pouvoir croire! Mais, voyez-vous, d'Osmond, ils crieraient *à l'eau* tout aussi volontiers si on les y poussait. »

Au moins ne se faisait-il pas illusion sur sa popularité, malgré les adulations dont les gens qui avaient le plus cherché à le déjouer et à empoisonner sa conduite vis-à-vis du Roi et du public l'étourdissaient. Il en était fort contrarié et l'a souvent témoigné avec son peu de bonne grâce accoutumée, mais avec beaucoup de jugement.

Personne plus que lui n'était impatienté de l'abus fait de ce malheureux nom du Trocadéro. L'esprit courtisan l'avait donné à tout, depuis un ruban jusqu'à une salle de festin à l'hôtel de ville, depuis un joujou du duc de Bordeaux jusqu'à l'arc de triomphe de l'Étoile. Toutefois, monsieur le duc d'Angoulême s'opposa formellement à ce dernier baptême, et cette ridicule appellation tomba vite en désuétude.

Je me livre avec complaisance à parler de monsieur le duc d'Angoulême en ce moment. C'est certainement la plus belle année d'une vie si éprouvée par le malheur. Ce pauvre prince méritait un meilleur sort; mais la fortune, son éducation, son père, ses entours et même ses vertus lui en ont préparé un si déplorable que l'histoire elle-même l'accablera de dédains, sans rendre justice à des qualités réelles.

Si monsieur le duc d'Angoulême s'était trouvé succéder immédiatement à Louis XVIII, la Restauration aurait probablement marché dans des voies assez sages pour se concilier les suffrages du pays. Pendant bien des années, toutes les espérances se sont tournées vers lui, et c'est seulement lorsqu'on l'a vu suivre les traces de son père que les orages se sont pressés autour du trône et que la foudre populaire l'a renversé.

CHAPITRE IX

J'ai dit ailleurs, je crois, les relations que madame du
Cayla avait entretenues, sous l'Empire, avec le duc de
Rovigo et dont l'extraordinaire ressemblance de son
fils témoignait fort indiscrètement.

Depuis que l'immense crédit de la favorite était aussi
bien établi, le duc de Rovigo l'assiégeait de ses réclamations. Il voulait être réhabilité à la Cour, employé
dans son grade et rentrer dans les voies du pouvoir,
menaçant, si elle ne réussissait pas à obtenir ce qu'il
désirait, de publier une correspondance qui, non seulement était fort tendre pour Rovigo, mais encore très
confiante pour le ministre de la police et prouvait
qu'elle n'avait pas attendu la Restauration pour jouer le
rôle le plus honteux et en recevoir un salaire.

Elle ne savait comment se tirer de cet embarras. Elle
n'avait aucune envie de rétablir la position du duc de
Rovigo dont la présence lui était insupportable, mais
elle craignait encore davantage de l'exaspérer.

Comme il prétendait toujours que sa conduite, dans
l'affaire de la mort de monsieur le duc d'Enghien, avait
été la plus innocente du monde, il exigea qu'elle se
chargeât de l'expliquer au Roi. Elle se fit répondre par

Sa Majesté que, si monsieur de Rovigo parvenait à persuader le public, il lui accorderait ses bonnes grâces. En conséquence, monsieur de Rovigo se mit à l'œuvre et fit une relation, soi-disant justificative, où il s'incriminait de la façon la plus odieuse, tout en chargeant monsieur de Talleyrand très gravement et, je crois, très véridiquement.

Madame du Cayla tressaillit d'aise à cette lecture. Elle y voyait la perte de deux hommes qu'elle redoutait presque également. Cependant, elle fut assez habile pour faire quelques remarques critiques au duc de Rovigo. Elle lui fit adoucir quelques phrases, retrancher quelques aveux, puis l'encouragea à la publication sans toutefois la lui conseiller, afin qu'il ne pût l'accuser de l'y avoir poussé.

L'effet en fut tel qu'elle l'avait prévu. Un tolle général s'éleva contre Rovigo ; tout le parti Talleyrand y excita ; et, le voyant à son comble, le prince s'enveloppa dans sa dignité offensée et déclara qu'il ne reparaîtrait pas aux Tuileries que son nom ne fût vengé de tant de calomnies. Personne ne soutint le duc de Rovigo ; le Roi lui fit défendre de reparaître. Monsieur et son fils déclarèrent qu'ils le feraient mettre à la porte s'il se présentait chez eux. Toutes les réclamations qu'il faisait pour ses dotations furent mises à néant.

Madame du Cayla, elle-même, quoique se disant désolée d'un résultat qu'elle était si loin d'attendre de leurs efforts réunis, se crut obligée de renoncer à le recevoir ouvertement chez elle. Elle lui promit de ne perdre de vue aucune occasion de rétablir sa situation, mais lui fit admettre la nécessité de laisser passer l'orage, et elle s'en trouva débarrassée.

Soit qu'elle craignît de s'attirer trop de haines à la fois, soit qu'elle n'eût pas le moyen de réussir de ce côté, monsieur de Talleyrand eut tous les honneurs de cette affaire. Le Roi lui fit dire « qu'il pouvait revenir aux Tuileries sans craindre de mauvaise rencontre. » En conséquence, il fit sa rentrée le dimanche à la messe, en plein triomphe.

C'était un des moments où il était le plus en évidence. Sa charge de grand chambellan le plaçait immédiatement derrière le Roi. Il s'y tenait debout, la main appuyée sur le fauteuil, hors le moment de l'élévation où il s'agenouillait assez adroitement, malgré sa jambe estropiée, et il ne lui plaisait pas qu'on cherchât à l'assister. Son maintien pendant les offices était inimitable. L'impassibilité de sa physionomie l'y suivait, et personne ne pouvait l'accuser d'y porter ni distraction mondaine, ni cagoterie hypocrite.

Un homme, moins habile que monsieur de Talleyrand aurait été abîmé par les révélations contenues dans le mémoire du duc de Rovigo, d'autant que bien des personnes vivantes pouvaient justifier de leur exactitude. Mais il comprit, tout de suite, que le coup venait d'un homme qui n'était pas situé de façon à pouvoir l'asséner vigoureusement et il se plaça si haut que ce fut le Rovigo qui manqua son atteinte et en fut renversé.

Il y a peu de circonstances où monsieur de Talleyrand ait mieux jugé sa position aussi bien que celle de son adversaire et se soit conduit avec plus d'habileté. Le succès fut si complet que, depuis ce temps, les attaques se sont émoussées. Monsieur de Talleyrand est sorti très épuré de ce creuset aux yeux des contemporains, et l'histoire devra se charger de lui rendre la part qu'il a jouée dans la triste tragédie des fossés de Vincennes.

La petite maison, appartenant à la comtesse Vincent Potocka où le Roi avait donné en 1814 la déclaration dite *de Saint-Ouen,* fut mise en vente à la mort de la comtesse. Bientôt, nous vîmes s'élever sur ses ruines un élégant pavillon. Les meilleurs artistes furent appelés à le décorer. Les plantes les plus rares en ornèrent les jardins et les serres. Un luxe royal s'y déployait, et l'acquéreur ne put être longtemps ignoré, malgré le secret imposé qui excitait vivement la curiosité. On variait sur la destination de ce lieu de délice.

Des invitations, adressées à tout ce que la Cour et la ville avait de plus distingué, nous apprirent qu'il appartenait à madame du Cayla et qu'elle en ferait l'inauguration par une fête à laquelle elle nous conviait. Quelques personnes, plus scrupuleuses, refusèrent de s'y rendre. Je ne fus pas du nombre. Je connaissais madame du Cayla de tout temps ; nos relations étaient devenues très froides, mais j'étais également curieuse de voir le pavillon et la fête. L'un et l'autre en valaient la peine.

On ne nous avait pas exagéré la magnificence de la maison. Elle était parfaitement commode et construite à très grands frais. Chaque détail était complètement soigné. Depuis l'évier en marbre poli jusqu'à l'escalier du grenier à rampe d'acajou, rien n'était négligé. Il était aisé de voir qu'artistes et ouvriers, personne n'avait été contrôlé dans la dépense. Les plus habiles peintres avaient été employés à décorer les murailles ; mais ce luxe de bon goût ne sautait pas aux yeux et s'accordait avec une noble simplicité. On voyait dans la bibliothèque un immense portrait de Louis XVIII, assis à une table et signant la déclaration de Saint-Ouen.

Ce qui était encore bien plus curieux, c'était le nonce du Pape, monseigneur Macchi, et monsieur Lieutard, assis sous ce tableau et se relayant l'un l'autre pour faire, à tour de rôle, l'éloge des vertus chrétiennes de leur charmante hôtesse. Or il faut savoir que ce monsieur Lieutard était l'instituteur rigide de la jeunesse dévote du temps et qu'aucun de ses disciples n'aurait osé pénétrer dans un théâtre, hormis dans celui que madame du Cayla allait nous ouvrir.

Les meilleurs acteurs y jouèrent un joli vaudeville, puis une petite pièce de circonstance d'après laquelle il nous fut loisible de croire, si cela nous plaisait, que madame du Cayla n'était que la concierge sensible et dévouée du pavillon historique que ses soins avaient arraché à l'oubli, à la profanation de la bande noire, pour le conserver à la reconnaissance de la France, dont un bon nombre de couplets témoignèrent. Les applaudissements des spectateurs la confirmèrent, et madame du Cayla sortit de l'enceinte couverte de couronnes civiques et proclamée l'héroïne de la charte par un auditoire qui n'y tenait guère.

Je m'amusai bien à cette fête, fort belle et fort bien ordonnée, mais divertissante surtout par son côté bouffon. Tout le corps diplomatique s'y pressait sur les pas de la dame du lieu, aussi bien que les évêques et les *mères* de l'Église. Elle avait attaché un grand prix à les y faire venir. Toujours elle les avait soignés avec empressement, et chaque semaine un grand dîner réunissait les âmes pieuses à sa table. Une demi-heure avant celle fixée aux invités à la fête de Saint-Ouen, le Roi était venu en inspecter les apprêts. Les traces des roues de son lourd carrosse se voyaient dans les allées, très bien sablées d'ailleurs.

Madame du Cayla avait espéré la présence de Monsieur. Elle en avait laissé courir le bruit, assez complaisemment, au commencement de la matinée ; mais vers la fin elle se révoltait contre une idée aussi saugrenue. Le fait était que Monsieur avait hésité.

Monsieur de Villèle l'encourageait à soutenir madame du Cayla, dont il exploitait le crédit sur le Roi ; mais l'influence de Madame l'emporta : cette princesse ne pouvait s'abaisser à caresser la favorite et la traitait toujours plus que froidement.

Madame de Choisy, sa dame d'atour, qu'elle avait mariée au vicomte d'Agoult et chez laquelle elle passait toutes ses soirées, ayant, au mépris de ses défenses, formé une liaison intime avec madame du Cayla, la princesse lui en témoigna son mécontentement et ne mit plus les pieds chez elle, quoique l'appartement qu'elle occupait fût contigu au sien. La reconnaissance de madame du Cayla se signala en faisant nommer le vicomte d'Agoult gouverneur de Saint-Cloud.

J'ai dit que le général de Lauriston était resté seul du ministère Richelieu. Il dut cette faveur à la mansuétude avec laquelle il payait les sommes énormes que la faiblesse du Roi répandait sur ses royales amours, sans jamais les trouver trop considérables. Cependant on désira sa place de ministre de la maison du Roi pour monsieur de Doudeauville, afin que Sosthène de La Rochefoucauld, chargé de la division des beaux-arts, ne relevât que de son père.

En conséquence, pour désintéresser monsieur de Lauriston, solder ses complaisances et acheter sa discrétion, on le nomma tout à la fois grand veneur et maréchal de France. Il avait beaucoup fait la guerre, comme tous les serviteurs de Napoléon, mais il n'avait aucune réputation militaire et cette élévation souleva des tempêtes.

Les patrons de Lauriston crurent les calmer en l'envoyant commander l'armée de réserve en Espagne. Lui, de son côté, voulut décorer son nouveau bâton de quelques lauriers. Il fit faire le siège de Pampelune, après la reddition de Cadix et la délivrance du roi d'Espagne, qui amenait nécessairement la chute de toutes les places sans coup férir. Quelques braves gens payèrent de leur sang l'élévation de Lauriston au grade de maréchal, sans la justifier aux yeux de personne.

Il avait laissé la liste civile fort dérangée. Elle acheva de se dilapider sous l'administration du duc de Doudeauville, très galant homme mais trop faible et trop dépendant pour oser faire la moindre résistance aux caprices de son fils et de madame du Cayla. Cette facilité le forçait à fermer les yeux sur les autres abus, et jamais caisse n'a été livrée plus ostensiblement au pillage.

La sage administration de monsieur de La Bouillerie, sous le nom d'intendant, avait réparé le mal en peu d'années, et, avant la révolution de 1830, la liste civile était libérée de toute dette.

CHAPITRE X

L'opinion publique se montra fort choquée de la desti-
tution du duc de La Rochefoucauld-Liancourt. Je ne me
rappelle plus dans quelle circonstance il témoigna de la
résistance aux volontés ministérielles. C'était pour quelque chose de fort peu important. Cependant le *Moniteur*
prit la peine de répondre par une litanie de treize places
qui étaient enlevées au duc. Or, ces places étaient toutes
de bienfaisance et gratuites. Il les exerçait avec autant
de zèle que de dévouement, dans l'intérêt du pauvre
dont il était adoré. En supposant même qu'il eût témoigné de l'hostilité au gouvernement, c'était une puérile
et maladroite vengeance.

Celle exercée, d'une façon plus cruelle, contre les
sous-officiers de La Rochelle fut encore plus réprouvée.
Quatre de ces jeunes gens périrent sur l'échafaud pour
un projet de conspiration, très coupable, sans doute,
mais qui, n'ayant aucune chance de réussite, ne frappait
pas assez l'esprit public pour lui faire supporter le sacrifice de ces quatre jeunes têtes dont la plus âgée n'avait

pas vingt-trois ans. Il se conduisirent de manière à augmenter l'intérêt, avec fermeté et sans jactance, et parurent poursuivis avec acharnement.

Je me rappelle très bien que le petit noyau d'hommes
modérés qui m'entourait s'affligeait de cette procédure
et désirait beaucoup que le Roi fît grâce à ces jeunes
gens. Je crois me souvenir qu'une note fut remise à
monsieur le duc d'Angoulême par monsieur Portal, qu'il
entra fort dans ses sentiments mais lui dit qu'il s'était
fait la loi de ne s'ingérer, en aucune façon, dans le gouvernement du Roi, qu'il gémissait souvent de ce qu'il
voyait, que, toutes les fois qu'on lui demandait son opinion, il la donnait consciencieusement mais que jamais
il ne prenait l'initiative : « L'opposition des princes est
une trop grande calamité pour que le pays puisse en
supporter deux », ajouta-t-il.

Puis, embarrassé lui-même de ce qui venait de lui
échapper, il devint fort rouge : « Le Roi, reprit-il, doit
être obéi respectueusement par tout le monde, et surtout
par moi. Lorsqu'il veut bien me charger d'une mission, je
la fais de mon mieux et dans ma conscience ; mais, lorsqu'il ne me consulte, ni ne m'emploie, je me tais et je
vais à la chasse. »

Je n'affirme pas que ce soit à l'occasion des sous-
officiers de la Rochelle que ces paroles ont été prononcées. Je crois même que c'est après le retour d'Espagne
que monsieur Portal nous rapporta les avoir entendues,
le jour même, de la bouche du prince. Cette sagesse lui
attirait notre respect et justifiait les espérances que le
pays fondait sur lui.

Les succès obtenus dans la Péninsule, en persuadant
au parti ultra-royaliste que l'armée était à sa dévotion,
excita sa violence. Il exigea de monsieur de Villèle les
lois sur le sacrilège, sur le droit d'aînesse, et l'accom-

plissement des promesses faites aux émigrés. Le ministre y ajouta de sa propre invention la conversion des rentes cinq pour cent en trois pour cent. C'était de toutes ces lois la seule à laquelle il tint sérieusement.

Les élections, faites avec des fraudes éhontées, avaient amené à la Chambre des députés une majorité compacte qui votait selon le bon plaisir du ministre. Il n'eut pas de peine à faire accepter par elle les élections septennales.

La Chambre des pairs, persuadée que cette nouvelle organisation était meilleure et plus gouvernementale, l'adopta, quoiqu'un grand nombre des pairs, qui votèrent en sa faveur, reconnussent l'inconvénient de prolonger, entre les mains du parti contre-révolutionnaire, un instrument aussi dangereux que la Chambre des députés telle qu'elle était composée. Mais là s'arrêta leur complaisance, et l'utilité du gouvernement représentatif et de la pondération des pouvoirs ne s'est peut-être jamais fait mieux sentir qu'à cette époque.

La Chambre des députés étant servile autant que puérilement aristocratique, celle des pairs se montra indépendante et libérale ; et les lois du sacrilège, du droit d'aînesse, de la réduction du taux des rentes, de l'indemnité, etc., furent ou repoussées, ou amendées de manière à perdre leur caractère de lois de parti.

Monsieur de Villèle s'était bien mordu les doigts d'avoir fait exception à son goût pour les médiocrités en appelant monsieur de Chàteaubriand au pouvoir. Dès les premiers moments, il avait été trompé dans son espérance de trouver en lui un appui contre la guerre que la Cour, la sacristie et la Sainte-Alliance souhaitaient porter en Espagne.

Monsieur de Villèle, en se voyant joué, s'était promis de se venger. Monsieur de Chateaubriand n'avait aucune faveur auprès du Roi et des princes ; il était facile à démolir de ce côté. Monsieur de Villèle prétendit qu'il avait voté contre la loi sur la réduction des rentes.

Monsieur de Chateaubriand l'a toujours nié ; mais il convenait volontiers que la loi lui semblait intempestive et dangereuse et s'en exprimait librement dans son salon. Toutefois, il n'existait aucun dissentiment ostensible entre lui et ses collègues, lorsqu'un dimanche il se présenta à la porte de Monsieur pour lui faire sa cour. L'huissier lui répondit qu'il ne pouvait entrer. Monsieur de Chateaubriand y fit peu d'attention ; il était tard, il crut la porte fermée et Monsieur déjà passé chez le Roi. Il se hâta de descendre pour arriver dans le cabinet. En passant la première porte, il vit de l'hésitation dans les huissiers et les gardes du corps. Enfin l'officier s'avança vers lui et lui dit, du ton le plus respectueusement peiné :

« Monsieur le vicomte, nous avons la consigne de ne vous point laisser entrer. »

Il était sous le coup de l'étonnement, lorsque monsieur de Vitrolles, son ami, lui dit :

« Vous ne venez donc pas de chez vous ?

— J'en suis sorti il y a une heure.

— Eh bien, vous avez manqué une lettre qui vous y attend. »

Monsieur de Chateaubriand y courut, et trouva une ordonnance qui réclamait le reçu d'une dépêche, fort laconique, portant que le Roi n'avait plus besoin de ses services. Monsieur de Chateaubriand signa le reçu de sa propre main, envoya chercher une demi-douzaine de fiacres, y jeta ses effets pêle-mêle et, avant que sa pendule eût sonné l'heure commencée, écrivit à monsieur de Villèle que les ordres du Roi étaient accomplis et l'hôtel des affaires étrangères, aussi bien que le portefeuille, à la disposition du président du conseil.

La manière dont il avait quitté cet hôtel, en plaisant à

l'imagination de monsieur de Chateaubriand, adoucit un peu la blessure qu'il avait reçue aux Tuileries ; et, pendant les premiers jours, il soutint sa chute avec un calme et une dignité qui lui firent jouer le beau rôle. Mais, petit à petit, les embarras et les ennuis de sa position ranimèrent l'insulte gratuite qu'on lui avait fait éprouver et excitèrent sa haine et sa vengeance contre monsieur de Villèle, jusqu'au point où elles ne connurent plus ni borne ni convenance.

Le *journal des Débats*, dont l'amitié des frères Bertin lui ouvrait les colonnes, devint l'arène où il traîna son antagoniste et où il se servit d'armes si peu courtoises que bientôt l'offense sembla plus qu'expiée, d'autant que, dans sa colère, monsieur de Chateaubriand s'occupait peu des blessures qu'il pouvait faire au pouvoir en attaquant ses agents.

Monsieur de Villèle se crut forcé de rétablir la censure. Mais qu'en arriva-t-il ? Toutes les fois que le censeur effaçait un article ou une phrase, sa place restait en blanc dans le journal et l'imagination de l'abonné suppléait à tout ce que la *tyrannie* l'empêchait de lire. Ces blancs ayant été proscrits par une ordonnance, les journalistes les remplacèrent par des pages entières de tirets — — — — — — — — — — — — — — figurant des lignes.

Il devint évident que, pour rendre la censure efficace, il fallait l'appuyer par des mesures sévères que la disposition de l'esprit public ne tolérait pas. Pour oser entraver la liberté de la presse, dans les temps où nous vivons, il faut que son danger soit évident aux yeux de tous, ou succéder à un temps d'anarchie, lorsque tout le monde a tellement souffert que chacun invoque des chaînes afin que son voisin ait les mains liées. Telle a été la fortune du gouvernement impérial.

L'indemnité aux émigrés pouvait être une mesure juste et même politique, mais elle n'était rien moins que populaire. Monsieur de Villèle, pour comble de maladresse, l'accola à la loi de la réduction des rentes. Son but était d'assurer à cette dernière le vote de tous les députés et pairs émigrés. Il réussit auprès des députés, mais échoua à la Chambre des pairs.

Monsieur Pasquier fut un de ses antagonistes les plus formidables. Il déploya dans la Chambre haute la même éloquence de tribune qu'il avait déjà montrée comme député et comme ministre et prit, dès lors, sur ses collègues, l'ascendant que ses hautes lumières, sa modération constante et son talent incontesté lui ont toujours conservé.

Monsieur de Villèle rencontra aussi dans l'archevêque de Paris un adversaire qui ne laissa pas de lui enlever quelques votes. Sous prétexte de défendre les intérêts des rentiers, ses diocésains, il se montra très hostile au projet de réduction et en releva l'injustice et l'iniquité, après que d'autres orateurs eurent établi la vanité de la mesure sous le point de vue économique.

L'archevêque acquit une assez grande popularité par cette résistance. Il n'avait pas encore eu le temps de déployer son caractère ambitieux et hautain ; on était disposé à le croire dans les idées modérées.

L'abbé de Quélen, né dans une famille vendéenne, avait commencé sa carrière dans le service de la grande aumônerie impériale. Le cardinal Fesch, son patron, l'avait ensuite placé, comme aumônier, auprès de Madame, mère de l'Empereur. Lors de la Restauration, monsieur de Quélen ne fit qu'un bond des genoux du cardinal Fesch sur ceux du cardinal de Talleyrand dont il devint le benjamin. Il dirigea la grande aumônerie et s'y montra très sage. Aussi, lorsque le cardinal de Talleyrand, devenant de plus en plus infirme, le demanda pour coadjuteur de l'archevêché de Paris, monsieur de Richelieu accueillit cette démarche avec empressement.

Préoccupé de la crainte de voir arriver à ce siège un prélat qui y portât les idées réactionnaires du clergé émigré, et notamment l'archevêque de Sens, La Fare, que Madame y poussait, il crut faire un coup de parti en l'assurant à un homme dont les précédents promettaient autant de modération que de tolérance.

Cette considération fit arriver monsieur de Quélen, ecclésiastique obscur et sans talents remarquables, à la première place de son ordre, lorsqu'il était à peine âgé de quarante ans. On aurait pu croire son ambition satisfaite, mais il montra bientôt qu'elle était insatiable.

Monsieur de Richelieu s'était laissé entraîné à commettre une faute. Jamais, depuis le cardinal de Retz, l'ancienne monarchie n'avait consenti à donner le siège de Paris à un homme assez jeune pour prétendre à faire de l'opposition. Il était la récompense de prélats vieillis dans les vertus évangéliques ; et la probabilité de leur succession, promptement ouverte, servait de moyen pour en maintenir plusieurs autres dans la dépendance du gouvernement. Il était donc d'une mauvaise politique, lors même que monsieur de Quélen se fût montré tel qu'on le croyait, de donner la première place dans le clergé à un homme aussi jeune.

Monsieur de Quélen n'était pas de cet avis, et même il se flattait que l'héritage de la grande aumônerie, possédée par le cardinal de Talleyrand, lui arriverait avec l'archevêché de Paris. L'humeur qu'il conçut de l'en voir séparer, en faveur du cardinal de Croy, entra pour beaucoup dans son hostilité à la conversion des rentes.

Quoi qu'il en soit, l'esprit financier et finassier de monsieur de Villèle se trouva cruellement blessé d'être dévoilé et battu sur son propre terrain. A aucune autre époque il n'a été aussi maître dans le cabinet. L'incapacité du baron de Damas ayant été suffisamment constatée au département de la guerre, il l'avait placé à celui des affaires étrangères, en se réservant le soin de le diriger.

Le marquis de Clermont-Tonnerre passa de la marine à la guerre, également disposé à obéir partout au président du conseil, toutes les fois que la Congrégation n'en décidait pas autrement, et, à cette époque, l'accord existait entre ces deux hautes puissances. Je ne me rappelle plus quelle nullité remplaça monsieur de Tonnerre à la marine.

Monsieur de Corbière et monsieur de Peyronnet semblaient les membres les plus indépendants du cabinet; mais, comme leurs tendances étaient toutes dans le sens le plus opposé aux intérêts de la Révolution, monsieur de Villèle trouvait assez bon de laisser entrevoir qu'il avait à résister à leurs exigences, afin de conserver, dans le public, le caractère de modération acquis pendant qu'il était à la tête de l'opposition ultra.

Louis XVIII ne se mêlait plus de rien et Monsieur se trouvait obligé de ménager l'homme qui, par avance, avait transporté la couronne sur sa tête; de sorte que toutes les circonstances militaient pour assurer l'omnipotence de monsieur de Villèle, lorsqu'elle fut arrêtée par l'échec reçu dans la Chambre des pairs. Il lui fut d'autant plus sensible qu'à la suite de la guerre d'Espagne il avait nommé un assez grand nombre de pairs, et qu'il ne doutait pas plus de la majorité dans cette Chambre que dans celle des députés. Il se promit bien de prendre sa revanche et de représenter son projet favori de la conversion des rentes dans un moment plus opportun.

La santé du Roi devenait de plus en plus mauvaise. Il tombait dans une sorte d'anéantissement dont il ne sortait que pour recevoir les visites de madame du Cayla. Ces jours-là, il ne manquait pas de donner pour mot d'ordre *Sainte Zoé,* en accompagnant cette confidence d'un sourire qu'il aurait voulu rendre indiscret et que le duc de Raguse m'a souvent dit lui avoir inspiré pitié encore plus que dégoût.

Le Roi détestait Saint-Cloud. Le chirurgien en qui il avait eu le plus de confiance, le père Élisée, qu'il avait ramené d'émigration, s'ennuyant hors de Paris, avait persuadé au vieux monarque que le château était humide. Aussi avait-il coutume de dire tous les ans (les princes répètent volontiers les mêmes gentillesses) qu'il n'y attendrait pas sa fête, mais reviendrait à Paris pour celle *des chats.* Il était de bonne courtisanerie de paraître ne pas comprendre, afin de lui donner le plaisir d'expliquer que c'était le jour de la *mi-août.*

C'était une singulière anomalie dans cette Cour dévote et sévère que la présence de ce père Élisée. Il avait été frère de la Charité et assez habile chirurgien. A la Révolution, il jeta le froc et se précipita dans tous les désordres du siècle, avec l'appétit d'un homme longtemps gêné. Il trouvait plaisant de présenter lui-même ses compagnes successives sous le nom de *mère Élisée.* Je ne sais comment il avait trouvé le moyen de déterrer ainsi un assez grand nombre de jolies filles qu'il passait ensuite à ses amis ou patrons.

Il faisait ce commerce, accompagné des orgies qu'il peut entraîner, jusque dans les appartements du palais du Roi, jusque sous les yeux de Madame qui le savait et ne l'en traitait que mieux, quoiqu'en tout lieu une vie si scandaleuse pour tout le monde et surtout pour un vieux moine eût été justement honnie ; mais le père

Élisée avait le privilège des hommes déshonorés : on leur
passe tout parce qu'ils ne sont honteux de rien.

Ce n'était que pour l'absolue nécessité de faire net-
toyer les Tuileries que le Roi consentait à s'en éloigner
momentanément. Le palais était habité par plus de huit
cents personnes, fort mal soigneuses. Il y avait des cui-
sines à tous les étages ; et le manque absolu de caves et
d'égouts rendait la présence de toutes les espèces d'im-
mondices tellement pestilentielle qu'on était presque
asphyxié en montant l'escalier du pavillon de Flore et en
traversant les corridors du second.

Ces affreuses odeurs finissaient par atteindre les appartements du Roi et le décidèrent à faire à Saint-Cloud
les séjours les plus courts qu'il pouvait. Il ne quittait
Paris qu'à la dernière extrémité.

Je me suis laissé dire qu'un de ces visionnaires que le
Roi interrogeait assez volontiers lui avait prédit, pendant l'émigration, qu'il rentrerait dans les Tuileries,
mais qu'il n'y mourrait pas. Plus il se sentait malade,
plus il se cramponnait au lieu où il ne devait pas mourir.
Ce serait à Gand, pendant les Cent-Jours, que le Roi
aurait raconté cette prédiction. Je ne me rappelle pas
comment ce récit m'est arrivé et quel degré de foi il
mérite.

Tant il y a qu'il préférait l'habitation des Tuileries à
toute autre. Monsieur et monsieur le duc d'Angoulême
s'en accommodaient très bien. Madame la duchesse de
Berry n'en prenait qu'à son aise et ne se gênait pas
pour suivre sa famille. Madame, seule, préférait Saint-
Cloud et regrettait que la Cour n'y fît pas un plus long
séjour.

CHAPITRE XI

Dernière maladie du roi Louis XVIII. — Habileté de madame du Cayla.
— Mort du Roi. — « Passez, monsieur le Dauphin. » — Enterrement
du Roi. — Le titre de Madame refusé à madame la duchesse de
Berry. — Celui d'Altesse Royale donné aux princes d'Orléans. —
Réception à Saint-Cloud. — Entrée à Paris du roi Charles X.

J'allai, le jour de la saint Louis 1824, faire ma cour
au Roi. Je ne l'avais pas vu depuis le mois de mai et je
fus bien frappée de son excessif changement : il était
dans son même fauteuil et dans son habituelle représentation, vêtu d'un uniforme très brodé, avec les ordres
par-dessus l'habit.

Mais les guêtres de velours noir, qui enveloppaient
ses jambes, avaient doublé de circonférence, et sa tête
ordinairement forte était tellement amoindrie qu'elle
paraissait toute petite. Elle s'appuyait sur le creux de
son estomac, au point que les épaules la dominaient. Ce
n'était qu'avec effort qu'il la relevait et montrait alors
une physionomie si altérée, un regard si éteint qu'on ne
pouvait se faire illusion sur son état.

Il m'adressa quelques paroles de bonté lorsque je lui
fis ma révérence. J'en fus d'autant plus touchée que
j'avais l'impression que je voyais pour la dernière fois
ce vieux monarque dont la sagesse avait été mise à
tant d'épreuves et qui aurait peut-être triomphé de
toutes les difficultés de sa position si la faiblesse et la
maladie ne l'avaient jeté, tout désemparé, entre les mains

de ceux contre les folies desquels il luttait depuis trente années.

Louis XVIII avait coutume de dire qu'un roi de France ne se devait aliter que pour mourir. Il s'est montré fidèle à ce principe ; car, entre le 25 août et le 16 septembre, dernier jour de sa vie, il a encore paru en public et tenu deux fois sa Cour.

Peut-être un motif plus personnel stimulait-il aussi son courage. Je tiens du docteur Portal, son premier médecin, qu'il lui avait demandé, l'année précédente, comment il mourrait. Portal avait cherché à éloigner ce discours, mais le Roi l'y avait ramené.

« Ne me traitez pas comme un idiot, Portal. Je sais bien que je ne peux pas vivre longtemps, et je sais que je dois souffrir, peut-être plus qu'à présent. Ce que je voudrais savoir, c'est si la dernière crise de mon mal pourra se dissimuler ou s'il me faudra rester plusieurs jours à l'agonie ?

— Mais, Sire, selon toute apparence, la maladie de Votre Majesté sera très lente et graduelle ; cela peut durer bien des années.

— Je ne vous demande pas cela, reprit le Roi avec humeur. *Lente et graduelle !* Je n'ai donc pas l'espoir qu'on me trouve mort dans mon fauteuil ?

— Je n'y vois aucune apparence.

— Il n'y aura donc pas moyen d'éviter les surplis de mon frère ? » grommela le Roi entre ses dents après un instant de silence. Puis il parla d'autre chose.

Il paraît que ses répugnances ne s'étaient pas affaiblies, car il accueillit avec une froideur marquée toutes les insinuations de ses entours pour chercher du soulagement à ses maux dans l'assistance de l'Église.

Madame la duchesse d'Angoulême, ayant hasardé une démarche plus directe, reçut, pour réponse, un sévère :

« Il n'est pas encore temps, ma nièce ; soyez tranquille ». Cependant le danger devenait de plus en plus imminent, et l'anxiété de la famille s'accroissait dans la même proportion.

Madame du Cayla, peu capable de se laisser dominer par un sentiment de fausse délicatesse, calcula qu'il y aurait tout profit à froisser les sentiments du moribond pour acquérir des droits sur les vivants. Elle arriva à l'improviste chez le Roi, la veille de sa mort, et fit si bien qu'à la suite d'une longue conférence le grand aumônier fut averti de se rendre chez le Roi. Au reste, le temporel ne fut pas oublié dans ce dernier tête-à-tête.

Le maréchal Mortier possédait dans la rue de Bourbon un magnifique hôtel qu'il annonçait le dessein de vendre. Ce matin-là même, un homme d'affaires était venu lui en offrir huit cent mille francs. Le maréchal avait un peu hésité, demandé du temps pour se décider, pour consulter sa femme et ses enfants. On lui avait donné une heure. C'était un marché à conclure à l'instant, sinon on avait un autre hôtel en vue. Le maréchal s'était informé du nom de l'acquéreur :

« Que vous importe ?

— Cela m'importe beaucoup ; il me faut savoir s'il est solvable.

— Très solvable, car vous serez payé dans la journée, mais son nom doit rester un mystère. »

Le maréchal consentit et, immédiatement après la visite de madame du Cayla au Roi, les huit cent mille francs lui furent comptés en numéraire. Un ordre, signé d'un *Louis* à peine lisible, avait suffi à la bonne volonté du duc de Doudeauville pour payer cette somme considérable. Le Roi respirait encore et, rigoureusement parlant, avait le droit d'en disposer.

Toutefois, madame du Cayla a toujours été un peu

honteuse de cette acquisition et surtout de sa date. Elle n'a jamais osé habiter l'hôtel. Plusieurs années après, elle l'a vendu au duc de Mortemart.

Le Roi, ayant une fois pris son parti, montra la plus grande fermeté. Il donna lui-même les ordres pour que les cérémonies s'accomplissent avec toutes les formes usitées envers les rois ses prédécesseurs que sa prodigieuse mémoire lui rappelait dans tous les plus petits détails. Peu d'heures avant sa mort, le grand aumônier s'étant trompé en récitant les prières des agonisants, Louis XVIII le reprit et rétablit l'exactitude du texte avec une présence d'esprit et un calme qui ne l'abandonnèrent pas un moment.

La famille était réunie au fond de sa chambre et profondément affectée. Les médecins, le service, le clergé environnaient le lit. Le premier gentilhomme de la chambre soutenait le rideau. Au signal, donné par le premier médecin, que tout était fini, il le laissa tomber et se retourna en saluant les princes.

Monsieur sortit en sanglotant ; Madame se préparait à le suivre. Jusque-là, elle avait toujours pris, comme fille de roi, le pas sur son mari ; arrivée à la porte elle s'arrêta tout court et, à travers les larmes sincères dont son visage était inondé, elle articula péniblement : « Passez, monsieur le Dauphin ». Il obéit sur-le-champ à l'appel, sans remarque et sans difficulté.

Le premier gentilhomme annonça : *le Roi* ; les gardes du corps répétèrent : *le Roi* et Charles X arriva dans son appartement.

Des voitures étaient déjà attelées. Il en ressortit aussitôt, avec toute sa famille, pour se rendre à Saint-Cloud, selon l'usage des rois de France qui ne séjournent jamais un instant dans le palais où leur prédécesseur vient de rendre le dernier soupir.

On a beaucoup reproché aux princes de la maison de Bourbon la sujétion qu'ils voulaient imposer aux lois de l'étiquette, mais on voit à quel point elle est inhérente à leur nature. Certainement madame la Dauphine était fort affectée de la mort de son oncle. N'eût-elle pas eu d'attachement pour lui, le terrible spectacle auquel elle assistait suffisait pour l'émouvoir vivement. A peine quelques secondes s'étaient écoulées, le dernier gémissement résonnait encore à son oreille, et rien ne pouvait la distraire d'une question de pure étiquette, dans un intérieur où personne n'aurait remarqué qu'elle y manquait.

De son côté, si monsieur le Dauphin n'avait pas réclamé son droit, il avait du moins trouvé tout simple qu'on y pensât et n'en avait témoigné ni étonnement, ni impatience. Quand on est si esclave soi-même, il n'est pas étonnant qu'on impose les mêmes devoirs aux autres et que les exigences arrivent à un point qui paraît absurde aux personnes élevées dans d'autres idées.

Mon frère, de service auprès de monsieur le Dauphin, a été témoin oculaire de cette dernière scène de la vie du roi Louis XVIII, et c'est de lui que je la tiens.

L'appartement du feu Roi fut tendu de noir et décoré en chapelle ardente. On y disait des messes toute la matinée. Le service se faisait, près du corps, par les grands officiers. Ce spectacle dura plusieurs jours. Le public y était admis avec des billets. On dit que c'était fort beau. Ma paresse accoutumée et un peu de répugnance à ce genre de représentation m'empêchèrent d'y aller, aussi bien que d'assister aux funérailles à Saint-Denis.

Le convoi eut cela de particulier que le clergé n'y parut pas. Une querelle de juridiction s'étant élevée entre le premier aumônier et l'archevêque de Paris, monsieur de Quélen défendit aux ecclésiastiques du diocèse d'accompagner le cortège. Il paraît que cette défense ne s'étendit pas sur le chapitre de Saint-Denis, car, arrivé à l'église, le service fut digne et religieux.

J'en eus le récit le jour même par beaucoup de témoins oculaires, particulièrement par le duc de Raguse dont l'imagination mobile avait été vivement saisie par les formes, antiques et féodales, de la cérémonie à laquelle il avait été appelé à prendre part. Il les racontait avec ce bonheur d'expression qu'il trouve bien plus fréquemment en parlant qu'en écrivant et qui rend sa conversation charmante.

Je me rappelle, entre autres, sa description du moment où le chef des hérauts d'armes, prenant successivement le casque, le bouclier et enfin le glaive du Roi, les précipitait après lui dans le caveau. On les entendait rouler de marche en marche, tandis que le héraut disait trois fois à chaque objet : « le Roi est mort, le Roi est mort, le Roi est mort ! »

Puis, après ce cri de mort, répété neuf fois d'une voix lugubre dans le silence de l'assemblée, la porte du caveau se refermait avec fracas ; tous les hérauts se retournaient vers le public, criaient simultanément : « Vive le Roi ! » et tous les assistants se joignaient à cette acclamation.

J'avoue que le casque et le glaive de Louis XVIII pouvaient prêter au ridicule ; mais, lorsque le maréchal racontait l'effet du bruit de ces armures tombant dans la profondeur de cette royale sépulture, il causait d'autant plus de frémissement que lui-même en éprouvait encore.

Cette cérémonie donna lieu à une querelle littéraire qui dure encore à l'heure qu'il est. Monsieur de Salvandy, déjà connu avantageusement par quelques brochures politiques, fit insérer dans le *Journal des Débats* une chaleureuse relation des funérailles de Saint-Denis. Beaucoup de personnes crurent y reconnaître la plume de monsieur de Chateaubriand. On lui en fit des compliments jusqu'au point de lui dire qu'il n'avait jamais rien écrit de mieux. Il n'a pu pardonner à Salvandy cette erreur du public dont il fut blessé de toute la hauteur de son incommensurable vanité.

Le roi Charles X dit quelques mots d'obligeance à monsieur de Brézé, grand maître des cérémonies, sur la manière intelligente dont il avait préparé et conduit les détails de la pompe funèbre.

« Oh ! Sire, répondit l'autre modestement, le Roi est bien bon ; il y a manqué bien des choses, une autre fois ce sera mieux.

— Je vous remercie, Brézé, répondit le Roi en souriant, mais je ne suis pas pressé. » Monsieur de Brézé s'effondra.

En prenant le titre de dauphine, madame la duchesse d'Angoulême renonçait à l'appellation de *Madame* qu'elle avait porté jusque-là. Madame la duchesse de Berry eut la fantaisie de se l'approprier. Elle en demanda l'autorisation au Roi qui lui répondit fort sèchement : « A quel titre ? Je vis et vous êtes veuve, cela ne se peut pas. »

En effet, si monsieur le duc de Berry avait vécu, il n'aurait été *Monsieur* qu'à l'avènement de son frère à la couronne. Mais la prétention de madame la duchesse de Berry avait une origine plus politique.

On avait été rechercher, pour elle, que la duchesse d'Angoulême, mère de François Ier, s'appelait exclusivement *Madame*, et c'était à la mère de monsieur le duc de Bordeaux qu'elle voulait faire déférer ce titre, se préparant ainsi une existence à part et peut-être une éventualité de régence le cas échéant ; mais elle ne jouissait pas d'assez de considération dans sa famille pour obtenir cette distinction, contre laquelle madame la Dauphine se déclara formellement.

Quelques courtisans ayant essayé du *Madame* les premiers jours, elle reprit sévèrement : « Est-ce la duchesse de Berry dont vous voulez parler ? » Le Roi s'expliqua dans le même sens, et le *Madame* n'eut cours que parmi les personnes attachées à la maison de madame la duchesse de Berry, quelques familiers intimes et des subalternes cherchant à se faire bien voir. Madame de Gontaut, quoique gouvernante des enfants, le refusa et ce fut le commencement du refroidissement avec la princesse.

Charles X n'avait pas hérité de la maussaderie de Louis XVIII pour la famille d'Orléans; il la traitait avec bienveillance; et la sincère amitié qui existe entre madame la Dauphine et madame la duchesse d'Orléans avait adouci les répugnances de la fille de Louis XVI.

Le Roi donna à tous les princes d'Orléans le titre d'Altesse Royale, éteint depuis deux générations. Il faut être prince, et dès longtemps en butte à toutes les petites vexations de la différence de rang, pour pouvoir apprécier la joie qu'on en ressentit au Palais-Royal.

Malgré toutes les prétentions au libéralisme éclairé, *l'Altesse Royale* y fut reçue avec autant de bonheur qu'elle eût pu l'être au temps décrit par Saint-Simon. Il y a de vieux instincts qui n'admettent de prescription, ni du temps, ni des circonstances, tel effort qu'on fasse pour se le persuader à soi-même. Les d'Orléans sont et resteront princes et Bourbons, *quand même.*

Le lendemain de la mort du feu Roi, Charles X avait reçu à Saint-Cloud les grands corps de l'État. Il leur avait fait une déclaration de principe où on avait trouvé des assurances tellement plus libérales qu'on n'osait en espérer de lui que la joie en fût aussi vive que générale. Ces paroles, redites dans la soirée et répétées le lendemain dans le *Moniteur,* firent éclater dans Paris, et bientôt après dans toutes les provinces, un mouvement d'enthousiasme pour le nouveau souverain, et sa popularité était au comble le jour où il fit son entrée dans Paris, par une pluie battante qui ne réussit, ni à diminuer l'affluence des spectateurs, ni à calmer la chaleur de leurs acclamations.

Le Roi était à cheval, se laissant mouiller de la meilleure grâce du monde et ayant repris cette physionomie, ouverte et satisfaite, qui charmait le bourgeois de Paris en 1814. Le peuple, toujours avide de nouveauté et se prêtant volontiers aux espérances, accueillit avec satisfaction le nouveau règne. Toutes les méfiances accumulées depuis des années contre Monsieur, comte d'Artois, s'évanouirent, en un instant, devant quelques phrases prononcées par Charles X en honneur de la Charte constitutionnelle.

Il n'aurait tenu qu'à lui de faire fructifier ces heureuses dispositions. Il en jouissait parfaitement; car l'instinct de Charles X est de rechercher la popularité. Il a le désir de plaire et, s'il a repoussé l'amour des peuples, ce n'est pas sans se faire quelque violence; mais il y était entraîné par l'esprit de parti et de secte qui le dominait ainsi que ses conseillers.

J'aurais voulu me faire illusion en espérant que le poids de la couronne avait changé ses idées, mais je le connaisssais trop bien pour oser m'en flatter.

Je me rappelle avoir eu, ces jours-là, une longue discussion avec Mathieu de Montmorency, monsieur de Rivière et quelques autres personnages de leur bord.

« Vous prétendez, leur disais-je, que la France ne sait pas ce qu'elle veut, qu'il n'y a pas d'opinion publique? Hé bien, vous convenez que Monsieur était très impopulaire et qu'au contraire Charles X est très populaire. De là, vous établissez que la nation est aussi mobile qu'extravagante et qu'il ne faut avoir aucun égard à ses impressions. Toutefois il s'est passé quelque chose depuis une semaine : l'impopulaire Monsieur était tenu pour hostile aux nouvelles lois du pays ; le populaire Charles X s'est proclamé leur protecteur et leur protégé. Ne serait-il pas plus logique de conclure que la France a une opinion, une volonté, et que c'est le maintien des intérêts nouveaux et de la Charte constitutionnelle acquise par trente ans de souffrances ?

—Eh ! bon Dieu, me répondait-on d'un ton dénigrant, personne n'a envie d'y toucher à votre Charte, ni de molester les intérêts révolutionnaires. Qu'ils vivent en paix. Mais il n'est pas juste de leur sacrifier le peu d'avantages restés aux classes supérieures... et puis, enfin, il faut pouvoir gouverner. »

Monsieur de Villèle profita du nouveau règne pour ôter la censure dont il était déjà embarrassé. Il n'y gagna pas grand'chose, car les attaques permises furent aussi vives que lorsqu'elles étaient défendues.

La veine libérale ne fournit pas longuement. Le Roi et ses conseillers revinrent à leurs habitudes, et l'animadversion contre le gouvernement s'augmenta de toute la force des espérances qu'on avait si vivement et si légèrement conçues.

CHAPITRE XII

J'ai lieu de croire que la sagesse des premiers moments
était en grande partie due à l'influence de monsieur le
Dauphin. Monsieur de Villèle, sachant par expérience le
parti qu'on peut tirer de l'héritier de la couronne, comprit sur-le-champ la force qu'acquerrait une opposition
raisonnable dont il serait le chef, et voulut la neutraliser.

Feignant une grande admiration pour le jugement si
sain de monsieur le Dauphin, il demanda à en illuminer
le conseil. Le Prince sentit le piège. Les personnes hono-
rées de sa confiance l'engagèrent à refuser ; mais le Roi
commanda : le fils obéit comme il a fait à tous les ordres
de son père jusqu'à la perte de la couronne inclusivement. Toutefois, il était bien aise qu'on ne le crût pas
solidaire des actes de ce conseil où il consentait à siéger.
Il ne blâmait rien de ce qui s'y décidait, mais il affectait
de n'y avoir aucune part.

Ainsi, le lendemain d'une mesure importante prise
contre son opinion, il disait tout haut, en passant près de
la table du conseil et en frappant sur le siège qu'il y
occupait : « Voilà un fauteuil où je fais souvent de bons
sommes. » Une autre fois, à Saint-Cloud, s'adressant à

une foule de courtisans qui l'entouraient : « Messieurs, lequel de vous pourra dire tout de suite, et sans compter, combien il y a de volumes dans ce corps de bibliothèque ? » Plusieurs personnes hasardèrent un chiffre. « C'est Lévis qui a le plus approché, reprit monsieur le Dauphin ; je sais bien le nombre, car je les ai encore tous comptés pendant le dernier conseil. C'est ordinairement ma tâche quand je ne dors pas. »

Ces paroles étaient précieusement recueillies et, pour ce prince si retenu, paraissaient d'une hostilité positive à la marche adoptée par les ministres ; mais ces désaveux n'étaient connus que d'un petit cercle, et la popularité de monsieur le Dauphin souffrit une grande atteinte par son entrée au conseil.

Toutefois, dans cette occurrence, monsieur de Villèle avait marché sur sa longe ; l'opposition de monsieur le Dauphin n'étant plus à redouter, la Congrégation ne mit aucune borne à ses exigences et souvent il lui fallut subir sa loi. Elle disposait de tous les emplois et de tous les grades. Le plus ou moins de messes entendues décidait de l'avancement militaire. Les sentinelles eurent ordre de porter les armes à l'aumônier, et les notes qu'il envoyait sur les officiers étaient bien plus consultées par les ministres de la guerre, Damas et Clermont-Tonnerre, que celles des généraux inspecteurs qui finirent par se soumettre aussi aux exigences jésuitiques.

Charles X, agrégé à la Société et sous sa domination directe, ne se permettait pas une pensée sans la soumettre à sa décision. Elle lui arrivait par divers organes. Les plus habituels étaient l'abbé de Latil, devenu archevêque de Reims, et le marquis de Rivière qui succéda au duc Mathieu de Montmorency comme gouverneur de monsieur le duc de Bordeaux et entra en fonction dès que le petit prince eût atteint sa sixième année.

En attendant mieux, on porta une loi sur le sacrilège. Elle révolta tous les esprits. La façon dont elle fut discutée et amendée à la Chambre des pairs contribua à fonder la popularité de cette assemblée qui s'honorait par sa résistance aux prétentions de la Congrégation et du parti émigré.

Il y eut plusieurs bons discours, parmi lesquels celui de monsieur Pasquier fut remarqué. Il emporta le changement de rédaction qui détruisait toute la cruelle et intempestive sévérité de la pénalité et rendait la loi à peu près nulle. C'est un des nombreux griefs de Charles X contre lui.

Le jour même du rapport sur cette loi, monsieur Portal en faisait un autre sur une loi protectrice du commerce de cabotage. Monsieur le cardinal de Croÿ, grand aumônier, après l'avoir attentivement écouté pendant trois quarts d'heure, se pencha à l'oreille de son voisin :

« Dans quel siècle nous vivons ! Il parle de baraterie, de piraterie ; mais voyez avec quel soin il évite de prononcer seulement le mot de religion et de sacrilège. Voilà ce que c'est de confier de pareils soins à un protestant ; c'est révoltant ! »

On eut grand'peine à faire comprendre à l'Éminence qu'il s'agissait d'une autre loi que celle du sacrilège qu'il était venu pour éclairer de ses lumières apostoliques. Le mot de baraterie l'avait frappé, et il le prenait pour un terme de théologie, protestante apparemment.

Au reste, le cardinal de Croÿ était un digne homme, et, si tous les prêtres du château lui avaient ressemblé, *le trône et l'autel,* selon la formule adoptée, se seraient mieux trouvés de serviteurs aussi naïfs.

Après la chasse, monsieur le Dauphin n'aimait rien autant que de jouer au soldat. On lui procurait ce délassement d'autant plus volontiers qu'il ne s'occupait guère que du matériel des troupes. Quand il avait fait manœuvrer quelques bataillons, repris sévèrement un faux mouvement, remarqué une erreur dans l'uniforme ou le port d'arme, il se faisait l'illusion d'être un grand militaire et rentrait enchanté de lui-même.

Madame la Dauphine avait compris beaucoup plus habilement le rôle qu'il aurait dû jouer. Il n'y avait pas un officier dont elle ne connût la figure et le nom. Elle savait leur position, leurs espérances, leurs rapports de famille, ne prenait point les notes de l'aumônier, malgré sa haute piété, et mettait en avant le nom de monsieur le Dauphin toutes les fois qu'elle obtenait une faveur qui, d'ordinaire, était un acte de justice. Pour les jeunes officiers de la garde, sa protection avait quelque chose de maternel. Elle s'occupait de leur procurer des plaisirs aussi bien que de l'avancement, et bien des fois elle a fait lever des arrêts qui nuisaient aux joies du carnaval.

Aussi était-elle adorée par cette jeunesse pour laquelle elle faisait trêve à la sévérité accoutumée de sa physionomie. Elle se montrait ainsi la patronne de la *jeune armée*; mais, en revanche, elle n'a jamais pu s'identifier avec les glorieux débris de la *grande armée*.

Monsieur le Dauphin y avait moins de répugnance et, sous ce rapport, reprenait l'avantage sur sa femme. Quant au Roi, l'émigré débordait en lui de toutes parts.

Louis XVIII ne manquait jamais de rappeler aux officiers de l'Empire les anniversaires des batailles où ils avaient figuré, déployant son incroyable mémoire dans le récit de marches et de manœuvres qu'eux-mêmes souvent avaient oubliées parmi les nombreux faits d'armes où ils avaient assisté, et arrivant à un souvenir flatteur et obligeant pour ceux à qui il s'adressait.

Charles X, au contraire, ne parlait jamais des guerres

de l'Empire. Le maréchal Marmont, appelé souvent à faire sa partie de whist, s'amusait parfois à rappeler les anniversaires d'actions brillantes pour les armées françaises. Le Roi ne manquait pas alors de les disputer avec aigreur, les replaçant sous l'aspect présenté par les bulletins qu'il avait lus à l'étranger ; et, lorsque le maréchal ou tout autre insistait pour rétablir les faits faussement placés dans son esprit, il témoignait beaucoup d'humeur et de mécontentement. Son partenaire s'en ressentait. Il était très mauvais joueur.

En montant sur le trône, il déclara que les reproches du Roi avaient trop d'importance pour être prodigués à l'occasion d'une carte et qu'il ne se fâcherait plus. Mais Charles X n'était pas de ces gens qui se contraignent. Il avait beaucoup d'entêtement parce qu'il était inéclairable, mais nulle force de caractère. Après s'être gêné pendant quelques semaines, le vieil homme prit le dessus et les colères firent explosion. Il en était fâché, même un peu honteux, et n'aimait pas que la galerie fût nombreuse.

Il faisait habituellement sa partie chez madame la Dauphine ; il ne s'y trouvait guère que les hommes qui jouaient avec lui. Ceux-là n'étaient pas empressés de répéter les paroles désobligeantes qui échappaient au Roi dans ses vivacités parce qu'ils savaient que leur tour pouvait arriver le lendemain. Il y avait quelquefois pourtant des scènes si comiques qu'elles transpiraient au dehors. Je me rappelle, entre autres, qu'un soir le Roi, après mille injures, appela monsieur de Vérac une *coquecigrue*.

Monsieur de Vérac, rouge de colère, se leva tout droit et répondit très haut :

« Non, sire, je ne suis pas une *coquecigrue*. »

Le Roi, très en colère aussi, reprit en haussant la voix :

« Eh bien, monsieur, savez-vous ce que c'est qu'une *coquecigrue*?

— Non, sire, je ne sais pas ce que c'est qu'une *coquecigrue*.

— Eh bien, monsieur, ni moi non plus ! »

Madame la Dauphine ne put retenir un éclat de rire auquel le Roi se joignit, et toute l'assemblée y prit part.

Monsieur le Dauphin jouait aux échecs et se retirait de très bonne heure dans la chambre de madame la Dauphine dont alors on fermait les portes.

La princesse restait à faire de la tapisserie. Elle invitait chaque jour deux ou trois dames de sa maison, ou de celle de son mari, pour cette soirée où on se rendait très parée. La faveur de ma belle-sœur l'y faisait appeler un peu plus souvent que les autres ; les dames de service n'y assistaient pas de droit, il fallait qu'on le leur eût dit.

Madame la Dauphine n'était pas aimable pour ses dames et ne leur accordait aucune familiarité.

Madame la duchesse de Berry venait, de temps en temps, chez madame la Dauphine. Elle faisait la partie du Roi et n'était pas moins grondée que les autres. Cette espèce de Cour se tenait parfois chez elle et était alors un peu plus nombreuse. Pendant les absences de madame la Dauphine, le Roi faisait sa partie chez madame la duchesse de Berry.

A Saint-Cloud, on se réunissait dans le salon du Roi. Ce genre de vie a continué, sans que rien y apportât le moindre changement, jusqu'au 31 juillet 1830 inclusivement.

L'existence de madame la duchesse de Berry ne partageait pas la monotonie de celle des autres princes. Dès longtemps elle avait repousssé ses crêpes funèbres, et s'était jetée dans toutes les joies où elle pouvait atteindre.

Son deuil avait été un prétexte pour s'entourer d'une Cour à part. Elle avait eu soin de la choisir jeune et gaie. Le monument et la fondation pieuse qu'elle élevait à Rosny, pour recevoir le cœur de son mari, l'y avait attirée dans les premier temps de sa douleur. Les courses fréquentes devinrent des séjours. Elle y reçut plus de monde ; elle se prêta à se laisser distraire et, bientôt, les voyages de Rosny se trouvèrent des fêtes où l'on s'amusait beaucoup. Rien n'était plus simple. Toutefois, je n'ai jamais pu me réconcilier au goût de la princesse pour la chasse au fusil.

Madame de La Rochejaquelein le lui avait inspiré. Ces dames tiraient des lapins, et, pour reconnaître ceux qu'elles avaient tués, elles leurs coupaient un morceau d'oreille avec un petit poignard qu'elles portaient à cet effet et mettaient ce bout dans la poitrine de leur veste. A la rentrée au château, on faisait le compte de ces trophées ensanglantés. Cela m'a toujours paru horrible.

Madame de La Rochejaquelein portait dans ces occasions un costume presque masculin. Madame la duchesse de Berry, enchantée de ce vêtement, fut arrêtée dans son zèle à l'imiter par la réponse sèche de sa dame d'atour, la comtesse Juste de Noailles, qu'elle chargeait de lui en faire faire un pareil :

« Madame fera mieux de s'adresser à un de ces messieurs ; je n'entends rien aux pantalons. » Ni madame de Noailles, ni madame de Reggio n'étaient parmi les favorites de la princesse.

La malignité ne tarda guère à s'exercer sur la conduite de madame la duchesse de Berry ; mais, comme elle désignait monsieur de Mesnard, qui avait trente ans de plus qu'elle et dont les assiduités étaient motivées par la place de chevalier d'honneur qu'il occupait auprès d'elle, le public, qui le tenait plutôt pour une espèce de mentor,

ne voulut rien croire des propos qui remplissaient la
Cour.

Quant à la famille royale, elle était persuadée de l'extrême légèreté de la conduite de la princesse. On a
entendu fréquemment le Roi lui faire des scènes de la
dernière violence. Elle les attribuait à l'influence de sa
belle-sœur et leur mutuelle inimitié s'aggravait de plus
en plus.

La discorde s'était aussi emparée de l'intérieur du pavillon de Marsan ; madame de Gontaut et monsieur de Mesnard s'étaient disputé la faveur de la princesse ; mais le
dernier l'avait emporté, et il en résultait un refroidissement pour la gouvernante qui éloignait la mère des
enfants. Madame la duchesse de Berry s'en occupait très
peu et ne les voyait guère. Une rougeole assez grave de
monsieur le duc de Bordeaux, qui donnait quelque souci,
ne changea rien à un voyage de Rosny.

Le Roi et madame la Dauphine en ressentirent un
mécontentement qu'ils exprimèrent hautement ; et cependant, ils auraient été les premiers à trouver mauvais que
la princesse fît valoir ses droits de mère, comme primant
ceux que l'étiquette attribuait à la gouvernante. Chaque
jour, celle-ci menait les enfants chez le Roi, à son réveil,
et je ne pense pas que madame la duchesse de Berry fût
extrêmement ménagée dans ces entrevues quotidiennes.

J'ai entendu raconter, dans le temps, que ses nombreuses inconvenances prêtaient fort à la critique ; mais,
en outre que cela est peu important, j'étais tout à fait
en dehors du cercle où ce petit commérage royal faisait
événement, et j'en serais historien très vulgaire.

J'ai toujours vu madame la duchesse de Berry également maussade et pensionnaire. Le malheur ne lui avait
rien appris sous ce rapport.

Je me rappelle qu'au dernier concert où j'assistai chez

elle nous rentrâmes dans son salon, une quarantaine de femmes restées après la musique. Elle nous laissa nous ranger en rond autour de la chambre, passa vingt minutes à chuchoter, rire et batifoler avec le comte de Mesnard ; puis, le prenant sous le bras, rentra dans son intérieur sans avoir adressé un seul mot à aucune autre personne. On sortit un peu impatienté de la sotte figure qu'on venait de faire ; mais, pour mon compte, j'étais persuadée que ce n'était que l'attitude d'une enfant gâtée et point élevée.

Avec ces façons, qui déplaisaient extrêmement aux personnes appelées de loin en loin à lui faire leur cour, madame la duchesse de Berry était pourtant aimée de ses habitués. On lui trouvait de la bonhomie, du naturel, de la gaieté et de l'esprit de trait.

Elle était bonne maîtresse et adorée à Rosny où elle faisait le bien avec intelligence. Elle jouissait d'une certaine popularité parmi la bourgeoisie de Paris. Son plus grand mérite consistait à différer du reste de sa famille. Elle aimait les arts ; elle allait au spectacle ; elle donnait des fêtes. Elle se promenait dans les rues ; elle avait des fantaisies et se les passait ; elle entrait dans les boutiques. Elle s'occupait de sa toilette, enfin elle mettait un peu de mouvement à la Cour, et cela suffisait pour lui attirer l'affection de la classe boutiquière. Celle des banquiers lui savait gré de paraître en public et d'assister à tous les petits spectacles, sans aucune étiquette. Elle aurait été moins disposée que madame la Dauphine à maintenir la distinction des rangs.

Les artistes, qu'elle faisait travailler et dont elle appréciait les ouvrages avec le tact intelligent d'une italienne, contribuaient aussi à ses succès et la rendaient en quelque sorte populaire.

Monsieur de Villèle s'appuya de l'influence de monsieur

le Dauphin contre celle de la Congrégation dans une circonstance où le succès des intrigues, ourdies par elle,
aurait probablement hâté de quelques années la catastrophe de 1830.

Elle voulait faire retrancher, dans le serment du sacre,
les expressions de fidélité à maintenir la Charte, sous
prétexte que ce pacte admettait la liberté des cultes.

Le Roi était fort disposé à faire cette restriction ostensiblement. Le parti congréganiste du conseil l'approuvait
et le clergé, avec le nonce en tête, l'en conjurait. Monsieur de Villèle ne se faisait pas d'illusion sur les conséquences d'une telle conduite; il eut recours à monsieur
le Dauphin. Celui-ci parvint à décider son père à renoncer à ce dangereux projet. Mais ce ne fut pas sans peine.
Toute la nuit qui précéda la cérémonie se passa à faire
et à discuter différentes rédactions du serment.

Monsieur de Villèle ne savait pas lui-même laquelle
serait adoptée au dernier moment, tant la discussion avait
été orageuse et la volonté du Roi vacillante. On vit sa
physionomie se dérider lorsque les mots de fidélité à la
Charte sortirent de la bouche royale.

Monsieur le Dauphin avait fait pencher la balance. Sa
haute et constante piété lui donnait quelque crédit auprès
du Roi dans les questions religieuses lorsque l'intrigue
n'avait pas un temps prolongé pour le combattre, et
l'entrevue du père et du fils avait précédé immédiatement
la cérémonie; les conseillers jésuites avaient dû se contenter d'exiger la restriction mentale.

Si la satisfaction de monsieur de Villèle fut visible, le
mécontentement du clergé et des hauts congréganistes
ne fut pas dissimulé; et le nonce recevait et rendait des
visites de condoléance avant la fin de la journée.

Suivant mes habitudes de paresse, je n'eus pas même
la tentation d'aller à Reims. Si j'avais cru que c'était,

comme il est très probable, la dernière apparition de la
sainte Ampoule pour les Rois très chrétiens, peut-être
cela aurait-il stimulé ma curiosité. Malgré la magnificence sous laquelle on avait cherché à masquer les môme-
ries, cléricales et féodales, de la cérémonie, elles excitèrent la critique.

Charles X, en chemise de satin blanc, couché par terre
pour recevoir par sept ouvertures, ménagées dans ce
vêtement, les attouchements de l'huile sainte, ne se
releva pas, pour la multitude, sanctifié comme l'oint du
Seigneur, mais bien un personnage ridiculisé par cette
cérémonie et amoindri aux yeux de la foule.

Les oiseaux, lâchés dans la cathédrale en signe d'émancipation, ne furent que des volatiles incommodes ; et
personne ne pensa à crier : « Noël, Noël. »

En revanche, lorsque le Roi, splendidement revêtu
du manteau royal, prononça le serment du haut du trône,
que les portes du temple s'ouvrirent à grand fracas,
que les hérauts annoncèrent au peuple que leur Roi était
sacré, que les acclamations extérieures se joignirent aux
acclamations intérieures pour répondre, à la voix de ces
hérauts, par le cri universel de : *Vive le Roi,* l'impression fut très vive sur tous les assistants.

Il y a toujours, dans les vieilles cérémonies, des usa-
ges pour qui le temps a formé prescription, et d'autres
qui répondent constamment aux impressions générales.
Le tact consiste à les discerner et l'esprit à les choisir.

C'est ce que l'Empereur avait su distinguer. Son couronnement, très solennel et très religieux, n'avait pourtant été accompagné d'aucune de ces prostrations que les
prétentions de l'Église réclament et que l'esprit du siècle
repousse. Je sais bien que les princes, en s'y soumettant,
pensent ne s'humilier que devant le Seigneur ; mais le
prêtre paraît trop en évidence pour pouvoir être com-

plètement mis de côté dans des cérémonies où le sens mystique reste caché sous des formes toutes matérielles.

Le Roi fit, au retour de Reims, une très magnifique entrée dans Paris. Le cortège était superbe. Je le vis, par hasard, comme il revenait de Notre-Dame aux Tuileries. Le Roi, dans une voiture à sept glaces, était accompagné par son fils et les ducs d'Orléans et de Bourbon. Les princesses d'Orléans se trouvaient dans le carrosse de madame la Dauphine avec madame la duchesse de Berry. Les équipages de tous les princes suivaient. Ceux de monsieur le duc d'Orléans étaient aussi élégants que magnifiques.

Malgré cette pompe étalée par un temps superbe, nous remarquâmes que le Roi était reçu avec beaucoup de froideur. Nous étions déjà loin des acclamations de cœur qui l'avaient accueilli, quelques mois auparavant, sous les intempéries d'une pluie battante.

Les ministres, les ambassadeurs, la ville de Paris, donnèrent successivement des fêtes auxquelles la famille royale assista et qui, dit-on, furent fort belles et fort bien ordonnées. Je n'en vis aucune. J'étais établie à la campagne et peu disposée à me déranger pour un bal.

Le Roi eut assez de succès à l'Hôtel de Ville. Il sait merveilleusement allier la dignité à la bonhomie, et partout il est toujours parfaitement gracieux. Avec ces qualités, un souverain ne peut que réussir dans une fête de bourgeoisie.

CHAPITRE XIII

La Cour de Vienne n'avait jamais consenti à reconnaître les titres, allemands ou italiens, que l'empereur Napoléon avait distribués à ses généraux. Celle de France, de son côté, ne voulait pas leur imposer l'ordre de les quitter ; et cette difficulté restait pendante entre les deux gouvernements, sans que les titulaires eussent à s'en mêler.

Depuis 1814, l'ambassadeur d'Autriche, baron de Vincent, avait dissimulé cette situation de manière à éviter toute tracasserie. Il était garçon et n'avait pas de soirées de réceptions ; ses politesses se bornaient à des dîners. Il invitait de vive voix, monsieur le maréchal ou monsieur le duc, sans ajouter de nom au titre ; et, lorsqu'il attendait quelque personnage de cette espèce, il avait le soin de se placer assez près de la porte pour que le valet de chambre ne se trouvât point dans le cas de l'annoncer. Cela se passait si naturellement que ce manège s'est renouvelé pendant de longues années sans que personne le remarquât.

Il en fut tout autrement à l'arrivée du comte Appony. Celui-ci voulait tenir une très grande maison et débuter avec éclat. Des billets d'invitation furent envoyés au maréchal Soult, au maréchal Oudinot, au maréchal Marmont, etc. On ne s'en formalisa pas. Tous y allèrent.

Mais leurs femmes, plus qu'eux-mêmes, avaient l'habitude de porter exclusivement le nom du titre. Il fallut bien finir par remarquer que, lorsque les domestiques avaient donné le nom de la duchesse de Dalmatie ou de Reggio, le valet de chambre proclamait la maréchale Soult ou la maréchale Oudinot. Cela devint encore plus marqué lorsque les belles filles, qui n'avaient jamais porté d'autre nom que celui du titre, se le virent refuser et que les duchesses de Massa et d'Istrie se virent annoncer comme mesdames Régnier et Bessières. Une explication devint nécessaire.

Il y eut un cri général de réprobation. Tout ce qui était militaire déserta en masse les salons de l'ambassade d'Autriche. Il faut rendre justice à qui de droit ; des personnes très ultra se montrèrent vivement offensées de cette impertinence [faite] à nos nouvelles illustrations. Il aurait été facile d'éviter cet esclandre ; mais le comte Appony n'était pas adroit et le baron de Damas, alors ministre des affaires étrangères, aussi borné qu'exclusivement émigré, ne comprenait pas que cela dût élever la moindre clameur.

Charles X ne s'en tenait nullement pour offensé ; il exigea même que les courtisans, attachés à sa personne, ne s'éloignassent pas de l'ambassade. Louis XVIII aurait ressenti cet affront par politique. Aussi la Cour de Vienne ne fit-elle pas cette entreprise pendant son règne. Après qu'on eut bien crié, que la société se fut divisée et querellée, les beaux bals et les élégants déjeuners ramenèrent bien du monde chez la comtesse Appony. Toutefois, la position de l'ambassadeur resta gauche et gênée. Beaucoup de gens ne voulaient pas aller chez lui et savaient mauvais gré au Roi de ne témoigner aucun mécontentement.

On a beaucoup dit que la liste civile se trouvait fort

obérée à la mort de Louis XVIII et que c'était en lui
présentant l'espoir d'en combler le déficit que monsieur de Villèle était parvenu à rendre Charles X si zélé
pour sa loi du trois pour cent et l'arrangement fait à ce
sujet avec la maison Rothschild ; mais ces propos étaient
tenus par l'opposition ; et, je ne saurais assez le répéter,
rien n'est si mal informé que les oppositions. Il ne faut
guère les écouter quand on veut conserver de l'impartialité : soit qu'elles entrent sincèrement dans la voie de
l'erreur, soit qu'elles mentent avec connaissance de cause,
on ne trouve presque jamais la vérité dans leurs rangs.
Ce qu'il y a de sûr, c'est que Charles X quêtait des voix
pour la loi d'une manière si ostensible que, moi-même
j'en ai été témoin au cercle des Tuileries.

Madame la Dauphine voulut animer la Cour, et, le
deuil du feu Roi terminé, elle décida Charles X à donner des spectacles et des cercles. On annonça qu'il y en
aurait chaque semaine. Cela ne dura guère. Bientôt le
Roi et surtout monsieur le Dauphin s'en ennuyèrent.

Madame la duchesse de Berry, que cela gênait, n'y
encourageait pas. Madame la Dauphine avait fait violence à ses goûts en cherchant à attirer plus de monde
autour d'elle. Se voyant si peu secondée, elle y renonça,
et, les dernières années, il n'y avait plus que deux ou
trois cercles par hiver et point de spectacle, hormis
pour les occasions telles que les visites de princes souverains.

Les cercles se tenaient dans les grands appartements,
depuis le cabinet du Roi jusqu'au salon de la Paix. Toutes les personnes invitées devaient être réunies avant
l'arrivée de la famille royale, car alors on fermait les
portes et la sortie n'était pas plus permise que l'entrée.
On n'admettait pas de distinction de pièces. Cependant
les duchesses affectaient de prendre possession de la

salle du trône. Les princes faisaient leur tournée, selon leur rang d'étiquette, parlant à tout le monde.

Le Roi se plaçait ensuite au jeu dans le cabinet du conseil où il n'y avait d'autre meuble que la table, son fauteuil et les trois sièges nécessaires aux personnes faisant sa partie. C'était ordinairement une femme titrée, un ambassadeur et un maréchal.

Madame la Dauphine se mettait à une table de jeu dans le salon du trône, madame la duchesse de Berry dans le salon de la Paix, madame la duchesse d'Orléans dans le salon bleu. Ces princesses nommaient pour leurs parties qui n'étaient établies que pour la forme. Chacun suivait leur exemple et s'attablait souvent sans toucher aux cartes.

Le Roi lui-même ne jouait pas sérieusement. Hommes et femmes allaient faire le tour de sa table ; cela s'appelait faire sa cour au Roi. On se plantait vis-à-vis de lui jusqu'à ce qu'il levât les yeux sur vous ; on faisait alors une grande révérence et ordinairement il adressait quelques mots aux postulants. Les très zélés répétaient cette cérémonie à la table de toutes les princesses.

Je ne saurais dire ce que devenait monsieur le Dauphin ; je crois qu'il s'en allait après la première tournée. Au bout d'une heure environ, le Roi donnait le signal ; tout le monde se levait ; il rentrait dans les salons. Les politesses alors étaient moins banales ; elles ne s'adressaient plus qu'aux élus.

C'est dans cette circonstance que j'ai vu Charles X, allant de député en député, les encourager du geste et de la voix pour obtenir leur vote. Il faisait aussi des frais vis-à-vis des pairs, mais on voyait que c'était avec moins d'abandon et de confiance. Monsieur de Villèle lui avait inspiré une sorte de jalousie de la pairie qu'il regardait comme trop indépendante.

A dix heures du soir ces assemblées, qu'on désignait du nom *d'appartement* et où l'on assistait en costume de Cour, étaient finies.

On portait aussi l'habit de Cour pour les spectacles. Madame la Dauphine aurait voulu faire revivre l'usage de s'inscrire pour y être invité, mais cela ne put s'établir. Les capitaines des gardes envoyaient des billets, en avertissant de les rendre si on ne pouvait en profiter. Du reste, on pouvait leur en demander et même cela était bien vu, d'autant qu'il y avait rarement assez de femmes présentées pour remplir les grandes loges. Elles étaient principalement occupées par les personnes d'une piété assez affichée pour refuser d'aller au spectacle de la ville, quoique ce fussent les mêmes pièces jouées par les mêmes acteurs. Leurs directeurs faisaient exception pour le théâtre des Tuileries et les autorisaient à s'y aller divertir.

Les demoiselles, auxquelles on ne permettait pas *Polyeucte* aux Français, étaient menées, en sûreté de conscience, voir un vaudeville grivois dans les petites loges de la salle royale. Au surplus, le coup d'œil était fort brillant, et la Cour avait grand air dans ces occasions.

On distribuait abondamment des rafraichissements, très bons, dans des verres de cabaret et des soucoupes de faïence portés sur des plateaux de tôle. Rien de ce qui tenait au matériel n'était soigné chez le Roi. Madame la Dauphine n'avait pas de maison. Chez madame la duchesse de Berry, ces détails étaient bien entendus et fort élégants.

Monsieur de Villèle, poussé jusque dans ses derniers retranchements, ne put résister plus longtemps aux clameurs de son monde qui demandait la loi sur l'indemnité des émigrés. Cette fois, elle fut séparée du projet de réduction sur les rentes. Cependant ce cachet de spoliation lui avait été précédemment imprimé et les intérêts révolutionnaires s'en trouvant lésés eurent bien soin qu'elle ne pût s'en laver.

Il aurait été possible de lui donner un caractère politique et national, mais ce n'était pas l'intention du parti qui la proposait. Il la voulait réactionnaire et privilégiée et repoussait, à grands cris, l'idée d'assimiler les pertes causées par la loi du maximum et par la suppression des dotations militaires de l'Empire à celles subies par les émigrés.

La discussion de cette loi d'indemnité mit le comble au dégoût. Les gazettes de l'opposition donnèrent la liste nominale des émigrés, ou fils d'émigrés, siégeant à la Chambre des députés. Le chiffre se trouva en rapport exact avec celui qui votait d'acclamation tous les articles, ou amendements, portant avantage pour eux.

Chaque séance était employée à soutirer quelques liards de plus, en évitant toutefois de laisser insérer aucune expression qui indiquât un compte final. On voulait, au contraire, laisser la porte ouverte à de nouvelles réclamations. Les acquéreurs de biens nationaux, couverts d'insultes par les orateurs de la majorité, étaient bien et dûment avertis que les émigrés ne se tiendraient pas pour satisfaits et comptaient encore sur de nouvelles chances en leur faveur. De sorte que ce milliard, destiné à combler le *gouffre des révolutions*, selon l'expression du gouvernement, ne fit que le creuser plus profondément.

Les haines personnelles et de parti s'envenimèrent ; les acquéreurs ne furent point rassurés. Les terres n'en prirent pas une plus grande valeur. Malgré la défense de proclamer leur origine, les ventes ne cessèrent pas d'afficher les biens comme patrimoniaux toutes les fois qu'ils ne venaient pas de confiscations.

La noblesse acheva de se déconsidérer, et, enfin, les émigrés eux-mêmes se plaignirent avec raison, car les plus grosses sommes tombèrent entre les mains de gens que les places et les bienfaits de la Cour avaient déjà amplement dédommagés de pertes toujours présentées avec exagération.

Monsieur de Villèle ne démentit pas, dans cette circonstance, ses habitudes de finesse intrigante. Il fit assigner cent millions à une réserve, qu'il baptisa du nom de *fonds commun*, destinée à indemniser ceux des émigrés qui, à la fin de la liquidation, se trouveraient trop maltraités dans les catégories ordonnées par la loi. Ce fonds commun, qui devait être distribué à peu près arbitrairement, devint l'étoile polaire de tous les émigrés, de tous les députés, surtout de tous les courtisans, et le leurre par lequel monsieur de Villèle tenait tout ce monde enchaîné à sa fortune.

Dieu seul sait à combien de milliards s'élevèrent les châteaux en Espagne, bâtis sur les espérances de ces cent millions que monsieur de Villèle disait, à d'autres, avoir arraché à la rapacité des prétendants, avec l'intention de les employer à des objets d'utilité générale et spécialement aux routes restées, depuis l'invasion, dans un pitoyable état de dégradation.

La crainte de perdre une partie notable de leur revenu avait engagé presque tous les rentiers à mettre leurs fonds entre les mains de spéculateurs, pendant que le peu de confiance dans la solidité des gouvernements faisait répugner aux entreprises éloignées. Ces deux dispositions, qui se contredisaient entre elles, donnèrent un prix extravagant aux terrains dans Paris. Partout on commença des bâtisses ; la plupart ne purent s'achever. Les acquéreurs se trouvèrent ruinés, et beaucoup de petits rentiers, dans la crainte de perdre un cinquième de leur revenu, virent leurs capitaux s'évanouir en entier.

Il ne manquait pas de gens pour accuser la noblesse et les classes privilégiées d'avoir entraîné ces catastrophes en grevant l'État d'un milliard d'indemnité qu'il avait fallu se procurer par la réduction du revenu des rentiers. Ce n'était pourtant là qu'une thèse déclamatoire, exploitée à profit par les ennemis du gouvernement auxquels les âpretés de la discussion avaient donné beau jeu.

Le fait était que monsieur de Villèle, circonvenu par quelques riches banquiers et tous les agents d'affaires qui comptaient en tirer un immense profit, s'était persuadé que son plan du trois pour cent était la plus belle conception de l'esprit humain et devait le présenter à la postérité comme le plus grand financier du monde civilisé. Une autre considération n'était pas sans poids auprès de lui. L'opération devait durer cinq années à se compléter, pendant lesquelles il se croyait sûr de conserver le ministère et d'asseoir son pouvoir de façon à le rendre inébranlable. La malveillance a ajouté qu'il espérait aussi gagner de l'argent pour son compte. Je le crois assez chaste sous ce rapport et aussi modéré dans la cupidité qu'immodéré dans l'ambition.

Le trois pour cent était devenu son idée fixe, le faire monter à la Bourse sa pensée dominante. Quiconque voulait obtenir sa faveur n'avait qu'à en acheter, et bien des gens ont suivi ce chemin pour arriver à des places qu'ils auraient vainement sollicitées par un autre moyen.

La désastreuse affaire de l'indemnité de Saint-Domingue fut faite uniquement pour procurer quelques jours de hausse au trois pour cent. Malgré tous ces soins, il y eut bientôt une réaction. Les fonds tombèrent, les spéculations de terrains firent banqueroute, et il y eut une espèce de débâcle qui donna de vives inquiétudes.

Pendant ce temps, la Congrégation ne cessait pas de presser monsieur de Villèle d'accomplir ses promesses et le trouvait de plus en plus récalcitrant. La loi sur les communautés de femmes avait passé à grand'peine, dans la Chambre des pairs, et avec un amendement qui proscrivait formellement les communautés d'hommes.

Néanmoins, les maisons de jésuites se formaient partout; elles voulaient obtenir la garantie d'une loi, au lieu d'une protection de tolérance. L'établissement de Saint-Acheul, près d'Amiens, s'était créé avec une rapidité inouïe, et toutes les personnes qui voulaient se faire bienvenir aux Tuileries confiaient leurs fils aux jésuites de Saint-Acheul et leurs filles aux dames du Sacré-Cœur. Les chefs politiques de la Société de Jésus avaient élu domicile dans leur maison de Montrouge. C'était là que s'ourdissaient les intrigues et où ils étaient en rapport avec leurs affiliés de la Cour et de la ville. J'ai bien des fois rencontré les plus actifs sur la route de Montrouge.

On avait hâté le moment où monsieur le duc de Bordeaux devait passer aux hommes. Cela était d'autant plus remarquable que madame de Gontaut lui donnait la meilleure éducation qu'un enfant pût recevoir. Le jeune prince prospérait de toute façon entre ses mains; mais on voulait le marquis de Rivière établi aux Tuileries et ayant un accès encore plus facile auprès du Roi.

J'ai raconté, fort au long, comment l'un et l'autre s'étaient jetés dans les idées religieuses, dans le même temps et par la même voie, ainsi que l'espèce de sympathie établie entre eux par cette similitude.

Monsieur de Rivière, honnête et loyal mais aussi borné que peu éclairé, était complètement jésuite de robe courte, et obéissait implicitement à ses supérieurs dans l'ordre. Il entraînait le Roi à toutes les mesures les plus déplaisantes au pays, en croyant consciencieusement accomplir un devoir.

L'opinion publique était déjà fort exaspérée lorsque monsieur de Montlosier adressa, à la Chambre des pairs son *Mémoire à consulter* contre les jésuites. Cet ouvrage eut un succès de vogue, et la voix de ce vieux défenseur du Roi et de la religion, venant dénoncer le *parti prêtre*, eut un prodigieux retentissement dans le pays. L'expression frappa d'une façon indélébile les intrigants de sacristie. L'appellation de *parti prêtre* remplaça souvent celle de Congrégation et rendit encore plus impopulaires ceux qui méritaient d'y être rangés.

La Révolution a laissé en France beaucoup de religion, mais peu de bienveillance pour ses ministres; et, dès qu'un ecclésiastique veut ajouter l'influence politique à l'influence religieuse, il perd toute considération. On ne le tolère qu'à l'église ou au lit du pauvre; mais, là, on le respecte et le révère. Je ne sais si c'est mieux ou plus mal, mais c'est ainsi que la Révolution nous a faits. Le Roi, le clergé et les émigrés ne voulaient pas plus se l'avouer que les autres faits accomplis en leur absence. Toutefois, le mémoire de monsieur de Montlosier, et l'effet qu'il produisit dans le public, arrêta un moment le vol des prétentions jésuitiques. Monsieur de Villèle, leur aurait volontiers coupé les ailes, s'il avait osé.

Nous eûmes à cette époque une grande joie de famille. La santé de ma belle-sœur, toujours très délicate, avait été encore affaiblie par trois fausses couches successives, et nous désespérions de lui voir des enfants lorsque, le premier janvier 1827, après neuf ans de mariage, elle accoucha d'une fille. Cet événement, si désiré et si long-temps attendu, nous causa une vive satisfaction, et je dois dire que le public sembla y prendre une part fort obligeante. Madame la Dauphine témoigna un très grand intérêt à ma belle-sœur ; elle envoyait d'heure en heure demander de ses nouvelles, et un de ses valets de pied. attendait la naissance de l'enfant pour aller la lui dire.

Je me rappelle avoir assisté, le surlendemain, à la grande réception de nouvel an au Palais-Royal et y avoir été assaillie des compliments, en apparence sincères, de tous les gens que je connaissais et même de beaucoup sur les figures desquelles j'avais peine à mettre un nom. Peut-être voulut-on, dans cette occasion, faire compensation à l'explosion de malveillance qui avait éclaté au. sujet du mariage de mon frère. Aucun de nous ne pensa à faire reproche à Jeanne d'être une petite fille.

Deux ans et demi après (le 24 juin 1829), nos vœux furent comblés par la naissance de son frère, Rainulphe d'Osmond, à qui ces récits de la vieille tante sont destinés. S'il tient ce qu'il promet à huit ans, il y a espoir qu'il deviendra un homme distingué.

CHAPITRE XIV

L'empereur Alexandre était mort à Taganrog d'une
fièvre endémique, sur les bords de la mer d'Azow qu'il
avait affrontée avec une grande imprudence. Ses dernières années avaient été empoisonnées par une humeur
soupçonneuse, poussée jusqu'à la monomanie, qui combattait dans son cœur des sentiments naturellement
généreux.

Madame de Narishkine avait été rappelée à Pétersbourg pour le mariage d'une fille qu'elle avait eue
d'Alexandre et qu'il aimait passionnément. Cette jeune
personne mourut peu de jours avant celui fixé pour la
noce. L'Empereur en fut désespéré, et ce chagrin commun rétablit l'intimité entre les deux anciens amants.

Madame de Narishkine m'a raconté des détails inouïs
de l'état où était tombé ce prince, naguère si confiant.
Non seulement il craignait pour sa sûreté, mais, s'il
entendait rire dans la rue ou surprenait un sourire
parmi ses courtisans, il se persuadait qu'on se moquait
de lui et venait supplier madame de Narishkine, au
nom de son ancien attachement, de lui dire en quoi il
appelait ainsi le ridicule qui le poursuivait de toute
part.

Un soir où elle avait auprès d'elle une jeune parente polonaise, on servit du thé ; l'Empereur s'empressa d'en arranger une tasse pour madame de Narishkine et ensuite une autre pour cette demoiselle. Madame de Narishkine se pencha vers sa cousine et lui dit :

« Quand vous rentrerez dans le château de votre père, vous vous vanterez, j'espère, de la qualité de votre échanson.

— Oh certainement », reprit l'autre.

L'Empereur, qui était sourd, n'entendit pas le colloque mais vit le sourire sur leur visage. Le sien se rembrunit aussitôt et, dès qu'il se trouva seul avec madame de Narishkine, il lui dit :

« Vous voyez bien que le ridicule m'atteint partout. Même vous, qui avez de l'affection pour moi, sur qui je compte, vous ne pouvez résister à vous en moquer. Dites-moi ce que j'ai fait pour provoquer votre risée. »

Elle eut toutes les peines du monde à calmer cette imagination malade.

L'Empereur n'avait foi qu'en monsieur de Metternich. Il entretenait avec lui une correspondance presque journalière. L'autrichien était bien plus avant dans sa confiance que ses propres ministres ; il croyait absolument à ses avis et surtout à ses rapports de police.

Il portait constamment sur lui un petit agenda, envoyé par le prince de Metternich, où les noms de toutes les personnes politiquement suspectes dans l'Europe entière se trouvaient placés par ordre alphabétique, avec le motif et le degré de suspicion qui devait s'y rattacher. Lorsqu'on prononçait un nom nouveau devant l'Empereur, il avait sur-le-champ recours à ce livret et, s'il ne se trouvait par sur cette liste noire, il écoutait bénévolement ce qu'on voulait lui dire ; mais si, par malheur, il y était placé, rien ne pouvait le ramener de ses préventions. Madame de Narishkine m'a dit l'avoir souvent vu consulter ces pages sibyllines.

Les dernières années de ce prince ont été empoisonnées par ces inquiétudes, fomentées peut-être par l'intrigue mais prenant leur source dans des dispositions héréditaires. Quoi qu'il en soit, sa mort fit sensation et chagrin à Paris. Il y avait été magnanime en 1814 et fort utile à la France en 1815.

Si nous avions pu croire à toutes les perfections dont la brillante imagination du duc de Raguse décorait son frère Nicolas, au retour du couronnement de Moscou, les regrets pour l'empereur Alexandre n'auraient pas dû se prolonger ; mais la suite a prouvé qu'il se les était un peu exagérées.

Le duc de Raguse est toujours parfaitement véridique dans ce qu'il croit sur le moment, mais très sujet à se laisser enthousiasmer facilement par les hommes et par les choses. Il a cruellement porté la peine de cette disposition : tous les revers de sa carrière doivent y être rattachés. Nous avons vu comment les illusions patriotiques l'avaient entraîné à se séparer de l'empereur Napoléon. Depuis ce temps, les illusions d'un autre genre l'avaient ruiné.

Rentré en France en 1815, il s'était dit que la guerre n'était plus une carrière pour un maréchal de France ; qu'un soldat de l'Empire ne pouvait pas être un courtisan des Tuileries et que, pourtant, il était dur à quarante ans de ne plus jouer aucun rôle dans son pays.

Ses habitudes lui rendaient nécessaire l'attitude de grand seigneur. Il se demanda comment s'étaient créées les grandes existences du moyen âge et trouva que c'était par la prépondérance exercée sur un grand nombre de dépendants. Le siècle ne permettait pas que ce fut sur des hommes d'armes ; mais, si un guerrier distingué pouvait, par l'industrie, remettre dans sa clientèle un pays tout entier, non seulement il se ferait un revenu colossal, mais encore il aurait la seule position de grand seigneur que les temps modernes comportassent, la seule qui pût donner assez d'indépendance pour que la Cour dût compter avec vous.

C'est plein de ces idées, moitié vaniteuses, moitié généreuses, que le pauvre maréchal entreprit de changer une petite terre, qu'il possédait à Châtillon-sur-Seine, en un vaste atelier de toutes les industries réunies. Il se passionnait successivement pour chacune, l'amenait à frais immenses au point où elle aurait peut-être réussi, si une nouvelle idée, adoptée avec autant de zèle que la précédente, ne l'avait fait négliger et abandonner. Il était dans la pleine illusion que ses spéculations auraient le plus brillant résultat, mais il sentait un commencement de pénurie lorsqu'il sollicita la mission de Moscou. Avec son imprévoyance accoutumée, il y déploya un luxe tel que, loin que ce voyage lui fût utile, il ne fit qu'augmenter la somme de ses dettes. L'année suivante, le feu se mit dans ses affaires et il dut s'avouer à lui-même, ce que les autres savaient depuis longtemps, qu'il était complètement ruiné.

J'en fus d'autant moins surprise, pour ma part, que, pendant son séjour en Russie, je m'étais trouvée passer à Châtillon. J'avais visité cet encyclopédique établissement en détail, entre autres la bergerie à *trois étages* dont il était si fier. Tout l'hiver précédent, il nous avait entretenus de ses *moutons vêtus* qui devaient être une source de fortune incalculable. J'en parlai au régisseur qui me répondit par un soupir : « Hélas, madame, je vais vous les montrer ; c'est la dernière fantaisie de monsieur le maréchal. Il m'écrit toutes les semaines des calculs sur le profit qui doit nécessairement en résulter, et je lui répète vainement à quel point c'est onéreux. »

Je trouvai de pauvres bêtes, cousues dans les peaux d'autres moutons déjà tombées en haillons, étouffant de chaleur et ayant la tournure la plus grotesque qu'on puisse imaginer. Le calcul du maréchal était que la redingote coûtait *quatre* francs et durait dix-huit mois. La toison devait se vendre *six* à *sept* francs de plus, et les animaux n'être plus sujets à aucune maladie. Les livres du régisseur prouvaient autre chose. La redingote coûtait *sept* francs, ne durait qu'un an malgré des rapiécetages qui la faisaient revenir à *neuf* francs. La toison ne se vendait que quarante sols de plus que celle des bêtes non vêtues, et les maladies étaient au moins aussi fréquentes et plus contagieuses.

Cet échantillon donnera l'idée des spéculations du maréchal ; mais, si toutes ont été onéreuses pour lui, beaucoup ont été très profitables au pays ; aussi, quoiqu'il ait été la cause de la ruine de quelques individus, ses serviteurs ou amis, il est resté fort regretté et très populaire à Châtillon.

Il s'adressa au Roi pour obtenir que ses appointements, destinés à payer ceux de ses créanciers qui n'avaient pas d'hypothèques sur ses biens, fussent continués jusqu'à l'extinction de ses dettes, lors même qu'il viendrait à mourir avant de les avoir soldées. Le Roi mit beaucoup de bonté à accorder cette faveur. Il montra au maréchal une bienveillance qui le toucha fort et ne lui a pas permis d'agir comme il eut été plus utile peut-être même pour le monarque en 1830. Mais nous n'en sommes pas là.

Il me semble que c'est à cette même année que mourut Talma, à l'apogée de son talent. Il venait de créer plusieurs rôles, dans de médiocres pièces où il

était sublime, *Sylla, Léonidas,* et enfin *Charles VI* où il
avait réussi à se montrer constamment roi au milieu de
toutes les misères de l'humanité. Je ne pense pas que
l'art de l'acteur puisse aller au delà. Nos pères cependant
nous assuraient Le Kain très supérieur à Talma.
Nous n'avons pas eu jusqu'ici à le vanter à la génération
nouvelle au mépris d'un autre, car personne ne s'est
présenté pour recueillir sa succession.

Talma en France et mistress Siddons en Angleterre
m'ont paru ce qu'il pouvait y avoir de plus parfait au
théâtre, car ils se transformaient complètement dans le
personnage qu'ils représentaient ; et, de plus, l'un et
l'autre étaient si beaux et si gracieux, leur voix était si
harmonieuse, que chacune de leur pose composait un
tableau aussi agréable à l'œil que leurs accents étaient
flatteurs pour l'oreille. Une de mes prétentions (car qui
n'en a pas une multitude ?) est de n'être pas exclusive.
Ainsi j'aurais grande joie à entendre un acteur ou une
actrice qui me fissent autant de plaisir que Talma et
mistress Siddons ; mais je doute que cela se rencontre
de mon temps.

Le 21 janvier 1827, le général Pozzo et le duc de
Raguse arrivèrent chez moi de très bonne heure. J'avais
eu quelques commensaux à dîner ; à peine le dernier fut-il
sorti que l'ambassadeur, regardant le maréchal, lui dit :
« Hé bien ? »

Celui-ci cacha sa figure dans ses deux mains en
répondant : « J'en suis encore horrifié. »

On comprend que ce début excita notre curiosité. Ils
nous racontèrent qu'en sortant de la cérémonie expiatoire
de Saint-Denis, le maréchal, qui suivait à quelques pas
le prince de Talleyrand par une sortie privilégiée, avait
vu un homme s'avancer sur lui, lui adresser quelques
injures et simultanément lui appliquer sur la joue un

coup si violent qu'il était tombé comme une masse. Le maréchal avait appelé la garde et fait arrêter l'homme, qui se trouva être ce misérable Maubreuil, pendant que lui s'occupait à ramasser monsieur de Talleyrand presque évanoui. Il aida à le transporter dans une salle d'attente où se trouvait Pozzo, et c'est de ce spectacle que l'un et l'autre avaient un égal besoin de s'entretenir.

Ils avaient craint un moment que le prince n'expirât entre leurs bras, tant il était suffoqué. Pozzo faisait une peinture, à sa façon pittoresque, de ce vieillard lui apparaissant dans ce désordre de vêtement, pâle, échevelé, les esprits égarés, venant achever une carrière si traversée de grandeur et de souillures sous la flétrissure de la main d'un hideux maniaque, dans le temple du Dieu qu'il avait abjuré, à l'heure consacrée au Roi qu'il avait trahi. Il y avait là une sorte de rétribution qui frappait l'imagination. Au reste, à peine monsieur de Talleyrand fut-il revenu à lui-même qu'il sentit le parti que la malveillance s'efforcerait de tirer de cette cruelle scène.

Avant de venir chez moi, ces messieurs s'étaient arrêtés à sa porte. Ils l'avaient, contre leur attente, trouvée toute grande ouverte. Le prince, entouré de monde, était couché sur un fauteuil dans son cabinet fort assombri et avait le front couvert d'un bandeau. Il racontait que Maubreuil avait voulu l'assassiner, qu'il l'avait frappé sur le haut de la tête et lui avait fait une plaie qu'il avait fallu panser. Avec son imperturbabilité accoutumée, il fit ce récit d'aplomb devant les témoins de la scène : « Il m'a assommé comme un bœuf », répétait-il à chaque instant en avançant son poing fermé et le plaçant à la hauteur du front ; du reste de la figure, il n'en était pas question, quoique, à Saint-Denis, ses lèvres seules furent saignantes.

Les témoins oculaires de la scène comprirent que le
prince aimait mieux avoir été *assommé* que frappé, et
que le coup de poing lui répugnait moins que le coup
de paume. Ils le secondèrent dans cette innocente
supercherie qui cependant fut presque généralement
soupçonnée. Toutefois, il y a une espèce de pudeur
publique qui protège, jusqu'à un certain point, les hommes qui ont joué un grand rôle, et personne ne se sentait le courage de donner à l'acte de Maubreuil son véritable nom.

Monsieur de Talleyrand fut bien longtemps à se remettre de cette atteinte dont le gentilhomme, qu'il n'a
jamais pu dépouiller, avait souffert jusque dans la moelle
des os. Il affecta de recevoir tous ceux qui allaient chez
lui. Dès qu'il fut présentable, il retourna à la Cour, un
grand morceau de taffetas d'Angleterre sur le front, et
répétant à toute occasion : « Il m'a assommé comme un
bœuf. »

Mais, dès qu'il le put, sans avoir l'air de fuir, il quitta
Paris et passa presque toutes les années suivantes à la
campagne, chez madame de Dino. Il craignait aussi de
retrouver Maubreuil sur son chemin. Celui-ci avait été
condamné à quelques mois de détention ; mais il annonçait le projet de renouveler son délit, qu'il qualifiait de
l'expression catégorique, dès qu'il serait libéré. Je n'en
ai plus entendu parler. Probablement monsieur de Talleyrand aura acheté son éloignement à prix d'argent.

CHAPITRE XV

La fatalité, qui semblait pousser la maison de Bourbon à entreprendre tout ce qui pouvait aliéner le plus sûrement les masses, dicta le projet de loi sur le droit d'aînesse. J'avoue qu'il plaisait assez à mes idées anglaises et à mes goûts aristocratiques ; mais je n'étais pas chargée de m'informer si le pays était disposé à le recevoir. Il échoua devant la sagesse de la Chambre des pairs en augmentant sa popularité qui, à cette époque, était au comble, ainsi que sa défaveur à la Cour. Le ressentiment qu'elle montra, à l'occasion de l'enterrement du duc de Liancourt, augmenta encore cette double impression.

Plusieurs enterrements, entre autres celui de monsieur Manuel, avaient été depuis quelque temps l'occasion de manifestations hostiles au gouvernement. En conséquence, on avait publié de nouvelles ordonnances relatives aux pompes funèbres : il était défendu de porter les cercueils à bras.

Le duc de Liancourt, protecteur d'une multitude d'établissements gratuits, avait une énorme clientèle dans la classe des ouvriers. Ils voulaient rendre à leur patron l'hommage de le porter en sortant de l'église. La police s'y opposa vivement. Une rixe s'engagea ; l'esprit de parti l'envenima. Dans le tumulte, la pierre tomba et, dit-on, se brisa. Il y eut au moins beaucoup de scandale, et un spectacle aussi affligeant que blessant pour la famille.

Le corps entier de la pairie se tint pour offensé et demanda des explications. Cet incident contribua à augmenter l'alliance qui se formait entre le pays et la Chambre des pairs.

Ce mauvais génie, qui présidait au sort de la branche aînée, inspira, en appelant à son aide la colère et la précipitation, une résolution dont peu de personnes sentirent la portée, mais qui, plus que toute autre, a contribué à la chute du vieux trône, démoli en quelques heures trois années plus tard.

Au printemps de 1827, la bourgeoisie de Paris paraissait assez mal disposée contre le gouvernement pour qu'on dût hésiter à réunir la garde nationale et à la faire passer en revue par le Roi.

Après de longues délibérations on s'y décida : le Roi se rendit au champ de Mars. Il fut, en général, mieux accueilli qu'on ne l'espérait. Un garde national ayant crié : « A bas les ministres ! » le Roi arrêta son cheval et dit, d'un ton calme et digne : « Je ne viens pas ici pour recevoir des conseils, mais des hommages. Faites sortir cet homme des rangs. » Cet acte de force eut grand succès, comme tout ce qui annonce de l'énergie et de la volonté dans les chefs des empires ; les cris de « Vive le Roi » fendirent l'air.

En descendant de cheval aux Tuileries, Charles X était fort content de sa matinée. Il chargea le maréchal Oudinot de faire rédiger un ordre du jour où, en témoignant du mécontentement de quelques cris isolés qui s'étaient fait entendre sur son passage, on vanterait cependant la bonne tenue et l'excellente attitude de l'immense majorité de la garde nationale.

Le Roi répéta deux fois : « Dites que je suis très content ». Monsieur le Dauphin tint le même langage. Toutes les personnes qui faisaient partie de l'état-major avaient reçu la même impression et la répandirent dans la ville. J'en vis plusieurs dans la soirée. Le propos, généralement répété, était que la revue avait été superbe et le Roi parfaitement accueilli.

Toutefois la calèche, où les princesses se trouvaient, avait été constamment suivie par un groupe de populace qui les avait assez mal traitées de propos et presque huées. Tous les partis se sont mutuellement accusés d'avoir préparé cette manifestation hostile.

Le soir, madame la duchesse de Berry s'en expliquait en termes très courroucés. Lorsque le Roi et Madame arrivèrent chez elle où se tenait la Cour, elle porta plainte à Charles X. Madame la Dauphine, interpellée à son tour, répondit avec sa sécheresse accoutumée que cela avait été assez mal, mais qu'elle craignait pire. Le Roi ne fit qu'un seul *rubber* de whist, et retourna chez lui où monsieur de Villèle l'attendait.

Dans la nuit, le maréchal Oudinot fut réveillé. Le Roi lui envoyait, au lieu de la rédaction de l'ordre du jour fait selon ses ordres et soumis à son approbation, l'ordonnance qui cassait la garde nationale. Au même instant, la garde royale s'emparait des corps de garde de la garde nationale, en expulsait les bourgeois qui s'y trouvaient et poussait la grossièreté jusqu'à jeter hors la porte les armes et fournitures des gardes nationaux absents dans le moment. Cette insulte sema dans le cœur de la population de Paris un germe de haine dont les fruits se trouvèrent mûrs en 1830.

Voici ce qui l'avait provoqué. Une des légions, en

revenant du champ de Mars, s'était arrêtée devant l'hôtel des finances, avait crié : *A bas Villèle !* et brisé quelques vitres. Cette conduite, il faut le reconnaître, très coupable d'un corps sous les armes exaspéra d'autant plus le ministre qu'il apprenait, en même temps, que le Roi se tenait satisfait de sa propre réception.

Or, il ne lui convenait pas que leurs fortunes se trouvassent séparées. Il recueillit à la hâte et envenima tous les rapports qu'il put se procurer des propos tenus et des cris isolés jetés au champ de Mars, puis écrivit au Roi de ne point se prononcer avant de lui avoir donné audience.

Charles X se trouva préparé par les plaintes de madame la duchesse de Berry et le mécontentement de sa belle-sœur. En peu de minutes, monsieur de Villèle emporta la plus fatale mesure qui pût être adoptée.

Louis XVI avait perdu le trône dans son ardeur à se débarrasser de la pacifique opposition des anciens parlements. Charles X a renversé le sien en refusant toute barrière légale, oubliant la phrase si heureusement rédigée par monsieur de Talleyrand : *On ne peut s'appuyer que sur ce qui résiste.*

Au reste, je crois bien que le ministre, encore tout puissant à cette époque, n'avait pas calculé l'effet de son périlleux conseil.

La garde nationale était parvenue à cette inertie où elle tombe toujours dès que ses services ne sont plus nécessaires. Elle se montrait très peu empressée à peupler les corps de garde ; mais cette insulte gratuite réveilla son zèle.

Je faisais travailler à Châtenay et j'avais donné rendez-vous à plusieurs ouvriers de Paris pour le lendemain de la revue ; je partis, sans avoir lu le *Moniteur* et sous l'impression qu'elle s'était très bien passée. Les gens que j'attendais arrivèrent tard, sachant la nouvelle, et dans un état d'exaspération incroyable.

Tous appartenaient à la garde nationale, et tous étaient furibonds. A peine s'ils écoutaient les ordres que je donnais pour les travaux et, quand je leur parlais trumeaux, ils répondaient baïonnettes. Après avoir vainement cherché à les calmer par le souvenir de l'ennui que leur causait les gardes à monter, je renonçai à fixer leur attention et les laissai retourner dans leurs quartiers où ils allèrent rapporter leur fureur, après l'avoir fait partager à tout mon village. J'étais moi-même empréssée de venir apprendre ce qui avait pu amener une si singulière péripétie.

Il n'y a jamais eu d'autres motifs ostensibles que ceux que j'ai déjà relatés. Cependant, j'ai peine à croire que monsieur de Villèle n'ait pas eu quelque arrière-pensée ignorée pour prendre une mesure si violente. Quoi qu'il en soit, à dater de cette époque, il devint la bête noire de la population parisienne et, bientôt, celle de toute la France.

Le duc de Doudeauville, ministre de la maison du Roi, comprit mieux que les autres la tendance de ce qui se faisait et donna sa démission à l'occasion de la dissolution de la garde nationale.

Je ne sais plus si c'est avant ou après cet événement qu'il faut placer une démarche de Sosthème de La Rochefoucauld que je tiens de lui-même et que je ne puis me refuser de répéter.

J'ai déjà dit le rôle qu'il avait joué entre monsieur de Villèle et madame du Cayla. Il est indubitable qu'il avait conduit monsieur de Villèle au pouvoir et qu'il l'y avait soutenu, par l'influence de la favorite, tant que Louis XVIII avait vécu. Depuis sa mort, monsieur de Villèle s'était émancipé d'une protection qui lui pesait.

Cependant l'intimité avait été trop grande pour qu'il n'en restât pas des habitudes de familiarité.

Sosthène en profita pour arriver, un beau matin, dans le cabinet de monsieur de Villèle. Après quelques phrases d'affection, il lui rappela les sentiments patriotiques qu'il exprimait lorsqu'il cherchait le ministère, uniquement dans l'intérêt du pays, parce que l'opinion publique l'y appelait ; et, partant de cette base, il l'avertit que l'opinion publique se déclarait fortement contre son administration. Mieux situé qu'un autre par ses relations avec toutes les classes de la société pour s'en apercevoir, il venait lui faire part de ses découvertes. Il lui était évident qu'il n'était plus au pouvoir de monsieur de Villèle de faire le bien, et, comme il ne l'avait placé où il était que dans l'intention d'être utile au Roi et au pays, il venait le sommer, au nom de l'amitié, de l'honneur, de la reconnaissance, de ne pas le compromettre plus long-temps en s'obstinant à conserver sa place.

On peut imaginer comment cette harangue fut reçue par monsieur de Villèle, alors tout-puissant. Il eut un moment d'inquiétude que monsieur de La Rochefoucauld ne fût l'organe du roi Charles X dont il était aide de camp et parfois bien traité. Mais la nature de la communication le rassura promptement.

Il traita Sosthème de façon à ce qu'ils se séparassent brouillés, ce qui lui était infiniment agréable et commode, puis courut raconter la scène au Roi. Celui-ci, qui ne se rappelait pas volontiers les intrigues ourdies pendant les dernières années du règne de son frère et dont Sosthème avait été l'agent, fut très empressé de rompre aussi les rapports auxquels il avait été forcé de l'admettre et de lui faire subir les honneurs de la disgrâce.

J'ai rapporté cette anecdote, dont je suis sûre, parce

que, si ce personnage, semi-ridicule, semi-historique, de
Sosthène figure jamais dans les *Mémoires* du temps, il
est assez curieux de savoir comment, au travers d'une
vie uniquement dévouée à l'intrigue, il avait conservé
une sorte de loyauté chevaleresque poussé jusqu'à la
niaiserie.

Madame du Cayla, moins candide dans ses démarches,
ne se brouilla avec personne. Elle n'avait pu être duchesse, comme le feu Roi le souhaitait, parce que monsieur du Cayla avait obstinément refusé de se laisser
faire duc. Charles X lui accorda les entrées de la salle du
trône et une forte pension.

Madame la Dauphine, qui la traitait plus que froidement pendant sa faveur, était très gracieuse pour elle
maintenant, en reconnaissance du service qu'elle avait
rendu en faisant accomplir à Louis XVIII ses devoirs
religieux au moment de la mort.

Les espérances du parti ultra avaient été encouragées
par l'attitude et les paroles du prince de Metternich
dans un voyage qu'il fit à Paris. La Cour le combla de
distinctions. Il fut engagé à dîner avec la famille royale
aux Tuileries, honneur qui n'a été partagé que par le
duc de Wellington et des princes de familles régnantes.
Dans les idées des rois de France, la faveur ne pouvait
aller au delà, et eux-mêmes s'étonnaient de l'accorder.

La Congrégation essaya d'entrer dans la voie des mi-
racles. Il y en eut plusieurs de constatés. Entre autres
une croix lumineuse vue à Migné, en Poitou. On en fit
imprimer et répandre des relations à profusion. Mais la
Cour de Rome les défendit, et il fallut renoncer à ce
genre de séduction qui prêtait trop au ridicule dans le
dix-neuvième siècle. Le Roi lui-même ne voulut pas
encore reconnaître là les ordres de la Providence. D'ailleurs, il était assez bien disposé, pour qu'il n'y eût pas

occasion de stimuler son zèle personnel. Il n'était arrêté
que par la crainte des obstacles qu'il rencontrerait.

La réception qui lui fut faite au camp de Saint-Omer,
où les troupes l'accueillirent avec la satisfaction la plus
marquée, ainsi que les hommages qu'il recueillit sur la
route, même à Lille (ville notée pour *mal penser*), faisaient compensation au silence qui l'entourait à Paris ;
et il crut pouvoir réaliser ses propres espérances en
accomplissant les promesses qu'il n'avait cessé de faire.

Monsieur de Villèle en retardait l'exécution depuis
longtemps ; mais son crédit était battu en brèche par des
gens dont le pouvoir s'accroissait chaque jour des terreurs qu'on inspirait à Charles X pour son salut dans ce
monde et dans l'autre.

Le Roi et ses amis réclamaient la restitution des biens
du clergé et la reconnaissance des ordres monastiques.
On les voulait dotés par l'État et propriétaires territoriaux. Monsieur de Villèle était loin d'admettre ces sou-
haits comme réalisables ; mais il voulait s'assurer une
longue vie ministérielle. Ces deux volontés excentriques
tombèrent d'accord sur la nécessité d'une nouvelle législature. Les ultras, avec toutes les illusions qui distinguent
ce parti, ne doutaient pas qu'elle ne fût nommée dans
leur sens ; et, de son côté, monsieur de Villèle comptait
sur son habileté pour obtenir des députés à sa dévotion.

Il leur aurait, d'ailleurs, volontiers pardonné de se
montrer récalcitrants aux prétentions des exaltés pour *le
trône et l'autel* dont il était bien importuné mais qu'il osait
d'autant moins brusquer qu'il se sentait miné dans l'esprit du Roi et que son crédit diminuait visiblement.

La Chambre des pairs offusquait, et le ministre tombait
d'accord, avec les conseillers de la conscience du Roi,
qu'une grande fournée de pairs était nécessaire pour y
changer l'esprit de la majorité actuelle. En ajoutant cette

mesure à de nouvelles élections, monsieur de Villèle comptait s'assurer un long bail ministériel.

Monsieur le Dauphin se tenait en dehors de ces intrigues. Respectueusement soumis aux ordres du Roi, il ne témoignait aucune hostilité à son ministre, mais encore bien moins de faveur. Il se bornait à faire de son mieux ce dont on le chargeait spécialement. Il était à la tête de l'administration des prisons et tenait quelquefois des assemblées où les intérêts de ces établissements étaient discutés devant lui. Il présidait avec beaucoup de convenance et de sagesse, et ne manquait pas une occasion d'exprimer des sentiments élevés et libéraux.

J'ai souvent vu des personnes, sortant de ces réunions, enchantées de monsieur le Dauphin. Je citerai entre autres monsieur Pasquier et monsieur Portal dont les suffrages valent bien la peine d'être comptés.

Dans le même temps, monsieur le Dauphin tenait un conseil militaire où il obtenait aussi d'honorables approbations. On lui reconnaissait des idées saines, accompagnées d'une grande modération et d'un esprit d'impartialité, fort recommandables dans un prince vivant d'une façon si isolée et d'une dévotion si éminente.

Quoiqu'elle n'aimât pas les prêtres, madame la Dauphine était plus sous l'influence de ses entours.

Madame la duchesse de Berry en voulait à monsieur de Villèle de ce qu'il ne faisait, ni assez vite, ni assez violemment, toutes les extravagances qu'elle et sa petite coterie ultra nobiliaire rêvaient ; mais elle était trop légère et trop occupée de ses plaisirs pour travailler sérieusement contre lui ; elle se bornait à des sarcasmes qui commençaient à amener un sourire sur les lèvres du Roi, au lieu de la réprimande qu'elle aurait subie quelques mois plus tôt.

CHAPITRE XVI

Je n'ai point parlé de l'affaire grecque sous le rapport historique parce que je ne m'élève pas jusque-là, mais je ne puis la passer sous silence dans ses effets de salon. Il s'était établi que tout ce qui faisait opposition à la Cour était philhellène et que le gouvernement, quoique protégeant ostensiblement les grecs, leur était contraire. La Congrégation aimait mille fois mieux les turcs que ces hérétiques de grecs car, du moins, les premiers prêchaient l'absolutisme.

Le gain de la bataille de Navarin ne fit donc pas grand plaisir aux Tuileries, quoiqu'on n'osât pas l'accueillir tout à fait aussi mal qu'à Londres.

Je ne puis m'empêcher de signaler, à ce sujet, jusqu'où l'instinct patriotique est poussé en Angleterre. On y croyait l'émancipation des colonies espagnoles utile aux intérêts du commerce britannique, et on craignait que celle des grecs ne fût un accroissement d'importance pour la Russie. Les feuilles publiques, les réunions, les bancs des deux Chambres retentissaient des cruautés, des vexations, des intolérances exercées contre

les américains espagnols, que tout le monde sait avoir
été les colonies les plus paternellement traitées qui aient
jamais existé.

Mais, en revanche, par cette espèce de franc-maçon-
nerie qui conduit toujours les anglais lorsqu'il s'agit des
intérêts spéciaux de la vieille Angleterre, les massacres
de Parga, d'Hydra, de Chio, toutes ces dames chrétiennes enlevées à leur famille et vendues sur les marchés
de Smyrne n'arrachaient pas un cri à un seul organe de
la presse. Pas un soupir n'a été poussé d'aucun banc de
l'opposition ; et, malgré la vanité nationale si facilement
exaltée par les succès maritimes, le ministère dans le
discours de la Couronne se crut obligé de qualifier
d'*inopportune* (untoward) la victoire de Navarin.

Chez nous, l'impression était bien différente ; et,
puisqu'enfin cette victoire inopportune comblait de joie
une grande partie du pays, monsieur de Villèle voulut
profiter de la popularité qui en rejaillirait sur le gouvernement pour exécuter le parti arrêté de la dissolution
de la Chambre des députés. Elle fut annoncée et les
élections fixées à l'époque la plus rapprochée possible.
Il espérait, par là, éviter les manœuvres des personnes
qui lui étaient hostiles dans les deux oppositions. Car, il
faut lui rendre justice, lui aussi était déjà *juste milieu* et
avait pour ennemis actifs tous les exagérés du parti ultra.

La censure tombait de droit devant les élections. Je
ne me souviens plus à quelle époque elle avait été rétablie. Elle était tellement impopulaire que les personnes,
honorables d'ailleurs, auxquelles on avait imposé le
métier de censeur se trouvèrent honnies de tout le
monde. De plus, on n'y gagnait pas grand'chose ; jamais
l'axiome italien *fatta la legge trovato l'inganno* ne fut
plus complètement justifié.

Une société de gens de lettres politiques, à la tête de

laquelle figurait monsieur de Chateaubriand, trouvait le moyen de faire publier et circuler des brochures suffisamment volumineuses et assez irrégulièrement distribuées pour échapper à la censure établie contre les journaux et les écrits périodiques. Il en pleuvait autour de nous et on se les arrachait.

Monsieur de Salvady se distingua dans cette guerre de plume, et monsieur Guizot y tint une place importante, mais c'est plus particulièrement dans l'organisation des manœuvres électorales qu'il prit la première.

La précaution, si évidente, de presser les élections excita une grande animadversion. Quand le gouvernement veut attraper les masses, il faut que ce soit assez délicatement pour que tout le monde ne s'en aperçoive pas à la fois et que l'impression des uns soit usée avant que les autres se trouvent avertis; mais, quand le piège est assez grossier pour être vu de tous en même temps, on peut être assuré de créer, à l'instant même, une énorme difficulté.

Comme par un mouvement électrique, il se forma, dans chaque arrondissement, une réunion protectrice des droits électoraux. Les fraudes, employées aux dernières élections par l'administration de monsieur de Villèle et sur le renouvellement desquelles il comptait bien, devinrent impraticables.

Les associations, composées de grands propriétaires, de gens de lettres, d'avocats, d'hommes politiques, déployèrent la plus grande et la plus intelligente activité. En restant toujours dans une complète légalité, elles se formèrent en comités correspondant entre eux et surtout avec le comité central siégeant à Paris, d'où monsieur Guizot dirigeait toute cette organisation.

C'est là le berceau de cette société : *Aide-toi, Dieu t'aidera* qui n'a pas laissé de jouer un rôle dans la chute de la monarchie et a fini par devenir un repaire de fac-

tieux. C'est le sort des instruments fondés par les oppositions qu'ils échappent promptement aux mains qui les
ont créés pour tomber dans de plus dangereuses.

Pendant que les esprits s'échauffaient au foyer électoral, on livrait au parti prêtre la nomination de soixante
seize pairs. Ils furent choisis, presque exclusivement,
parmi les congréganistes les plus zélés.

Tout le monde a vu la liste faite chez monsieur de
Rivière, colportée par monsieur de Rougé, corrigée par
les affidés et imposée à monsieur de Villèle qui l'aurait
voulue autrement composée mais adoptait l'idée d'une
nomination assez nombreuse pour dénaturer l'esprit de
la majorité dans la Chambre haute.

Or, c'était là ce qui révoltait le pays ; car la sagesse
de la pairie venait de le protéger contre les invasions du
despotisme clérical ; et, dans ce moment même, il profitait de la clause habilement introduite dans la loi du
jury sur la rectification des listes électorales pour échapper aux fraudes commises en 1824.

Cette Chambre était donc fort populaire, et la violence qu'on lui faisait exaspéra l'opinion publique qui
s'était accoutumée à y chercher protection bien au delà
de ce que monsieur de Villèle avait prévu.

Je me rappelle à ce sujet un dialogue qui me fut répété à
l'instant même par un témoin auriculaire. Le président du
conseil, descendant l'escalier du ministère de la marine,
rencontra le sous-préfet de Saint-Denis qui le montait :

« Eh bien, monsieur le sous-préfet, vous répondez de
votre élection.

— Non, monseigneur.

— Comment, vous aviez dit à monsieur de Corbière
que vous en étiez sûr.

— Oui, monseigneur, mais c'était avant la nomination
des pairs.

— Allons donc, mon ami, vous vous moquez de moi, qu'est-ce qu'une création de pairs peut faire à vos *marchands de gadoue ?* Ayez une bonne élection. C'est toujours la faute de l'administration quand elles sont mauvaises, souvenez-vous-en ! »

Le sous-préfet haussa les épaules, quand le ministre se fut éloigné, et acheva lentement de monter le degré, comme un homme très peu persuadé par l'éloquence élégante de son principal.

Beaucoup d'électeurs partagèrent les préventions de ceux de Saint-Denis et, stimulés, excités par le zèle des comités que j'ai signalés, nommèrent un assez grand nombre de députés hostiles au ministère pour que la majorité fût au moins douteuse.

Dans la disposition assez naturelle de rejeter sur d'autres le tort des actions qui tournent à mal, monsieur de Villèle ne put se retenir d'accuser la Congrégation et d'en témoigner beaucoup d'humeur contre elle. Il chercha à se rallier le petit noyau d'ultras aristocratiques qui était resté en dehors de la ligue jésuitique, mais il fut repoussé.

Il se retourna alors vers les royalistes constitutionnels qui, depuis trois ans, dirigeaient la conduite de la Chambre des pairs, mais ils étaient trop irrités par la mesure qui venait de frapper cette assemblée pour se rallier à celui qui l'avait signée.

Ces démarches du président du conseil ne purent être assez secrètes pour que la Congrégation n'en eût pas connaissance, et sa perte fut jurée. On fit venir monsieur de Polignac d'Angleterre, et le duc de Rivière acheva de décider le Roi au renvoi de monsieur de Villèle. Ces messieurs ne doutaient pas que le moment de leur triomphe ne fût arrivé.

Toutefois, monsieur de Villèle qui redoutait le crédit

de Jules de Polignac, l'avait, à l'aide de ses propres
dépêches et de la conduite qu'il tenait dans toutes les
affaires, tellement discrédité dans l'esprit du Roi, tellement montré inepte, incapable, niais, que le monarque
hésita et enfin recula devant l'idée de former un ministère portant cette couleur.

Malgré la profession de foi constitutionnelle que monsieur de Polignac vint faire à la tribune de la Chambre
des pairs où, dans le discours le plus ridicule, il prévint
la France que ses enfants apprenaient à lire dans la
Charte, malgré les soins qu'il se donna pour se rapprocher des hommes que j'appellerai de la patrie parce
que c'est à eux qu'elle a eu recours dans toutes les crises,
il échoua et la chute de la monarchie fut ajournée.

Le ministère Martignac fut nommé sous le patronage
de monsieur le Dauphin. Monsieur de Polignac retourna
furieux à son poste de Londres, sans renoncer aux intrigues ourdies par la coterie dévote. Le pauvre duc de
Rivière, plus loyal et déjà malade, fut tellement affecté
du mauvais succès de ses efforts et d'avoir efficacement
travaillé à un résultat qui lui paraissait l'abomination de
la désolation que son mal s'aggrava. Il mourut, peu de
semaines après, en se reprochant amèrement la part qu'il
avait prise à la chute de monsieur de Villèle.

C'est au plus fort de cette tourmente ministérielle
que dom Miguel, déjà connu pour ses violences envers
sa famille, repassa par Paris en quittant Vienne pour
aller à Lisbonne gouverner au nom de sa fiancée, la
petite reine doña Maria.

Réconcilié avec dom Pedro et reconnu par les puissances européennes comme mari de la reine du Portugal,
il fut accueilli à notre Cour avec les honneurs qu'on lui
avait refusés à son premier passage où il n'avait laissé
d'autre souvenir que celui d'une scène faite à l'ambas-

sadeur du Roi son père, le marquis de Marialva, pour en
obtenir de l'argent. Elle avait été accompagnée de formes
si menaçantes que le pauvre marquis avait dû fuir et
appeler au secours contre le forcené qui le poursuivait
le couteau à la main. Déjà valétudinaire, il ne s'était pas
relevé d'une si chaude alarme. Quoique ce genre d'illus-
tration fût peu attrayant, il m'avait inspiré la curiosité
de voir dom Miguel qu'on prétendait réformé par les
bonnes inspirations de monsieur de Metternich.

On donna un spectacle aux Tuileries à son occasion et
j'en profitai avec empressement.

Au lieu du tyran, à physionomie sombre, que je m'attendais à trouver, je vis arriver, avec notre famille royale,
un jeune homme d'une figure charmante, ayant l'air
noble, distingué, le sourire doux, le regard calme et
brillant, le geste gracieux. Placé entre madame la Dauphine et madame la duchesse de Berry, il s'entretint
avec elles d'un air d'aisance intelligente. En un mot, il
ne ressemblait, en aucune façon, à la bête farouche que
j'allais chercher à ce spectacle.

Le dimanche suivant, il y eut assemblée chez madame
la duchesse de Berry ; j'y fus invitée. Dom Miguel s'y
montra également prince gracieux et homme de bonne
compagnie. Il parlait à presque toutes les femmes. La
curiosité nous amenait autour de lui, et nous faisions
cercle dans un moment où un de ses aides de camp lui
nomma un portugais, je crois, qui demandait à lui être
présenté. Il tourna sur lui-même, comme sur un pivot,
lança en s'éloignant un regard qui nous fit toutes reculer. Le tigre était retrouvé. Je ne puis exprimer comment, dans l'espace de moins d'une seconde, les beaux
traits de son visage s'étaient subitement déformés et
avaient produit un aspect hideux. Il fut quelque temps à
reprendre sa beauté. L'aide de camp resta comme trans-

fixé à la place où il avait prononcé des paroles si mal
accueillies.

Voilà tous mes rapports avec ce prince ; mais le coup
d'œil que j'ai surpris en cette occasion m'a rendu pro-
bables les récits de ces folles cruautés : certainement il
y avait de l'aliénation dans ce regard.

Ces remarques sur la physionomie me reportent à l'état
où je trouvai monsieur de Chateaubriand le lendemain
du jour où les noms des nouveaux ministres parurent
dans le *Moniteur*.

Il avait activement travaillé à renverser monsieur de
Villèle et il croyait, en satisfaisant sa haine, paver simultanément le chemin qui le ramènerait à cet hôtel des
affaires étrangères dont il avait été si brutalement
expulsé et où il prétendait rentrer par droit de conquête.

Il pensait être indispensable à la formation d'un
ministère constitutionnel. Dans les pourparlers qui
avaient précédé la nomination, il s'était toujours placé
comme président du conseil et ne discutait que les
noms de ses collègues. Il avait choisi monsieur Royer-
Collard pour l'intérieur. Cela pouvait être assez habile
sous le point de vue parlementaire.

Monsieur Royer-Collard était aussi libéral que le pouvait être un royaliste. Il était de bonne foi dans ces deux
sentiments, et cela lui avait valu une énorme majorité
de suffrages dans sept collèges électoraux ; mais, sous le
rapport gouvernemental, tout ce qui avait fréquenté
monsieur Royer-Collard savait combien peu il était
homme pratique et quels obstacles il apporterait dans
un conseil. Charles X avait donc bien quelque raison de
s'opposer à un choix qui cependant aurait été populaire.

Monsieur de Chateaubriand ayant dit que monsieur Royer-Collard lui paraissait indispensable, on
feignit de comprendre qu'il n'entrerait pas sans lui dans

une combinaison ministérielle. Pendant ce temps, on
entourait monsieur de La Ferronnays pour lui faire
accepter les affaires étrangères. Il consentit; et, tandis
que messieurs de Chateaubriand et Royer-Collard, se
tenant pour indispensables, attendaient, enveloppés dans
leur suffisance, qu'on vînt solliciter leurs concours, ils
lurent dans le *Moniteur* la formation de ce ministère
jugé impossible et composé des gens qu'eux-mêmes
désignaient comme de leur parti.

Je ne sais quel fut l'effet sur monsieur Royer-Collard;
mais, pour monsieur de Chateaubriand, il fut si furieux
qu'il en pensa étouffer; il fallut lui mettre un collier de
sangsues, et, cela ne suffisant pas, on lui en posa d'autres
aux tempes. Le lendemain, la bile était passée dans le
sang; il était vert comme un lézard. Cependant, l'agitation où il était ne lui permettant pas de rester chez lui,
je le rencontrai dans une maison où il était venu
promener son inquiétude. Les stigmates, laissés par les
sangsues, lui permettaient d'attribuer son changement
à la maladie.

Je n'ai guère vu de spectacle plus triste que celui de
cet homme, à qui on ne peut refuser une capacité peu
ordinaire et auquel sa profonde indifférence pour tout
ce qui ne blesse pas son amour-propre donne l'air d'une
habituelle bonhomie, bouleversé et accablé à ce point
par un revers d'ambition. S'il avait pu attaquer le nouveau ministère avec le même acharnement que le dernier,
son chagrin aurait été moins poignant; mais il comprenait bien que toutes ses armes offensives se trouvaient,
sinon brisées, au moins bien émoussées, et il se sentait
complètement joué.

Hyde de Neuville, que lui-même avait désigné et qui
lui devait toute son importance, avait été mandé par lui
et traité du haut en bas pour avoir consenti à être

nommé ministre de la marine. Il n'avait trouvé grâce qu'en promettant d'entraver les affaires, de manière à rendre promptement nécessaire un remaniement qui ramènerait monsieur de Chateaubriand sur la scène où son ambition l'appelait.

Quelque chagrin qu'eût le Roi des choix que la nécessité lui imposait, il fut un peu consolé par la pensée que, du moins, monsieur de Chateaubriand se trouvait exclu. Quoique monsieur de La Ferronnays ne lui fût nullement agréable, il le préférait encore.

De tous les ministres, celui des affaires étrangères se trouve le plus directement en contact avec le souverain. Ses attributions renferment les tracasseries qui font le sujet des conversations intimes et du commérage royal. Il faut une personne qui entende, comprenne et puisse entrer dans leurs plus petites susceptibilités, leurs préférences et leurs répugnances.

Sous ce rapport, monsieur de La Ferronnays était très bien choisi; mais les princes n'avaient jamais pu lui pardonner sa rupture avec monsieur le duc de Berry, et il en était résulté un levain de mécontentement qui fermentait à chaque occasion.

Monsieur le Dauphin l'éprouvait si vivement que, dès l'instant où monsieur de La Ferronnays dut en faire partie, la faveur qu'il accordait au ministère nouveau subit une sensible altération.

Chacun sentait le besoin de neutraliser monsieur de Chateaubriand. Sans le vouloir pour collègue, on le redoutait comme ennemi, et le Roi ne trouvait aucun prix trop cher pour l'éloigner de ses conseils et de sa présence. On commença, sous prétexte de je ne sais quelle restitution, par lui donner une grosse somme d'argent pour payer ses dettes que, Dieu merci, il a toujours en permanence. Puis, à force de supplications,

on obtint de lui de désigner l'ambassade de Rome comme
à sa convenance. Elle était occupée par le duc de Laval
que monsieur de Chateaubriand professait aimer beaucoup, mais cela ne l'arrêta pas un instant. Monsieur de
Laval fut rappelé immédiatement, à sa grande désolation,
et nommé à l'ambassade de Vienne où il remplaça le
duc de Caraman.

Celui-ci avait été mandé par un courrier qui n'expliquait pas le motif de cet ordre soudain. Il se crut destiné
au ministère, se jeta dans une chaise de poste et arriva
avec une célérité incroyable. Grande fut sa déconvenue
quand il fut averti que toute cette hâte n'avait servi qu'à
l'éloigner d'un poste où il se plaisait infiniment.

Monsieur de Chateaubriand se résigna à aller passer
quelques mois à Rome, en laissant ses intérêts entre les
mains de partisans qu'il croyait disposés à les bien
exploiter.

A peine débarrassé de cet incommode candidat, monsieur de La Ferronnays eut à en subir un autre. Monsieur de Polignac revint de Londres et se prit à intriguer
autour du Roi. Monsieur de La Ferronnays m'a raconté la
façon dont il s'en était expliqué avec lui. Il avait placé son
portefeuille sur une table, entre eux, et lui avait dit :

« Le veux-tu? Prends-le franchement, je n'y tiens pas,
et je vais de ce pas le dire au Roi; mais, si je dois rester
ministre, je ne puis ni ne veux souffrir ta présence ici
et les intrigues auxquelles elle donne lieu. »

Monsieur de Polignac balbutia quelques méchantes
excuses.

« Eh bien, en ce cas-là, reprit monsieur de La Ferronnays, si tu ne prétends pas rester pour être ministre,
pars tout de suite pour Londres. »

Jules fut obligé de prendre ce parti, car il n'aurait pu
s'arranger avec les collègues de monsieur de La Fer-

ronnays, et le Roi était encore assez sous les impressions
que monsieur de Villèle lui avait inculquées de l'incapacité de monsieur de Polignac pour n'oser suivre son
goût en le mettant à la tête du conseil.

Par une fausse idée de générosité, monsieur de La
Ferronnays, après cette explication, s'appliqua à les
détruire, et, sous ce point de vue, il est un peu coupable
de la catastrophe dont Jules a été le principal instrument.

Le premier soin du nouveau ministère fut de renvoyer
messieurs Franchet et Lavau, directeur de la police
générale et préfet de police de Paris, tous deux congréganistes de la plus stricte observance. Le Roi se sou-
mettait à ces mesures indispensables, mais comme un
blessé se soumet à l'amputation.

Messieurs de Villèle et de Peyronnet, nommés pairs,
se présentèrent fièrement à la Chambre haute à la tête
de la phalange qu'ils y avaient fait entrer. Ils s'aper-
çurent bientôt qu'elle ne leur serait pas longtemps
fidèle. Les nouveaux pairs furent promptement modifiés
par l'influence de leurs collègues.

On n'entend pas impunément parler raison autour
de soi plusieurs heures par semaines, et c'est un des
motifs pour lesquels les directeurs congréganistes
défendaient à leurs adeptes la fréquentation des personnes qui n'étaient pas dans le giron de la société.

Monsieur de Villèle s'aperçut, assez vite, qu'il n'avait
point chance de succès dans ce moment pour n'essayer
d'aucune intrigue. Il resta dans une opposition froide,
et bientôt s'éloigna tout à fait de Paris. Je ne prétends
pas qu'il eût renoncé à tout projet d'ambition, mais il ne
croyait pas le terrain favorablement disposé, pour
établir ses batteries, et monsieur de Villèle sait
attendre.

Je ne veux pas oublier de noter une singularité à laquelle je suis forcé de croire parce que je l'ai vue. En 1828, ou peut-être 27, on m'amena une petite fille de deux ans dont les yeux brillants, d'un bleu azuré, ne présentaient rien de remarquable au premier aperçu; mais, en l'examinant, avec plus de soin, on voyait que la prunelle était composée de petits filaments, formant des lettres blanches, sur un fond bleu, placées en exergue autour de la pupille. On y lisait : *Napoléon Empereur.*

Le mot *Napoléon* était également distinct dans les deux yeux. Les premières lettres de celui *Empereur* étaient brouillées dans un des yeux et les dernières dans l'autre. La petite était fort jolie et sa vue paraissait bonne.

Sa mère, paysanne de Lorraine, racontait, avec une grande simplicité, le motif auquel elle attribuait ce bizarre jeu de la nature. Un frère, qu'elle aimait tendrement, était tombé à la conscription. En partant, il lui avait donné une pièce neuve de vingt sols, en lui recommandant de la garder pour l'amour de lui. Peu de temps après, elle apprit que son régiment devait passer à trois lieues de son village; elle y courut pour le voir quelques instants. Au retour, harassée de fatigue et de soif, elle s'arrêta dans un cabaret, à moitié chemin, pour boire un verre de bière. Lorsqu'il fallut payer son écot, elle s'aperçut qu'ayant donné à son frère tout ce qu'elle avait emporté d'argent il ne lui restait que la précieuse pièce de vingt sols qu'elle portait toujours sur elle. Elle voulut obtenir crédit, mais l'hôte fut impitoyable; elle sacrifia son pauvre trésor, en gémissant, et revint chez elle désolée. Ses larmes ne tarissaient pas. Son mari, le dimanche suivant, alla à la recherche de cette pièce qu'il parvint à se faire rendre. Lorsqu'il la lui rapporta sa joie fut si vive que l'enfant, qu'elle portait dans son sein, tressaillit et elle se *sentit* pâmer. Je me sers de son expression.

La petite fille portait dans ses yeux la fidèle empreinte de la pièce de vingt sols. Je ne prétends pas faire un traité de physiologie pour rechercher comment une telle chose a pu arriver; j'affirme seulement que je l'ai vue et que toute fraude était impossible. Le médecin d'un bourg voisin avait entrepris de montrer l'enfant, pour de l'argent, et la mère l'accompagnait. Le gouvernement s'opposa à toute publicité. On ne permit aucune annonce et on abrégea le séjour à Paris.

Je n'en ai plus entendu parler. Si pareil accident était arrivé sous le règne de l'Empereur, les cent bouches de la renommée n'auraient pas suffi à le raconter.

CHAPITRE XVII

J'arrive à des circonstances d'une haute importance
par leur résultat : je ne puis les expliquer car je ne les
comprends pas, quoiqu'elles se soient passées sous mes
yeux. Peut-être quelqu'un révèlera-t-il un jour des motifs plus occultes aux faits que je vais rapporter : je
dirai ceux que j'ai pu deviner.

On a vu combien monsieur le Dauphin avait été sage
pendant le ministère de monsieur de Villèle. On a vu la
confiance qu'il accordait aux personnes de la couleur du
nouveau ministère, notamment à monsieur de Martignac
qui l'avait précédemment accompagné pendant la campagne d'Espagne. Pourtant, à peine cette nouvelle administration, formée sous ses auspices, fut-elle nommée qu'il
sembla lui retirer son soutien et s'éloigna sensiblement
de ses conseillers habituels.

Monsieur Pasquier et surtout monsieur Portal, appelés
jusqu'alors fréquemment à des conférences intimes avec
le prince, cessèrent tout à coup d'être mandés, et les
notes qu'il réclamait sans cesse de leur zèle pour éclairer
ses opinions ne leur furent plus demandées. Cela se com-

prendrait s'il avait accordé sa confiance au nouveau cabinet, mais il ne l'obtint pas.

Monsieur le Dauphin avait fait la faute de vouloir être nommé lui-même ministre à portefeuille. Au lieu de conserver simplement du *crédit* au ministère de la guerre où il faisait tout ce qu'il voulait, il avait désiré être ostensiblement chargé du personnel, avoir des bureaux et un travail à porter au conseil.

La jalousie d'attributions s'empara de lui, et bientôt il eut contre « ses collègues » des petites passions de rivalité, soigneusement entretenues par les agents subalternes de son ministère.

D'un autre côté, tous les officiers qui n'obtenaient pas immédiatement ce qu'ils désiraient, au lieu de pouvoir crier contre le ministre en se réclamant des bontés du prince, devaient s'en prendre directement à monsieur le Dauphin, et il perdait la popularité qu'il avait acquise dans l'armée,

Ces résultats avaient été prévus par les anciens conseillers de monsieur le Dauphin. Ils avaient cherché à le dissuader de cette fantaisie administrative, et probablement son refroidissement, à leur égard tenait à cette circonstance. J'ai déjà dit avec quelle répugnance il vit entrer monsieur de La Ferronnays au conseil où il siégeait. Je tiens de celui-ci que, pendant tout le temps de son ministère, il ne lui adressa pas une seule fois la parole, mais ils eurent souvent des prises au conseil : la plus vive fut au sujet du duc de Wellington.

Monsieur le Dauphin voulait qu'on adoptât une mesure recommandée par le duc et que monsieur de La Ferronnays désapprouvait parce que, disait le prince, « le duc de Wellington est attaché à notre famille, il nous aime et ne peut vouloir que ce qui nous est utile ».

Monsieur de La Ferronnays, justement irrité de ce que

semblaient indiquer ces paroles, répondit chaudement
que le duc de Wellington était ministre anglais, qu'il
ne devait voir les affaires que sous le point de vue
anglais, et que c'est au conseil du roi de France, composé de français, de peser les propositions et de décider si elles étaient dans l'intérêt de la France, sans
s'arrêter aux affections personnelles qui, certainement,
n'influençaient en rien le cabinet britannique. Il pulvé-
risa les arguments du duc dont monsieur de Polignac
s'était rendu l'organe, ramena le Roi à son opinion et
emporta la question malgré monsieur le Dauphin.

Cette discussion eut lieu à la fin de l'année. Mais d'autres circonstances avaient déjà aigri l'esprit du prince.
Une des premières fut ce qui se passa pour le remplace-
ment du duc de Rivière. Le Roi voulait que la place de
gouverneur fût uniquement à sa nomination. Le conseil
demanda à être consulté. La prétention du Roi fut
appuyée par les ultras, celle des ministres par le pays
tout entier.

Monsieur le Dauphin prit vivement parti pour son
père. Il n'admettait pas qu'il ne pût exercer, dans le
choix du gouverneur de son petit-fils, l'indépendance
acquise de droit à tout chef de famille. Avec son peu de
grâce accoutumée, il dit qu'on ne pouvait la lui refuser
sans insolence.

Les ministres insistèrent cependant, et le Roi s'engagea à ne faire aucun choix sans qu'ils en fussent informés.
Ils se mirent en quête de trouver une personne convenable. Le duc de Mortemart fut tâté. Mais, tandis qu'on
négociait avec lui, le Roi fit prévenir ses ministres indi-
viduellement, à dix heures du soir, que la nomination
du baron de Damas paraîtrait le lendemain au *Moniteur*.

C'était là ce qu'il appelait ne point faire un choix sans
les en informer. Ils avaient compris différemment ses

paroles, car, le bruit de cette nomination ayant circulé dans la camarilla, je sais que monsieur de Martignac en avait été averti par monsieur de Glandevès et qu'il lui avait répondu que cela était impossible parce que le conseil n'y consentirait jamais.

La niche du Roi eut un plein succès. Les ministres, n'ayant ni le temps de se réunir, ni celui de se concerter et d'adresser au Roi leurs remontrances en commun, aucun d'eux n'osa prendre sur lui d'arrêter la presse du *Moniteur* et la nomination y fut insérée. Le cabinet protesta; mais son crédit reçut, dès lors, une atteinte dont il ne se releva plus.

Monsieur de Damas représentait la Congrégation incarnée. Il fut évident, pour tous, qu'il y avait au château une faction dont le crédit l'emportait sur celui des ministres et qui possédait la confiance du Roi. Monsieur le Dauphin détestait la Congrégation; il faisait peu d'état de la personne de monsieur de Damas et aurait dû être contraire à sa nomination; mais il s'était mis dans la tête que le choix du gouvernement de monsieur le duc de Bordeaux appartenait exclusivement au Roi et qu'en le lui refusant on le dépouillait du droit civil appartenant même à un particulier.

Un de ses aides de camp s'étant un jour, à déjeuner chez lui, aventuré à dire que l'éducation d'un enfant, dont la naissance avait été un événement national, devait être considérée comme une question gouvernementale, le prince entra dans une fureur dont lui-même fut promptement honteux, au point d'en faire excuse. Toutefois, il sentit plus tard combien ce choix de monsieur de Damas faisait un mauvais effet dans le pays et cela l'engagea à prêter les mains aux ordonnances qu'on fulmina contre les Jésuites et les petits séminaires.

Je n'entrerai pas dans le détail de ces grands événements. Quand j'entrevois l'histoire, ce n'est jamais que par le côté du commérage et de son rapport avec les individus que j'ai connus ; mais, comme j'aurai probablement à revenir sur ces ordonnances, *dites de Juin,* il m'a fallu les noter, ainsi que la part sincère que monsieur le Dauphin avait prise à leur rédaction.

Le Roi les garda quinze jours avant de les signer ; elles furent soumises à l'inspection de ses directeurs spirituels. Les chefs des jésuites les consentirent ; ils comprirent qu'en voulant résister dans ce moment ils seraient brisés, et ils crurent plus habile de plier, sûrs de trouver l'assistance du Roi quand les circonstances leur paraîtraient propices à se redresser.

Le Roi signa donc, en sûreté de conscience et nanti de toutes les autorisations de ses conseillers occultes, mais avec un chagrin profond dont nous retrouverons souvent les traces.

Quant à monsieur le Dauphin, ce fut son dernier acte de sagesse. Depuis ce moment, il ne cessa de s'éloigner de plus en plus des idées qu'il avait professées jusque-là. L'élection du général Clausel, comme député, acheva de le jeter dans les rangs des ultras. Il n'avait pu pardonner à cet officier l'expulsion de madame la duchesse d'Angoulême de Bordeaux, pendant les Cent-Jours, et il conçut de sa nomination un excès de déplaisance qui tenait de la monomanie.

Depuis cette époque, on ne retrouva plus en lui une seule lueur de ce bon sens sur lequel la France avait fondé des espérances pendant plusieurs années. Ce changement, qui bientôt fut connu de tout le monde, et l'éducation qu'on donnait à monsieur le duc de Bordeaux ameutèrent les passions contre la branche aînée et préparèrent la chute qui s'effectua en trois jours parce que toutes les racines étaient sapées, une à une, depuis plusieurs mois.

J'ai réuni ce que je sais des motifs qui ont agi sur
l'esprit de monsieur le Dauphin. Peut-être y en a-t-il que
j'ignore. Quelques personnes ont cru que Nompère de
Champagny, un de ses aides de camp, jeune homme distingué et congréganiste zélé qui sembla suivre les
impressions de son prince, les avait influencées.

Peut-être aussi, les exigences toujours croissantes du
parti libéral lui firent-elles croire qu'il renfermait un
élément démagogique qu'il fallait prendre la peine
d'exterminer pour n'en être pas victime, et parvint-on à
lui persuader que le système des concessions ne servait
qu'à le renforcer. J'ignore le fond de ses pensées, mais
les résultats ne furent que trop évidents.

Le conseil militaire que monsieur le Dauphin présidait avait repris ses séances et, chaque jour, le maréchal
Marmont nous répétait à quel point il y soutenait des
thèses surannées et des prétentions insensées. Je me
rappelais les éloges des années précédentes et j'avoue
que j'accusais la mobilité du maréchal de ce changement
de langage ; mais malheureusement, il ne fut pas seul à
faire des remarques si fatales à notre tranquillité, et tous
les rapports militaient à montrer monsieur le Dauphin
enrôlé parmi les plus violents réactionnaires.

J'insiste sur cette circonstance, dont peut-être l'histoire
fera peu d'état, parce qu'à mon sens c'est ce qui a éloigné toutes les espérances, exaspéré les esprits et poussé
aux excès de part et d'autre.

Le Roi fit un voyage en Alsace dans l'été de 1828. Il
y fut reçu merveilleusement, ce qui le charma. Tous les
discours qui lui furent adressés vantaient surtout les
ordonnances contre l'établissement des jésuites. Monsieur de Martignac prit la peine de le faire remarquer à
chaque fois. Le Roi en conçut un peu plus de dégoût
pour son ministre et n'attribua qu'à l'amour porté à sa

personne les démonstrations des habitants du pays qu'il traversait en triomphe.

Quelques petits souverains allemands vinrent lui faire leur cour à Strasbourg; il se crut pour le moins Louis XIV.

Le ministère se traînait péniblement : il avait à combattre l'opposition de gauche et l'opposition de droite, composée des ultras, des congréganistes, des courtisans et, au fond, du Roi. Peut-être se serait-il soutenu, malgré ces obstacles, si tout ce qui désirait l'ordre, la tranquillité et le maintien des institutions s'était franchement appliqué à lui donner appui; mais chacun voulait un peu plus ou un peu moins, blâmait, attaquait.

Le parti constitutionnel est essentiellement ergoteur. Il est composé d'individualités plus occupées à prouver leur capacité personnelle qu'à appuyer leurs chefs et, moyennant cela, on ne saurait moins gouvernementales. De sorte qu'en dernier résultat, le ministère n'étant complètement soutenu par aucun parti, peut-être faut-il s'étonner qu'il ait pu durer aussi longtemps. A la vérité, personne n'avait compris que sa chute entraînerait celle de la monarchie, car je crois que cette pensée aurait rallié bien du monde autour de lui.

Il était pourtant évident, pour les gens sages, que le ministère Martignac était de la couleur des ministères Richelieu, les seuls qui pussent faire vivre la Restauration, qu'il déplaisait mortellement au Roi et que, pour le soutenir contre l'influence de la couronne, ce n'était pas trop de toutes celles des Chambres.

Si tous les députés qui désiraient son maintien l'avaient hautement supporté, peut-être aurait-il pu retirer le vaisseau de l'État des écueils où monsieur de Villèle l'avait laissé engager. Mais ces regrets sont loin de nous. Seulement faut-il constater que nul n'est exempt de reproches, et que tout le monde a péché en contribuant à une catastrophe que bien peu appelaient de leurs vœux.

Pendant qu'on jouait ainsi la couronne à pair ou non, les plaisirs de la capitale n'en étaient pas moins vifs, et le carnaval de 1829 fut très brillant.

Les jeunes princes d'Orléans grandissaient et le Palais-Royal s'égayait. Aux concerts et aux dîners, avaient succédé des spectacles, des bals et des quadrilles. Madame la duchesse de Berry en profitait pour sa part et donnait, à son tour, de très belles fêtes. Les plus brillantes et les plus agréables se passaient dans l'appartement de ses enfants, sous le nom de la duchesse de Gontaut, ce qui dispensait des invitations d'étiquette et permettait de faire un choix parmi ce qu'il y avait de plus à la mode. Il y eut des bals déguisés où la magnificence de quelques costumes éblouissait les yeux, mais qui pourtant en masse n'offraient pas un joli spectacle. Madame la duchesse de Berry pensa qu'en laissant la liberté de se costumer, sans en imposer la nécessité, elle réussirait mieux et elle eut un plein succès.

Le goût du moyen âge commençait à se développer. Elle conçut l'idée de représenter la cour de François II. Tout ce qui était jeune, élégant ou très courtisan, put s'enrôler dans cette troupe pour laquelle on composa des marches, des évolutions et des danses ; le reste des invités, en costumes ordinaires, servait de spectateurs. Monsieur le duc de Chartres, représentant François II, attirait tous les regards.

C'était son premier début ; on admirait sa charmante figure et sa bonne grâce. Les personnes, admises aux répétitions, vantaient également ses manières polies et la finesse du tact qui dirigeait toutes ses actions. Le maître de ballet avait fait préparer un trône où il devait s'asseoir au-dessus de la reine, représentée par madame la duchesse de Berry. Monsieur le duc de Chartres refusa de l'occuper et y plaça madame de Podenas qui faisait le rôle de Catherine de Médicis. Cette petite circonstance eut un succès inouï aux Tuileries. Madame la Dauphine la racontait complaisamment comme une chose *de très bon goût de la part de Chartres*.

Y avait-il déjà un instinct qui annonçait que ce trône des Tuileries serait mis à sa portée? Pour cette fois, il ne paraît pas disposé au *bon goût* d'y renoncer.

On nous raconta que madame la Dauphine avait fort blâmé le choix du rôle de Marie Stuart dont madame la duchesse de Berry s'était chargée. Peut-être n'était-il pas tout à fait convenable de représenter une reine décapitée dans le palais de Marie-Antoinette, mais madame la duchesse de Berry n'y voyait pas si loin : le Roi ne défendit pas le quadrille, et la princesse, selon son usage, ne tint nul compte de la désapprobation de sa belle-sœur.

Celle-ci avait assisté, en costume et couverte de pierreries, au bal déguisé, mais ne parut pas à celui du quadrille, sans faire valoir aucun prétexte de santé. Cependant, elle avait prêté ses diamants à la dame qui représentait la reine Marguerite d'Écosse qu'on avait supposée à la cour de sa fille pour ouvrir les rangs du quadrille à quelques dames anglaises qui désiraient en faire partie.

En général, les femmes étaient bien mises et fort à leur avantage. Les hommes, à très peu d'exception près, avaient l'air de masques du boulevard. Monsieur le duc de Chartres portait merveilleusement un magnifique costume, et le petit duc de Richelieu était mieux que je ne l'ai jamais vu avant ni depuis.

Quant à la reine de la fête, madame la duchesse de Berry, elle était abominable. Elle s'était fait arranger les cheveux d'un ébouriffage, peut-être très classique, mais horriblement mal seyant, et s'était affublée d'une longue veste d'hermine, avec le poil en dessus, qui lui donnait l'air d'un chien noyé. La chaleur de ce costume lui avait rougi la figure, le col et les épaules, qui ordinairement étaient très blancs, et jamais on n'a pris des soins plus heureusement réussis pour se rendre effroyable.

La petite Mademoiselle assistait à cette fête et s'en allait, de banquette en banquette, recueillant des suffrages d'admiration pour monsieur le duc de Chartres. La sienne paraissait très exaltée, et elle affichait pour lui une passion que ses dix années, point encore achevées, rendaient gracieuse. Cette jeune princesse promettait d'être fort accomplie, plutôt que jolie. Je n'ai pas eu l'honneur de l'approcher familièrement ; mais je la voyais quelquefois chez madame de Gontaut, et elle me paraissait très gentille. Elle comblait madame la duchesse d'Orléans de caresses et répétait souvent : « J'aime bien ma tante ; elle est bien bonne et puis elle est la mère de mon cousin Chartres. » Elle ne manquait jamais d'offrir ce cousin pour modèle à monsieur le duc de Bordeaux qu'elle régentait avec toute la supériorité de l'âge et de l'esprit.

Toute petite, elle s'intéressait déjà aux événements publics et savait très bien faire des politesses marquées à un homme politique, sans en être spécialement avertie. Madame de Gontaut, ayant compris que l'enfance d'une princesse ne doit pas être soumise à la même nullité d'impression que celle d'une particulière, encourageait à causer de toutes choses devant Mademoiselle qui n'avait pas tardé à y prendre intérêt. Il fallait d'ailleurs occuper une imagination très active, et surtout éclairer une disposition orgueilleuse qui n'était plus propre au temps où nous vivons.

Madame de Gontaut m'a raconté que, le lendemain du jour où monsieur le duc de Bordeaux fut séparé de sa sœur pour passer à l'éducation des hommes, elle conduisit, selon son usage quotidien, la petite princesse chez le Roi. Lorsqu'elles traversèrent la salle des gardes du corps, ils ne prirent pas les armes. Mademoiselle s'arrêtat tout court, avec étonnement et l'air fort mécontent. Lorsqu'elle sortit, plus tard dans la matinée, sa voiture se trouva sans escorte.

Le lendemain, la sentinelle qui ne savait pas encore la consigne appela aux armes en la voyant arriver ; elle s'arrêta, lui fit la révérence, et lui dit : « Je vous remercie, mais vous vous trompez, ce n'est que moi. » Elle refusa de faire sa promenade accoutumée.

Madame de Gontaut vit bien que c'était pour ne pas sortir sans escorte. Elle l'examinait attentivement, ne disait rien. Mademoiselle commençait à s'ennuyer de sa réclusion ; elle demanda à sa gouvernante s'il ne serait pas possible de sortir avec son frère, ajoutant qu'il serait bien plus amusant d'aller à Bagatelle avec lui que de se promener de son côté.

Madame de Gontaut lui répondit froidement : « Consultez-vous pendant une demi-heure, et, si, au bout de ce temps, vous venez me dire que c'est pour vous amuser à Bagatelle que vous désirez y aller avec monsieur le duc de Bordeaux, je me charge d'arranger la promenade. » Peu de minutes après, la jeune princesse, en larmes, vint avouer à *Amie chérie,* comme elle l'appelait, l'orgueilleuse faiblesse de son jeune cœur et le désespoir où elle était d'avoir tout à coup découvert que Bordeaux était *tout* et qu'elle n'était *rien*.

Il ne fut pas très difficile à une femme d'esprit comme madame de Gontaut de faire comprendre à une enfant d'une rare intelligence la petitesse de ce genre de prétention, et, peu de temps après, Mademoiselle tenait à récompense d'aller à pied, donnant le bras à madame de Gontaut et suivie à distance d'un valet de pied en habit gris, se promener, seule avec elle, dans les rues de Paris.

J'ai cité cette circonstance pour montrer combien le sang princier parle de bonne heure, et comme il est naturel qu'en vieillissant l'étiquette lui paraisse nécessaire à son existence.

Au reste, madame de Gontaut s'était vantée en affirmant qu'elle arrangerait la promenade à Bagatelle. Le baron de Damas, dans sa sapience, avait décidé de séparer les deux enfants. Il craignait pour monsieur le duc de Bordeaux l'habitude de vivre avec les femmes, et, dans son bigotisme, à mon sens bien immoralement indécent, avait commencé par défendre au jeune prince de huit ans d'embrasser sa sœur qui en avait neuf.

Tout le reste de l'éducation était également éclairé, et, hormis les exercices de gymnastique qu'il lui faisait faire comme s'il était destiné à débuter chez Franconi, le pauvre petit prince était élevé comme un moine et s'ennuyait à périr. La connaissance que le public acquérait de la culture qu'on donnait au souverain futur achevait de l'aliéner de celui qui régnait.

CHAPITRE XVIII

Difficultés suscitées de toute part au cabinet Martignac. — Réponse du
Roi au duc de Mortemart. — Campagne des russes contre les turcs.
— Le Roi se déclare pour l'empereur Nicolas. — Intrigues dans la
Chambre des députés. — Mort de l'évêque de Beauvais. — Progrès
du parti prêtre. — Langage différent tenu par le Roi à messieurs de
Martignac et de La Ferronnays. — Erreur des prévisions.

La santé de monsieur de La Ferronnays, fort ébranlée
depuis longtemps, devint si mauvaise qu'il fut obligé
de quitter les affaires étrangères. On eut recours à plusieurs personnes pour le remplacer, entre autres à
monsieur Pasquier. Il refusa de nouveau, persuadé que
le roi Charles X avait contre lui des préventions qui
l'empêcheraient de lui accorder une sincère confiance.
Elles dataient de loin. Lorsqu'en 1814, Monsieur, précédant Louis XVIII en France, s'était trouvé gouverner
quelques semaines en sa qualité de Lieutenant général,
monsieur Pasquier lui avait parlé de l'état du pays, de
la force respective des partis et même des importances
individuelles avec une franchise que le prince émigré
n'avait pas sû apprécier et que ses entours avaient qualifiée de haine pour la Restauration.

Rien n'était moins fondé. Monsieur Pasquier s'était
rattaché de cœur au nouvel ordre de choses, devenu
nécessaire au salut de la patrie ; seulement il aurait
voulu qu'elle en profitât. Accoutumé, d'autre part, à
servir sous l'Empereur, il suivait les mêmes errements.

Or, Napoléon non seulement trouvait bon mais exigeait qu'on lui dît la vérité tout entière et même qu'on insistât pour faire prévaloir son opinion vis-à-vis de lui. Il admettait la discussion jusqu'à la contradiction. A la vérité, il n'agissait que d'après sa propre volonté, mais jamais il ne savait mauvais gré qu'elle eût été combattue au conseil ou dans le cabinet.

Monsieur n'entendait rien à cette manière d'agir, et quiconque lui opposait une difficulté, même puisée dans son propre intérêt, lui apparaissait en ennemi. Monsieur Pasquier fut assez longtemps à découvrir cette disposition pour permettre à son zèle d'aggraver sa situation et, lorsqu'il s'en fut aperçu, il ne continua pas moins à remplir ce qu'il considérait comme un devoir.

Devenu ministre de Louis XVIII, il lui fallut fréquemment heurter le parti ultra et conséquemment déplaire à Monsieur. Ces précédents ne lui permettaient pas d'entrer au conseil de Charles X, et il répétait aux ministres qui désiraient l'avoir pour collègue qu'il ne leur apporterait aucune force en siégeant avec eux et leur était plus utile dans la Chambre des pairs.

Il ne partageait pas le mécontentement que la plupart des gens de notre opinion exprimaient contre la faiblesse du cabinet Martignac. Il disait hautement qu'il était insensé de lui demander ce qu'il lui était impossible d'obtenir des répugnances du Roi. Ce n'est pas la faute de monsieur Pasquier si ce ministère est tombé, car il le soutenait bien franchement et de tous ses moyens.

Après avoir cherché pendant quelque temps, un successeur à monsieur de La Ferronnays, on se décida à s'en passer. Les dettes que le dernier titulaire avait laissé à payer servirent de prétexte à ne le point remplacer. Monsieur Portalis prit le portefeuille par intérim.

Deux hommes avaient principalement agi pour obtenir

ce résultat, le Roi qui voulait faire écrouler le ministère
en le minant et monsieur Hyde de Neuville qui voulait
dégager sa parole en y forçant l'entrée de monsieur de
Chateaubriand. Cette double intrigue réussit à écarter
tous les candidats et, entre autres, le duc de Mortemart
fort désiré par monsieur de Martignac. Je tiens du duc
lui-même que monsieur de Martignac lui demanda comment il pouvait résister aux vives instances du Roi. Il
répondit que le Roi ne lui avait jamais témoigné le
moindre désir de le voir entrer au conseil.

« C'est étonnant, mais, s'il ne vous a pas encore parlé,
il vous en parlera. »

En effet, le Roi fit appeler monsieur de Mortemart:
« Eh bien ! lui dit-il, vous ne voulez donc pas entrer
avec eux ? »

Monsieur de Mortemart déclina ses raisons, toutes personnelles. Le Roi les combattit très faiblement, comme
on débite une leçon, puis il ajouta :

« Au fond, je n'en suis pas fâché, vous avez raison. Il
vaut mieux ne pas vous associer avec ces gens-là. »

Voilà quelles furent les instances irrésistibles du Roi.
Monsieur de Mortemart, éminemment loyal, chercha à
éclairer monsieur de Martignac sur sa situation ; mais il
ne put lui persuader qu'il ne jouissait pas de la confiance
entière du monarque.

Le duc de Mortemart, que les événements ont appelé
à jouer un rôle politique qu'il n'a pas cherché et qu'il
n'avait pas l'étoffe nécessaire pour soutenir dans des circonstances aussi perplexes, est un homme parfaitement
loyal, honnête, indépendant, français de cœur, ne manquant ni d'esprit ni de raison. A la Cour de Charles X,
il était un véritable phénix ; et le pays qui, au fond, ne
demandait qu'à s'accommoder avec la Restauration, s'attacha sincèrement à un grand seigneur qui ne le répu-

diait pas. Monsieur de Mortemart, flatté de sa popularité, voulut la justifier et se montra de plus en plus éloigné des extravagances où sa position sociale l'appelait à prendre part. Il renonça même à la vie de chasseur qu'il avait exclusivement menée depuis dix ans, et se montra plus souvent à la Chambre des pairs.

Nommé ambassadeur en Russie, il accompagna l'empereur Nicolas dans la première campagne de Turquie. Il y acquit plus d'estime personnelle qu'il n'en rapportait pour le talent et les goûts militaires de son impérial hôte. Celui-ci lui apparut comme se trouvant plus à l'aise sur une esplanade de revue que sur un champ de bataille, et l'absence qu'il fit pour aller voir l'Impératrice à Odessa, pendant le plus chaud du siège de Varna, ne fit que [peu] d'honneur à son *audace*.

Lorsqu'il était bien en confiance, monsieur de Mortemart attribuait les revers de la campagne à la présence de l'Empereur au *camp* et à son absence des *combats* qu'il ne se souciait jamais de laisser engager de bien près. Probablement Nicolas lui-même sentit qu'il nuisait au succès de ses troupes, car il se laissa assez facilement persuader de renoncer à faire la campagne suivante dont le résultat fut en effet plus favorable à ses armes.

La situation de la Russie était assez précaire à ce moment ; l'Autriche et l'Angleterre n'auraient pas mieux demandé que d'en profiter pour ébranler le colosse dont le poids les oppresse et leur apparaît en forme de cauchemar. Peut-être cela aurait-il été dans un intérêt européen bien entendu, mais nous n'avions, à vrai dire, pas de cabinet, et Pozzo eut l'habileté de faire entrer le roi Charles X personnellement dans la question russe.

Il établit une correspondance autographe entre les deux souverains, et le roi de France, flatté de protéger

à son tour le czar de Russie, s'engagea vivement et utilement dans les négociations en faveur du jeune auto-
crate. C'est de cette circonstance que sont nés les sentiments affectueux que Nicolas a professés pour Charles X
depuis sa chute, arrivée si promptement après la signature du traité d'Andrinople.

Si la France était entrée dans les voies de l'Angleterre
et de l'Autriche, la seconde campagne était impossible.
Les troupes russes n'auraient pas même essayé de fran-
chir les Balkans. L'Empereur en était si persuadé qu'il
avait sollicité la médiation de la Prusse. Des négocia-
teurs avaient été expédiés, avec des instructions fort peu
exigeantes de la part de la Russie ; mais elles furent
changées à l'arrivée d'un courrier de Paris. On fit courir
après les envoyés. La seconde campagne et la paix d'Andrinople en furent les conséquences. Les événements
ultérieurs décideront si Charles X, en facilitant les succès de l'Empereur, a rendu un service au monde civilisé,
comme on le lui persuadait à cette époque.

J'aurais dû mettre en tête de tous les candidats au
portefeuille des affaires étrangères celui toujours présenté par le Roi, monsieur de Polignac. Il vint faire
une apparition à Paris, immédiatement après l'accident
survenu à monsieur de La Ferronnays ; mais le monarque jugea lui-même le moment encore inopportun ;
on prétexta une affaire de famille ; il ne resta que peu de
jours sans faire de démarche ostensible. Il n'en fut pas
de même au printemps.

Monsieur de La Ferronnays était positivement dehors.
Sa place était vacante, et on dit que lui-même, dans la
pensée d'acquérir la faveur du Roi, avait désigné Jules de
Polignac pour son successeur. Quoi qu'il en soit, Charles X
crut le moment arrivé et monsieur de Polignac fut mandé.
Le public accusa monsieur Portalis d'être entré dans cette

intrigue. Des gens mieux informés m'ont assuré depuis que c'était injustement.

Monsieur de Polignac chercha assez publiquement à former un ministère. Il s'adressa à des gens de diverses nuances d'opinions, et trouva partout une telle résistance qu'il dut renoncer à ses projets. Il convint avec le Roi de les ajourner jusqu'après la session et retourna à Londres.

Si la couronne était en conspiration contre la législature, la législature ne se montrait pas plus confiante envers la couronne. Après la sotte taquinerie exercée pour une somme de trente mille francs dépensée par monsieur de Peyronnet pour l'embellissement de l'hôtel de la chancellerie et qui fut refusée par la Chambre, elle montra la même malveillance, dans une question d'ordre, pour la présentation de lois fort importantes sur l'administration départementale et communale.

Le ministère avait eu grand'peine à les faire adopter au Roi qui ne dissimula pas sa joie, lorsque le mauvais vouloir des députés lui fournit prétexte à les faire retirer. A dater de ce moment, il reprit son rôle d'opposition ouverte à son propre cabinet ; les députés, plus particulièrement attachés au Roi et caressés par lui, se mirent ostensiblement dans l'opposition au ministère.

La Chambre, dans sa discussion du budget, avait tenu un langage offensant pour l'armée et adopté des mesures qui froissaient ses intérêts. Il en était résulté la haine des militaires contre elle. Tout ce qui portait un sabre disait, assez volontiers, qu'il était temps d'en finir avec les gouvernements de partage, qu'il fallait imposer silence aux avocats et renverser l'adage : *Cedant arma togæ*.

Cette disposition des militaires était soigneusement entretenue par le parti ultra et n'a pas laissé que d'en-

courager aux folies qui se préparaient ; mais cette vel-
léité d'absolutisme ne résista pas à l'accession du ministère Polignac. A dater de cette époque, le cœur du
citoyen se retrouva battre sous le revers de l'uniforme.

Vers la même époque, monsieur de Chateaubriand
avait inventé d'adresser au conclave un discours plein
d'idées libérales et philosophiques qui avait singulièrement scandalisé le Sacré Collège et rendu sa position à
Rome assez gauche. Le nouveau pape [Pie VIII, successeur de] Léon XII, écrivit à Paris pour s'en plaindre ; et
monsieur de Chateaubriand, sous prétexte de santé,
revint en France.

Il avait toujours un vif désir de rentrer dans l'hôtel,
alors vacant, des affaires étrangères ; mais le Roi le conservait pour un autre, et, hormis monsieur Hyde de Neuville, personne ne se souciait d'un collègue aussi absor-
bant que monsieur de Chateaubriand. Ne voyant aucun
jour à réussir pour le moment, il se rendit aux eaux dans
les Pyrénées.

Les jésuites, habiles à ces manœuvres temporisantes,
avaient replié leurs voiles depuis les ordonnances de
Juin rendues contre eux et qu'ils avaient consenties. Ils
se cachaient dans l'ombre, mais n'en travaillaient pas
moins activement. L'évêque de Beauvais (Feutrier), prélat vertueux et habile, signataire de ces ordonnances,
leur avait inspiré une de ces haines claustrales qui ne
pardonnent jamais, devant laquelle il a perdu successivement sa place et la vie.

On a beaucoup répété qu'il avait été empoisonné, mais
je crois que cette expression doit se prendre au figuré :
c'est en lui suscitant des tracasseries de toute espèce que
sa vie a été tellement *empoisonnée* qu'il a succombé. Il
est certain que, jeune et jouissant d'une santé florissante
en 1829, il est mort dans le marasme au commencement

de 1830. Le parti congréganiste ne s'est pas fait faute de proclamer que c'était un jugement de Dieu contre celui qui avait touché à l'arche sainte des jésuites. Je crois que le roi Charles X s'est exprimé dans ce sens ; du moins, cela a passé pour constant. Le pauvre prince s'enfonçait de plus en plus dans la bigoterie. On a prétendu qu'il disait la *messe blanche* ; je crois que c'est une fable.

Cependant, les jésuites ont quelquefois permis à leurs adeptes de s'amuser à dire la messe en réformant les paroles de la consécration, et il ne serait pas impossible que le Roi eût eu cette fantaisie. Le vulgaire en était persuadé. Ce qui paraît à peu près positif, c'est qu'il s'était fait affilier à la société de Jésus et reconnaissait des directeurs spirituels auxquels il obéissait dans les affaires temporelles. Je tiens de monsieur de Martignac un fait assez singulier.

Dans les derniers jours de la session de 1829, monsieur de Villefranche, pair congréganiste, fit un discours fort violent mais assez bien fait et dont évidemment il n'était pas l'auteur où il attaqua fortement le ministère du Roi et toute sa conduite et particulièrement sur les ordonnances dites de Juin. Monsieur de Martignac répondit avec son talent accoutumé et fit un morceau plein d'éloquence et de sagesse au sujet des ordonnances.

Le soir, il alla chez le Roi, en fut très bien accueilli ; le monarque lui fit compliment sur ses succès à la Chambre des pairs. Le lendemain, il y eut péripétie. Monsieur de Martignac vint travailler avec le Roi qui le reçut on ne peut plus mal ; le ministre ne pouvait deviner en quoi il avait offensé. Enfin, le travail fini, il fut interpellé en ces termes :

« Que diable aviez-vous besoin de parler hier ?

— Comment ! Sire ! était-il possible de laisser passer la diatribe de monsieur de Villefranche sans lui répondre ?

— Ah ! bah, la session va finir, cela n'en valait pas la peine.

— C'est précisément parce que la session finit que le gouvernement du Roi ne pouvait pas rester sous le poids de toutes ces calomnies. »

Le Roi se prit à marcher vivement dans la chambre :

« Vous pouviez bien, au moins, vous dispenser de parler de ces ordonnances ?

— Monsieur de Villefranche avait pris l'initiative, Sire, et j'étais bien forcé d'expliquer une mesure qui est l'œuvre de Votre Majesté aussi bien que du conseil.

— Expliquer !... Expliquer !... D'abord, voyez-vous, monsieur de Martignac, ils ne vous le pardonneront jamais, tenez cela pour certain.

— Quoi ! Sire.

— Oh ! je m'entends... Bonjour, Martignac. »

Et le ministre ainsi congédié fut obligé de se retirer, sans vouloir comprendre que sa perte était jurée. Il ne fut pas longtemps à attendre son sort.

Pour faire contre-partie à cette anecdote que je tiens de monsieur de Martignac, voici ce qui m'a été raconté par monsieur de La Ferronnays. J'anticipe un peu sur les événements pour les mettre en regard.

Lorsque, sous le ministère Polignac, monsieur de La Ferronnays remplaça monsieur de Chateaubriand à Rome, il dit au Roi qu'il ne pouvait accepter cette ambassade si le projet était de rappeler les ordonnances de Juin. Elles avaient été faites sous son administration, discutées au conseil où il siégeait, elles portaient sa signature, et il ne pouvait se charger d'en annoncer le changement.

Le Roi entra dans une grande colère, demanda quel motif il avait de le croire capable d'une telle palinodie, affirma que les ordonnances de Juin étaient son ouvrage autant que celui du ministère, rappela qu'il les avait gardées trois semaines chez lui avant de les signer et sembla très indigné qu'on le pût soupçonner d'une pareille faiblesse. Voilà ce que monsieur de La Ferronnays m'a raconté dans le temps même. Comment faire cadrer ce récit avec celui de monsieur de Martignac? Je ne m'en charge pas; je cite textuellement les paroles et livre mes auteurs.

Je me souviens, dans le courant de cet été, m'être trouvée à la campagne avec mesdames de Nansouty, de Jumilhac et le duc de Raguse. Nous nous amusions à passer en revue les événements de l'Empire, nous racontant, les uns aux autres, l'aspect sous lequel nous les envisagions de nos divers points de vue, le maréchal à l'armée, madame de Nansouty à la Cour impériale, madame de Jumillac dans l'opposition royaliste absolutiste, et moi dans celle des royalistes constitutionnels. Nous nous disions : « Quoi, vous avez cru cela!... Vous avez espéré ceci?... mais c'était absurde!... D'accord...»

Nous prîmes tellement goût à cet examen de conscience politique que deux heures du matin nous trouvaient encore en pleine discussion et que nous n'étions avertis de nos longues veillées que par les lampes dont la lumière s'affaiblissait tout à coup. Nous nous disions :

« La morale à tirer de notre conversation c'est que les révolutions sont finies. Quand les personnes de tous les partis se réunissent ainsi pour se rire ensemble de leurs propres travers, quoi qu'il arrive, il ne peut plus y avoir de divisions politiques dans la société. L'esprit de parti est mort. Les haines de personnes usées. »

Hélas! quels malhabiles prophètes nous nous montrions! Je ne m'attendais guère que l'animosité des discordes les plus vives était prête à renaître autour de moi, briserait jusqu'aux liens de l'amitié et diviserait les familles.

CHAPITRE XIX

La session touchait à sa fin. Le Roi s'occupa d'accomplir sa fatale destinée. Monsieur Royer-Collard, dans son
style semi-énigmatique, avait dit un jour au Roi que
monsieur de La Bourdonnaye était le seul député *resté
entier* à la Chambre.

Charles X avait fait son profit de cette rédaction et
avait gardé, dans son cœur royal, la pensée de confier ses
affaires à cet homme *resté entier* devant la Chambre. Il
aurait désiré ajouter monsieur Ravez ; mais celui-ci, plus
avisé, après avoir poussé de toutes ses forces à la chute
du ministère Martignac, refusa d'entrer dans la combinaison Polignac. Peut-être se ménageait-il pour arriver
d'une façon un peu moins impopulaire, car, à cette époque de 1829, le pauvre Roi semblait avoir pris à tâche de
chercher les noms les plus hostiles au pays pour en com-
poser son gouvernement. Celui de monsieur de Bourmont comblait la mesure : il était également en horreur
aux camps et aux cités.

Avouons tout de suite que, malgré l'aveuglement habituel de monsieur de Polignac, il fut renversé lorsqu'en arrivant de Londres il trouva les collègues que le Roi lui avait préparés ; mais il était bien engagé et, d'ailleurs, il désirait trop le ministère pour avoir la pensée de reculer.

Un billet de monsieur Pasquier m'apprit, le 7 août, que tous ces formidables noms paraîtraient le lendemain dans le *Moniteur*.

J'allai faire une visite à Lormoy, chez la duchesse de Maillé. J'y racontai tristement ma nouvelle ; monsieur de Maillé se mit à rire ; rien n'avait moins de fondement : il arrivait ce matin-là même de Saint-Cloud ; il avait vu monsieur de Martignac la veille en pleine sécurité et faisant des projets pour la session prochaine (et cela était vrai) ; le Roi l'avait traité à merveille. D'ailleurs, le duc de Maillé connaissait bien la figure préoccupée, triste, agitée du monarque lorsqu'il s'agissait d'une seule personne à changer dans son ministère, et jamais il ne lui avait trouvé l'aspect plus serein, l'esprit plus libre que la veille. Il avait fait sa partie de whist pendant laquelle il n'avait cessé de faire des plaisanteries, etc... Ma nouvelle n'avait pas le sens commun.

Au reste, je lui dois la justice que, s'il y avait cru, il en aurait été fort effrayé, et le portrait qu'il me fit de l'ambitieuse et intrigante nullité de Jules prouvait qu'il l'appréciait bien.

En revenant à Châtenay, je trouvai le duc de Mouchy qui venait me demander à dîner. Quoiqu'il arrivât de Paris, il ignorait le nouveau ministère ; mais il n'en accueillit pas la nouvelle avec la gaie incrédulité du duc de Maillé. Lui aussi cependant avait lieu de croire à la pleine sécurité de monsieur de Martignac.

Il m'exprima une profonde tristesse, puis ajouta :

« Peut-être, au reste, ce serait-il pour le mieux. Le Roi ne se tiendra jamais pour satisfait qu'il n'ait fait l'épreuve de cet impraticable ministère. C'est son rêve depuis dix ans ; il s'en passera inévitablement la fantaisie. Il vaut mieux plus tôt que plus tard. Quand il sera lui-même convaincu de son impossibilité, il entrera plus franchement dans une autre combinaison ; et certainement un ministère, formé des noms que vous me dites, tombera devant la première Chambre qui s'assemblera. »

Je lui représentai que Jules était aussi téméraire qu'imprudent et pourrait bien vouloir lutter avec elle. « Ah ! ne craignez pas cela, je connais bien le Roi ; jamais on n'obtiendra de lui de résister aux Chambres ou à la cote de la Bourse. Monsieur de Villèle a fait son éducation sur ces deux points, et elle est complète. »

Je rapporte ces impressions de deux courtisans intimes, l'un premier gentilhomme de la chambre et l'autre capitaine des gardes, pour montrer que, même autour du Roi, tout ce qui n'était pas dans l'intrigue Polignac ne voyait pas arriver ce ministère sans une inquiétude plus ou moins vive.

Le *Moniteur* proclama le lendemain les noms qu'on avait annoncés, plus ceux de messieurs de Courvoisier et de Rigny. L'un et l'autre étonnèrent leurs amis. Je connaissais le *vainqueur de Navarin,* et je ne comprenais pas son association avec les autres. J'eus bientôt la satisfaction d'apprendre qu'il s'y était refusé. Il résista, avec une fermeté qui lui coûta beaucoup, aux sollicitations personnelles et aux séductions du Roi.

Il lui fallait une grande conviction pour avoir ce courage, car l'autorité de la couronne exerçait encore beaucoup d'empire sur les esprits ; et Charles X savait trouver les paroles les plus entraînantes quand il vou-

lait réussir, mêlant habilement les apparences de la
bonhomie, de la franchise à une dignité qui imposait.

La résistance respectueuse que monsieur de Rigny
lui opposa avait donc un mérite réel. On avait mis son
nom dans le *Moniteur*, espérant l'engager malgré lui.
Il persista à refuser un poste où il ne croyait ni pouvoir
faire le bien, ni pouvoir empêcher le mal, ce sont ses
propres expressions en m'en parlant. L'estime que je
conçus de sa conduite, en cette circonstance, devint le
fondement d'une amitié qui s'est resserrée de plus en
plus. La mort vient naguère de l'arracher à ses amis et
à la patrie à laquelle il a rendu des services si essentiels
et que l'histoire appréciera un jour.

Les cris de joie jetés par les libéraux sur le refus de
l'amiral de Rigny furent le texte dont on se servit pour
obtenir le consentement de monsieur de Courvoisier. Il
se tenait pour être personnellement l'obligé du Roi à
l'occasion de grâces accordées à son père, et il n'osa
ajouter sa réprobation à celle qu'on faisait sonner si
haut. Il accepta donc, fort tristement, le dangereux
honneur qu'on lui conférait, en ayant soin, pourtant, de
spécifier qu'il ne mettrait son nom à aucune mesure
inconstitutionnelle. On lui affirma que la Charte était le
catéchisme de tout le conseil.

Peu de temps après, il disait à un de ses amis qui lui
avait prédit les coups d'État comme inévitables : « Vous
aviez raison, ces gens-là m'ont trompé ; je vois maintenant leurs intentions. Tant que je siégerai avec eux,
ils ne les accompliront pas ; mais, si vous me voyez
m'en aller, vous pourrez être sûr que j'ai reconnu l'impossibilité d'arrêter leur folle imprudence. Hélas ! ils
ne sont pas même en état de voir le précipice, bien
moins encore d'en juger la profondeur. »

Aussi, lorsque monsieur de Courvoisier donna sa

démission, au mois de mai 1830, la personne à laquelle il avait annoncé ses intentions lui dit à son tour : « Les coups d'État sont donc imminents, puisque vous vous retirez ? » L'ex-ministre se borna à lui serrer la main sans répondre.

Monsieur de Chateaubriand arriva à tire-d'aile des Pyrénées, où il se trouvait, pour apporter sa démission de l'ambassade de Rome. Il sollicita vainement la faveur de la remettre lui-même au Roi, et ne put obtenir une audience. En revanche, j'ai la certitude que nulle séduction ne lui fut épargnée. On lui offrit le titre de duc, une grosse somme d'argent pour payer ses dettes, un accroissement d'émoluments, une place à la Cour pour sa femme, enfin tout ce qui pouvait tenter les goûts aristocratiques et dispendieux du ménage. Mais il se montra également sourd à ces propositions.

Ce fut seulement après les refus multipliés de monsieur de Chateaubriand que monsieur de La Ferronnays fut nommé à l'ambassade de Rome, et eut avec le Roi la conversation que j'ai déjà rapportée. Je crois que monsieur de La Ferronnays partageait l'opinion de monsieur de Mouchy qu'il était inévitable que le Roi se passât la fantaisie d'un ministère selon son cœur, afin d'en reconnaître lui-même l'impossibilité. Cette fantaisie lui a coûté la couronne.

Le duc de Laval, ambassadeur à Vienne, fut nommé à Londres à la place de monsieur de Polignac. Il ne fit que traverser la France, et je me rappelle être venue de Pontchartrain pour le voir à Paris. Nous ne pûmes nous rejoindre que dans la cour de la maison de sa mère ; il monta dans ma voiture et il y resta une heure.

Madame Récamier, qui s'y trouvait en tiers, m'a souvent rappelé que je lui avais prédit tout ce qui lui est arrivé depuis. Ce n'est pas que je me prétende plus habile prophète qu'un autre, mais je vivais avec des gens en dehors des illusions qui aveuglaient le duc de Laval et son parti. Tout citoyen français, assez libre avec lui pour ne pas craindre de l'offenser, lui aurait tenu le même langage.

Jamais catastrophe n'a été plus annoncée que celle à laquelle travaillait, avec tant de zèle le parti qui devait y succomber. Ce qu'il y a d'ineffable, c'est que, depuis la chute, c'est nous qui criions *gare* de toutes nos forces qu'il accuse de l'avoir poussé dans le précipice. C'est ainsi que se manifeste la justice des hommes ! C'est de cette conversation que date le refroidissement du duc de Laval pour moi. Le parti ultra est celui qui tolère le moins l'expression de la vérité.

Il était question du mariage de la princesse Louise d'Orléans avec le prince héréditaire de Naples. Les Orléans le désiraient vivement. Madame la Dauphine et madame la duchesse de Berry étaient entrées dans cette pensée, et le Roi n'en paraissait pas éloigné. Toutefois, au Palais-Royal, on accusait le duc de Blacas, alors ambassadeur à Naples, de ne pas mettre beaucoup de zèle à faire réussir cette négociation.

Les souverains napolitains, en conduisant eux-mêmes leur fille Christine, reine d'Espagne, à son époux Ferdinand VII, traversèrent le midi de la France. Madame la duchesse de Berry alla rejoindre son père, et la famille d'Orléans suivit son exemple.

Le Roi et la Reine témoignaient un grand désir de voir accomplir l'alliance souhaitée chez nous, mais ils dirent que le prince héréditaire s'y refusait. Il se rendait justice ; il ne méritait pas notre charmante princesse. Ce fut un coup très sensible pour madame la duchesse d'Orléans qui avait dès lors une grande passion de marier ses filles.

Elle venait d'être très dangereusement malade, et la crainte de ne les point établir pendant sa vie s'était emparée d'elle. Qui n'a pas vu la désolation de tout le Palais-Royal pendant le danger de madame la duchesse d'Orléans ne peut s'en faire idée : mari, sœur, enfants, amis, serviteurs, valets, personne ne désemparait ; on osait à peine se regarder.

Monsieur le duc d'Orléans, si maître de lui ordinairement, avait complètement perdu la tête. Il ne pouvait dissimuler sa douleur, même au lit de sa femme, et venait pourtant toutes les cinq minutes faire explosion dans la salle attenante, adressant à tout le monde les questions qu'il faisait à chaque instant aux médecins et plus propres à les troubler qu'à les éclairer. Je n'ai jamais vu personne dans un état plus dissemblable de ses propres habitudes.

Madame la duchesse d'Orléans s'en apercevait, et n'était occupée qu'à le rassurer et à le calmer. Elle me disait, lors de sa convalescence : « Je priais bien le bon Dieu de me conserver pour ce cher ami; mais je le remerciais aussi de me donner une occasion de voir combien je lui étais chère. » Elle aurait pu ajouter : et utile. Elle est, bien assurément, l'ange tutélaire de la maison d'Orléans.

Pendant que nos princes parcouraient le midi, réunis à leur famille napolitaine, dont la tournure et les équipages excitaient l'étonnement même de nos provinciaux les moins civilisés, un autre voyageur occupait bien davantage les cent bouches de la renommée, ou, pour parler moins poétiquement, les cent presses des journaux. Monsieur de Lafayette avait été voir sa petite-fille établie à Vizille, chez son beau-père, monsieur Augustin Périer.

L'opinion publique était tellement à la recherche de

tout ce qui pouvait témoigner son mécontentement que cette visite, toute naturelle, devint un événement politique. Le vétéran de la Révolution fut fêté à Vizille, puis à Grenoble, puis à Valence, puis à Lyon, puis enfin sur toute la route, et il fut reconduit à Paris d'ovation en ovation.

Monsieur de Lafayette n'était pas homme à faire défaut à cette gloire, lors même qu'elle aurait été plus populacière ; mais, il faut l'avouer, l'opposition, en ce moment, était recrutée de tout ce qu'il y avait de plus capable et de plus honorable dans le pays, et on saisissait avidement les occasions de le témoigner.

Naguère, la mort du général Foy, éloquent député de l'opposition, avait donné l'idée d'une souscription nationale en faveur de ses enfants, restés sans fortune. Monsieur Casimir Périer s'était inscrit le premier et la semaine n'était pas écoulée que le million projeté était rempli. Ce succès avait fait naître la pensée d'une autre souscription destinée à dédommager les personnes qui refuseraient de payer l'impôt illégalement établi. On prévoyait les coups d'État ; on ignorait de quelle nature ils seraient, et on se préparait à la résistance.

Soyons justes et convenons que, par là, on les provoquait, car je ne prétends pas défendre ces démonstrations. Elles étaient coupables ; il n'est pas permis de présumer que le pouvoir doit lui-même sortir de la ligne légale pour s'autoriser par avance à se soustraire aux lois ; mais, si jamais cela a été excusable, c'est dans cette circonstance. Les précédents des personnes investies de l'autorité du Roi donnaient le droit de soupçonner leurs intentions, et le langage de leurs organes, avoués et reconnus, prouvaient qu'ils n'en avaient pas changé.

Les congréganistes et les ultras entonnaient partout l'hymne de triomphe ; mais ils n'étaient pas complètement d'accord entr'eux sur la manière d'agir. Bientôt, les premiers l'emportèrent, et on trouva que monsieur de La Bourdonnaye n'entrait pas suffisamment dans les vues du parti prêtre. Lui-même fut effrayé des folies qu'on méditait, et l'élévation de Jules de Polignac à la présidence du conseil lui servit de prétexte pour solliciter une retraite qu'on était fort disposé à lui accorder.

Enfin, pour achever la série des noms odieux au pays et compléter sa colère, ce fut monsieur de Peyronnet qui le remplaça au ministère de l'intérieur.

Une femme, très liée avec monsieur de La Bourdonnaye, lui ayant reproché d'avoir abandonné les affaires pour la puérile susceptibilité du nouveau titre donné à Jules dans un moment si critique, il lui répondit que cette inculpation était tout à fait erronée, que, si le conseil avait marché dans ses vues, il y serait resté quelqu'eût été son président : « Mais, voyez-vous, avait-il ajouté, quand on joue sa tête il faut tenir les cartes. »

Ce propos, dont je suis bien sûre, confirme les révélations de monsieur Courvoisier. Il montre à quel point les ordonnances étaient préméditées, et combien leur résultat probable était prévu pour tous ceux que Dieu, dans sa colère, n'avait pas frappé d'une irrémédiable cécité.

Il me faut donner une nouvelle preuve de cet aveuglement royal auquel les personnes qui n'auront pas vécu dans notre temps auront peine à croire et qui n'en est pas moins d'une scrupuleuse exactitude.

Monsieur de Bourmont, après s'être battu bravement dans la Vendée, avait fait sa paix particulière avec l'Empereur, abandonné, d'autres disent livré, ses camarades, et pris du service dans l'armée Impériale si promptement qu'il n'en était guère estimé.

En 1814, il s'était trouvé des plus empressés à saluer

le drapeau blanc. En 1815, il avait accompagné le maréchal Ney à Dijon, avait obtenu de l'Empereur le commandement d'une brigade, puis avait déserté la veille de la bataille de Waterloo et porté à l'ennemi les états de l'armée. Lors du trop fameux procès du maréchal Ney, monsieur de Bourmont témoigna contre lui en Cour des pairs, et le maréchal, à son tour, l'accusa d'avoir aidé à la rédaction de la proclamation qu'il dénonçait aujourd'hui.

Toutes ces circonstances, vraies ou fausses mais généralement admises, avaient fait décerner à monsieur de Bourmont l'épithète de traître que personne ne lui contestait et que la presse exploitait à profit chaque matin.

Un jour de cette année 1829, le Roi dit au conseil assemblé : « Ah çela, messieurs, il est temps de faire finir toutes ces clabauderies contre Bourmont ; personne ne sait mieux que moi combien elles sont injustes, et je vous autorise à publier que, dans tout ce qu'on lui reproche, il n'a jamais agi que sur mes ordres secrets et mon exprès commandement.» Monsieur de Bourmont frissonna de la tête aux pieds. Tous les assistants baissèrent les yeux à cette singulière réhabilitation. Quant au Roi, il croyait très consciencieusement qu'aucune action ne pouvait sembler déshonorante lorsqu'il l'avait commandée, et que son ordre justifiait toute démarche. Le sang de Louis XIV parlait encore assez haut pour qu'il n'éprouvât pas même un sentiment de mépris pour des gens qui se seraient prêtés à certaines injonctions. Obéir était le premier devoir.

En sortant du conseil, monsieur de La Bourdonnaye raconta ce qui venait de s'y passer à quelqu'un qui me le répéta le jour même. Cela fut su, dans le temps, de toutes les personnes au courant des affaires. Monsieur de Bourmont obtint probablement que le Roi renonçât à lui accorder ce genre de protection, car il n'en parla plus.

Cependant le général sentait toutes les difficultés de sa position et désirait vivement une occasion de se relever dans l'opinion publique. Il se savait brave et se croyait bon militaire. Un petit bout de guerre lui aurait bien convenu, mais il ne voyait où la placer. Alger s'offrit à sa pensée, et il en hasarda quelques mots. Il fut repoussé par tout le conseil et il se tut sans y renoncer.

Vers la fin de décembre, le maréchal Marmont, que le dérangement de ses affaires pécuniaires retenait à la campagne depuis plusieurs mois, vint passer quelques jours à Paris. Bourmont lui conte, bien légèrement, les velléités qu'il avait eues pour Alger, les difficultés qu'il avait rencontrées, et lui laisse entrevoir qu'il avait jeté les yeux sur lui pour commander l'expédition.

Aussitôt le maréchal s'enflamme; il se voit déjà Marmont l'africain et se promet de surmonter tous les obstacles. Il rentre chez lui, s'entoure de livres, de cartes, de listes, d'états, de documents de toute espèce et, bien plein de son sujet, va attaquer le Roi.

Il ne le trouve pas fort récalcitrant, quoiqu'il n'adopte pas tous ses plans. Monsieur de Polignac les repousse avec sa douceur accoutumée; monsieur le Dauphin s'y oppose avec véhémence, et la marine déclare l'expédition impossible à moins de préparatifs qui prendraient au moins une année. Tout autre se serait tenu pour battu; mais le maréchal n'en mit que plus de zèle à vaincre les oppositions. Il prit pour auxiliaire l'amiral de Mackau. Ils travaillèrent ensemble et produisirent un mémoire qui prouvait que les impossibilités de mer pouvaient se discuter et que les difficultés de terre n'existaient pas. Monsieur de Bourmont avait suscité ces dernières pour ne

pas effaroucher monsieur le Dauphin, mais ne demandait
pas mieux que d'aider à les lever.

L'affaire sembla prendre couleur; le maréchal, avec
la candeur qui le caractérise, alla franchement s'expliquer
avec le ministre de la guerre. Il lui dit que, s'il pensait
à commander l'expédition lui-même, ce qui lui semble-
rait très simple, il renonçait à toute prétention et n'en
continuerait pas moins à employer ses soins pour qu'elle
eût lieu, mais que, si, lui, Bourmont, ne comptait pas y
aller, il demandait à en être chargé.

Le ministre se récria fort sur la prétention qu'on lui
supposait, protesta qu'en tout cas il serait trop heureux
de servir sous les ordres de l'illustre maréchal, démontra
combien la personne du ministre de la guerre était
indispensable au centre des affaires pendant le temps de
l'expédition et conclut que, malgré la gloire qui devait
s'acquérir en Afrique, ses engagements politiques lui
faisaient un devoir de la sacrifier à la conservation de
son portefeuille. Faisant ensuite passer en revue tous les
rivaux qui auraient pu disputer le commandement au
maréchal, il trouva tant d'inconvénients à chacun que le
choix du général en chef ne pouvait laisser aucun doute,
si toutefois on parvenait à vaincre les répugnances de
monsieur le Dauphin pour l'expédition.

Le maréchal se promit bien de n'y rien épargner.
Bourmont avait l'air de se laisser trainer à la remorque,
mais fournissait au maréchal tous les arguments. Celui-ci
était on ne saurait plus reconnaissant de cet empressement à le faire valoir. Il nous racontait chaque jour ses
succès, et s'étonnait un peu de mon incrédulité.

J'avais su que monsieur le Dauphin, importuné de ses
démarches, avait dit, en le voyant sortir : « Va, agite-
toi; si cela réussit, au moins ce ne sera pas pour toi. »
Je ne pouvais rapporter ce propos, tenu dans l'intimité,

au maréchal; mais je cherchais à l'inquiéter sur le résultat probable des soins qu'il se donnait.

Tantôt il nous racontait que telle dame de madame la Dauphine lui demandait d'emmener son fils, que tel aide de camp du Roi voulait faire la campagne avec lui, etc. Enfin son succès lui paraissait assuré, l'expédition était décidée, son état-major tout composé; il ne manquait plus que l'insertion au *Moniteur* du nom du chef; mais cette insertion n'arrivait pas.

Je me rappelle, un samedi soir, lui avoir dit: « Prenez garde, monsieur le maréchal, ne vous avancez pas trop, vous pourriez bien être joué par monsieur de Bourmont. »

Il m'accusa de prévention contre un homme calomnié, plein de loyauté au fond. Il en prenait à témoin sa conduite envers lui. Je souris avec incrédulité.

« Eh bien! que direz-vous, si je suis nommé demain, et que le Roi l'annonce au sortir de la messe?

— Je dirai que je suis enchantée de m'être trompée, mais je ne l'espère pas.

— Eh bien! si je vous apporte la lettre de commandement, serez-vous plus incrédule que saint Thomas? »

Le Roi ne dit rien ni le dimanche, ni le lundi, ni le mardi; ces mêmes jours se passèrent sans que la lettre arrivât. Monsieur de Bourmont caressait toujours le maréchal, mais monsieur de Polignac, un peu moins faux, commençait à s'en éloigner. Il se décida enfin à aller trouver le ministre de la guerre et à lui représenter que la nomination du chef de l'expédition devenait urgente à son succès.

Le général en convint, puis il balbutia quelques paroles et finit par dire au maréchal combien il était désolé que monsieur le Dauphin exigeât absolument que ce fût lui, Bourmont, qui la commandât, son consentement étant à ce prix.

Le maréchal enfin vit à quel point il avait été mystifié. Monsieur de Bourmont s'était habilement servi de son activité et de ses connaissances militaires pour lever tous les obstacles qui s'opposaient à ses propres désirs et vaincre, sans lui déplaire, les répugnances de monsieur le Dauphin. Elles tenaient, je pense, à sa jalousie du crédit qu'il se croyait sur le soldat. Il reconnaissait ne pouvoir faire campagne sur la rive africaine et craignait les succès d'un autre général, car, je l'ai déjà dit, monsieur le Dauphin s'était persuadé qu'il avait des talents militaires.

Le maréchal Marmont avait reçu et accepté les compliments de toute la Cour et de toute l'armée. Les engagements d'obligeance qu'il avait pris ne semblaient plus que des ridicules. Il avait préparé des équipages, enfin il apparaissait à tous les yeux comme ayant été attrapé. En outre, monsieur le Dauphin ne lui épargna pas le sarcasme.

Pour qui connaît le caractère du duc de Raguse, il est facile de comprendre sa fureur. Il voyait détruire de la façon la plus outrageante les rêves de gloire dont il vivait depuis plusieurs semaines, et il ne pouvait se dissimuler que lui seul avait décidé cette expédition, avait levé les obstacles, aplani les difficultés et ramené tous les esprits récalcitrants à la désirer, ou du moins à n'oser s'y refuser. Son bon sens l'avait toujours empêché d'être aucunement partisan de la politique du ministère Polignac, mais, depuis cette aventure, le mécontentement personnel s'était joint à ses autres répugnances ; il ne cacha pas son ressentiment.

Toutefois, ses obligations personnelles au Roi ne lui permettaient pas de se retirer, mais il ne parut plus à la Cour que lorsque son service l'y forçait, et se tint dans la réserve la plus absolue avec les ministres. Tel était

le prédicament où il se trouvait lorsque les événements du
mois de juillet lui firent un devoir de se sacrifier pour des
principes qu'il détestait et des gens qu'il n'aimait guère.

La connaissance que j'avais de cette situation me fit
trouver d'autant plus cruelle la fatalité qui le poursuivait, et, comme il se mêle apparemment toujours un
peu d'enthousiasme dans les actions des femmes même
de celles qui s'en croient le plus exemptes, je me pris
à vouloir combattre le sort, et, pendant bien des mois,
je pourrais dire des années, j'ai mis une véritable passion à ramener l'opinion à plus de justice envers le
maréchal.

J'étais assistée dans cette œuvre par quelques amis
sincères. Peut-être aurions-nous réussi ; mais lui-même,
comme tous les gens à imagination, a trop de mobilité
dans le caractère pour conserver longuement l'attitude
austère et persévérante qui convient à un homme
calomnié. Je ne le connaissais que sous des rapports de
société assez intimes, mais où l'esprit joue le plus grand
rôle, et il en a beaucoup. Il faut y ajouter un grand fond
de bonhomie et même, je crois l'avoir déjà dit, de candeur qui le rend fort attachant ; mais il est incapable
de la conduite suivie qui peut faire tomber les attaques
et prouver leur injustice en les repoussant avec cette
froide dignité, seule défense d'un grand caractère.

J'ai été contrainte de m'avouer que le maréchal
apportait lui-même plus d'obstacle à ma chevaleresque
entreprise que qui que ce soit, et, comme au fond il faut
servir ses amis ainsi qu'ils veulent l'être, en conservant
une très tendre amitié pour lui, je me suis résignée à lui
laisser gaspiller un reste d'existence que j'aurais désiré
voir rendre utile à notre pays.

Je reviens à 1830.

CHAPITRE XX

Le premier jour de l'année fut remarquable par le
discours du Nonce au Roi où il sembla lui donner des
conseils d'une politique ultramontaine fort bien accueillis
dans la réponse de Sa Majesté. Cette circonstance fit
renouveler le bruit qui circulait tout bas que ce nonce,
Lambruschini, assisté du cardinal de Latil, avait, avec
l'autorisation du Pape, relevé Charles X des serments prononcés à son sacre. Je n'affirme pas que cette cérémonie
ait eu lieu ; des gens fort instruits des affaires l'ont cru.

Ce même premier janvier, la cour royale, ayant en
tête son président, monsieur Séguier, se présenta chez
madame la Dauphine. Monsieur Séguier se disposait à
lui adresser les félicitations d'usage lorsqu'elle lui coupa
la parole en disant de la façon la plus hautaine : « Passez,
messieurs, passez. » Ces deux circonstances firent
grande sensation et donnèrent fort à commenter.
Repousser si durement la magistrature du pays tandis
qu'on recevait bénévolement les conseils antinationaux,
c'étaient deux fautes graves ; mais le temps était arrivé
où elles se succédaient rapidement.

La saison était fort rigoureuse et les souffrances du
peuple en proportion. La charité publique cherchait à
les égaler. On imagina pour la première fois de donner
un bal à l'Opéra, à un louis par billet, appelant ainsi le
luxe au service de la misère.

Les dames de la Cour et de la ville s'occupèrent
également de cette bonne œuvre qui réussit parfaitement et rapporta une somme très considérable. Les
habitants des Tuileries y avaient les premiers contribué,
mais personne ne parut dans la loge réservée pour eux.
Celle du Palais-Royal, au contraire, était occupée par
toute la famille d'Orléans.

Monsieur le duc d'Orléans et son fils descendirent
dans le bal. Monsieur le duc de Chartres y dansa plusieurs contre-danses. Cette condescendance eut grand
succès et rendit plus remarquable la solitude de la loge
royale qui restait la seule vide dans toute la salle. C'est
avec toutes ces petites circonstances que les Orléans
conquéraient la popularité que les autres repoussaient
tout en la souhaitant.

J'ai, en général, peu de curiosité à voir les cérémonies
où la foule se porte, mais les circonstances avaient
rendu l'ouverture de la session si importante que je
voulus assister à la séance royale. Elle se tenait au
Louvre et les détails de cette matinée me sont restés
dans la mémoire.

La duchesse de Duras, dont j'ai si souvent parlé, avait
succombé à un état de souffrance qui l'avait longtemps
fait qualifier de malade imaginaire et lassé surtout la
patience de son mari. Il venait d'épouser en secondes
noces une espèce de suisso-anglo-portugaise, sortant de
je ne sais où, qui avait acheté le titre de duchesse et
le nom de Duras d'une assez grande fortune. Elle
fournissait à son mari l'occasion de s'écrier naïvement,

quelques semaines après son mariage : « Ah ! mon ami, tu ne peux pas comprendre le bonheur d'avoir plus d'esprit que sa femme ! » Il est certain que la première madame de Duras ne l'avait pas accoutumé à cette jouissance.

Je me trouvais placée à côté de cette nouvelle épousée le jour où Charles X parlait en public pour la dernière fois. Je ne pus retenir un mouvement d'effroi lorsqu'il prononça les mots menaçants dont j'oublie le texte mais qui annonçaient la volonté de soutenir son ministère malgré les Chambres.

Madame de Duras me demanda ce que j'avais : « Hélas ! madame, n'entendez-vous pas le Roi déclarer la guerre au pays, et ce n'est pas pour le pays que je crains. »

Cinq minutes après, comme nous nous disposions à sortir, elle me dit : « Vous aurez mal compris ; le duc (elle appelait ainsi bourgeoisement son mari), le duc m'a dit ce matin qu'il avait lu le discours du Roi, qu'il était à merveille, allait terminer toutes les difficultés et faire taire tous les gens qui criaient contre le gouvernement.

— Tant mieux, madame. »

Je ne rapporte pas ce dialogue pour l'importance des paroles personnelles de mon interlocutrice, mais pour montrer quel était l'esprit de l'intérieur des Tuileries. Monsieur de Duras se trouvait en ce moment premier gentilhomme de la chambre de service, et sa femme habitait le palais avec lui. La confiance y était complète autant qu'aveugle.

Le roi Charles X était parfaitement gracieux dans un salon et tenait noblement sa Cour, mais il n'avait aucune dignité à la représentation publique. Son frère, Louis XVIII, malgré son étrange tournure, y réussissait mieux que lui.

Charles X avait une voix criarde et peu sonore, ne prononçait pas clairement et lisait mal ses discours. Sa grâce accoutumée l'abandonnait dans ces occasions. Des circonstances fortuites contribuaient aussi à le gêner ; sa vue étant baissée, on écrivait les paroles qu'il devait prononcer en très gros caractères et il en résultait la nécessité de tourner constamment des feuillets, ce qui nuisait à son maintien.

Lorsque, ce jour-là, il en vint à la phrase menaçante, il voulut lever la tête d'une façon plus imposante, en même temps qu'il retournait sa page. Dans ce petit travail, son chapeau mal affermi s'ébranla, et les diamants dont il était orné le firent tomber bruyamment aux pieds de monsieur le duc d'Orléans. Celui-ci le ramassa et le tint jusqu'à la fin du discours. Bien des gens firent attention à cette circonstance.

J'allai le soir au Palais-Royal où j'en parlai. Madame la duchesse d'Orléans me saisit le bras : « Oh ! ma chère, taisez-vous ; est-ce qu'on l'a remarqué ?... Madame la Dauphine l'a bien vu, elle aussi. Je n'ai pas osé la regarder ; mais je suis sûre qu'elle a été fâchée... J'espère qu'on n'en parlera pas. »

Mademoiselle ajouta : « Pourvu que les gazettes ne s'en emparent pas pour faire leurs sots commentaires ! »

On était d'autant plus ému de ce petit incident au Palais-Royal que, précisément le 6 janvier de cette année où tous les princes, selon l'usage, s'étaient réunis pour tirer le gâteau chez le Roi, la fève était tombée à monsieur le duc d'Orléans, et madame la Dauphine en avait témoigné assez d'humeur.

Il surnageait ainsi une sorte de pressentiment partagé par le pays tout entier ; car les gens les plus éloignés de souhaiter le renversement de la branche aînée, en voyant les déplorables embarras où elle se plongeait de

gaieté de cœur, ne pouvaient s'empêcher de s'écrier :
« Mais ces gens-là ne voient donc pas qu'ils pavent le
chemin du trône aux d'Orléans ? »

Il est juste de dire cependant que, si les anciennes
répugnances de madame la Dauphine se retrouvaient de
temps en temps, la sincère amitié qu'elle portait à
madame la duchesse d'Orléans dirigeait fréquemment
sa conduite. Elle en avait donné naguère un témoignage
éclatant.

Monsieur le duc de Bourbon continuait à vivre dans
les tristes désordres qui ont signalé toute sa vie. Devenu
vieux, il était tombé sous la domination d'une créature
qu'il avait ramenée d'Angleterre et mariée à un officier
de sa maison qui, dit-on, avait cru épouser la fille
naturelle du prince au lieu de sa maîtresse. Quoi
qu'il en soit, madame de Feuchères devint souveraine
absolue à Chantilly et au Palais-Bourbon. Elle en
expulsa la comtesse de Reuilly, fille de monsieur le duc de
Bourbon, et exerça sur tout ce qui l'entourait l'empire
le plus despotique.

L'immense fortune du prince était à sa disposition.
Messieurs de Rohan Guéméné, ses cousins germains, se
trouvaient les héritiers les plus proches. Les Orléans ne
venaient qu'après. On souhaita que les biens de la branche de Condé se réunissent tous sur la même tête, en
restant dans la maison de Bourbon, et que, pour cela,
monsieur le duc de Bourbon adoptât un des enfants du
duc d'Orléans dont il était parrain en lui donnant son
nom et sa fortune.

Le Palais-Royal attachait le plus grand prix à obtenir
ce résultat. Charles X le désirait ainsi que toute la
famille royale, mais il n'y avait pas d'autre moyen pour
y réussir que l'influence de madame de Feuchères. Elle
seule disposait du vieux prince et elle mit pour pre-

mière condition à ses bons offices qu'elle serait reçue à la Cour.

Cela parut impossible à obtenir de la sévérité connue de madame la Dauphine ; mais, dès le premier mot que madame la duchesse d'Orléans hasarda à ce sujet, elle dit : « Certainement, ma cousine ; je suis fâchée pour le duc de Bourbon que ce soit là le moyen de le décider à une chose juste, convenable pour lui autant que pour vous, mais, puisqu'il en est malheureusement ainsi, il n'y a pas à hésiter, je me charge d'en parler au Roi. »

Madame de Feuchères fut présentée ; madame la Dauphine la traita bien, et le testament fut signé. Je crois bien qu'il convenait aux idées de madame la Dauphine que Chantilly restât entre les mains d'un Bourbon et que ce titre de Condé se perpétuât dans sa famille. Mais il n'est pas moins vrai que, dans cette circonstance, elle se montra très bonne et très aimable pour les princes d'Orléans.

L'adresse de la Chambre ne fut pas conçue dans un esprit plus conciliant que le discours du trône. Le Roi s'en tint pour offensé et prorogea la session, en protestant de nouveau de la *volonté immuable* dont il soutiendrait ses actions. Les députés retournèrent dans leur province se préparer à de nouvelles élections qu'on prévoyait inévitables.

Il faut rendre justice au gouvernement et surtout à l'administration. Une fois l'expédition d'Alger consentie, les préparatifs en furent faits avec un zèle et une activité si extraordinaires qu'elle fut prête en six semaines, au lieu de demander une année comme on l'avait prétendu. Le succès a prouvé qu'il n'y manquait rien.

Cette campagne africaine était devenue le point d'espérance des hommes les plus animés du parti ultra.

Le général Bertier de Sauvigny disait, en montant en voiture : « Nous allons escarmoucher contre le Dey ; mais la vraie et bonne guerre sera au retour. » Il est positif qu'on espérait ramener une armée assez dévouée pour être disposée à soutenir l'absolutisme.

On a dit que, si monsieur de Bourmont avait été en France, il aurait empêché les ordonnances de Juillet. Je crois bien qu'il les aurait voulues mieux préparées et mieux soutenues, mais je doute qu'il les eût blâmées. J'ai par devers moi une anecdote qui ne me laisse guère d'hésitation à ce sujet.

Quoique peu favorable au ministère Polignac, monsieur de Glandevès, gouverneur des Tuileries, était dans des relations familières avec monsieur de Bourmont. Il se trouva chez lui la veille de son départ :

« N'êtes-vous pas inquiet, lui dit-il, de la situation où vous laissez ce pays-ci et de ce qu'on pourra faire en votre absence ?

— Oui, je suis inquiet parce que je n'ai pas assez confiance dans la fermeté de notre cabinet. Il n'a pas grande habileté, peu d'unité, encore moins de volonté ; car, voyez-vous, mon cher Glandevès, pour mettre la machine à flot, sans secousse et sans danger, il ne faudrait que faire usage d'un seul petit mot de quatre lettres : *oser.* Voilà toute la politique du moment.

— Je suis loin d'être partisan de votre doctrine et fort effrayé de vous la voir professer, reprit Glandevès. »

Monsieur de Bourmont ne répondit que par un sourire de confiance. Je pense que c'est la dernière fois que monsieur de Glandevès l'ait envisagé.

On avait proposé le commandement de l'escadre à l'amiral Roussin qui le refusa. Un peu de répugnance à lier sa fortune à celle de monsieur de Bourmont et la persuasion que les préparatifs ne pouvaient être achevés à temps pour arriver sur la côte avant le moment des tempêtes dictèrent ce refus.

L'amiral Duperré ne consentit à se charger de la responsabilité de cette entreprise qu'après une longue hésitation. Tous les renseignements de la marine la représentaient comme excessivement hasardeuse, et l'histoire ne rassurait pas sur les chances d'un heureux résultat.

La veille de son départ, l'amiral Duperré obtint une audience du Roi. Après avoir établi toutes les difficultés du débarquement, tous les obstacles que présentaient cette côte et la mer qui la baigne pour communiquer des vaisseaux à une partie de l'armée mise à terre, la possibilité qu'il se passât beaucoup de jours dans une séparation complète qui compromît le salut des troupes débarquées et privées de munitions, etc., enfin tout ce qui rendait cette tentative inquiétante, l'amiral ajouta :

« Sire, en me chargeant de cette périlleuse commission, j'ai obéi aux ordres de Votre Majesté ; j'y emploierai mes soins, mes veilles, ma vie, j'ose dire que je ferai tout ce qui sera humainement possible pour réussir. Mais je prends acte ici, devant le Roi, que je ne garantis pas le succès, et je ne voudrais pas être considéré comme ayant conseillé une entreprise qui me paraît bien hasardée.

— Partez tranquille, amiral, vous ferez de votre mieux, et, si le succès ne répond pas à nos espérances, je ne vous en tiendrai pas pour responsable. Au reste, nous ne vous abandonnerons pas, et, dès que vous serez embarqué, Polignac et moi, nous ferons dire chaque jour des messes à votre intention. »

Duperré, vieux loup de mer, qui aurait mieux aimé un air de vent poussant au large que toutes les cérémonies de l'Église de Rome, resta confondu du secours qu'on lui offrait, s'inclina profondément, sortit du cabinet du Roi et alla conter son dialogue à la personne de qui je le tiens.

Pendant ce temps-là, mon pauvre ami Rigny se morfondait au fond de la Méditerranée. Il est convenu depuis avec moi que l'expédition d'Alger lui avait fait regretter vivement, pendant quelques semaines, la probité politique qui l'avait conduit à refuser le portefeuille de la marine quand il avait vu surtout que la possession de celui de la guerre n'empêchait pas de se confier le commandement de l'armée.

Rigny était le plus jeune et le plus aventureux de nos amiraux. Il joignait à une ambition personnelle, que je ne prétends pas nier, une passion pour la gloire du pays qui le stimulait encore à toutes les entreprises brillantes. Je lui ai entendu dire bien souvent qu'il ne mourrait pas tranquille sans avoir vu le pavillon français à Mahon et à Porto-Ferrajo.

Hélas ! il ne flotte sur aucun de ces remparts, et l'erreur d'un médecin l'a conduit au tombeau avant qu'il eût atteint sa cinquantième année.

Monsieur le Dauphin se rendit à Toulon pour assister au départ de l'armée. Il était très certainement contrarié de « la grandeur qui l'attache au rivage » ; mais il le témoigna par un redoublement de désobligeance et de maussaderie. Il ne resta que fort peu de temps à Toulon et déplut généralement.

Au surplus, son voyage avait encore un autre but ; il s'agissait de faire la conquête de monsieur de Chantelauze ; et le prince prit sa route par Grenoble pour travailler à ce grand œuvre.

Je ne sais ce qui avait inspiré une si grande confiance pour ce monsieur de Chantelauze, homme complètement ignoré du public, mais on lui avait déjà offert vainement le portefeuille de la justice. Monsieur le Dauphin parvint à le lui faire accepter.

Le Roi consentit alors à recevoir la démission que monsieur de Courvoisier cherchait à donner depuis quelque temps mais qu'il insista pour faire recevoir lorsque la dissolution de la Chambre fut décidée. Trois jours après l'ordonnance qui parut à cet effet, le cabinet fut en partie renouvelé. Monsieur de Courvoisier et monsieur de Chabrol, les plus modérés du conseil, furent remplacés par monsieur de Chantelauze, qui n'était pas assez connu, comme l'avait été récemment monsieur de La Bourdonnaye par monsieur de Peyronnet qui l'était trop.

Si le Roi avait soigneusement cherché dans toute la France l'homme et le nom qui pouvaient faire le plus de tort à la Couronne et le plus exaspérer contre elle, il n'aurait pas mieux trouvé qu'en choisissant monsieur de Peyronnet. Mais les choses en étaient venues à ce degré d'inimitié entre le monarque et le pays que les gens les plus hostiles à l'un devenaient les favoris de l'autre.

Quand les partis sont en présence à ce point, il ne reste plus qu'à trouver le jour de la bataille. Il n'est que trop tôt arrivé, hélas ! Il était inévitable. Selon mon jugement, le trône à cette époque avait tous les torts. Mais, pendant le ministère Martignac, les Chambres et le pays avaient eu les leurs. Tout le monde a été puni en proportion de ses fautes ; et ceux à qui le trône est échu portent la peine d'avoir peut-être trop laissé former autour d'eux d'ambitieuses espérances.

On adjoignit au ministère un monsieur Capelle, connu par son esprit d'intrigue. Il avait gouverné la princesse Élisa, autrement dit madame Bacciochi, lorsqu'elle régnait en Toscane, et, depuis la Restauration, s'était trouvé mêlé à tous les tripotages du pavillon de Marsan.

Monsieur l'avait employé dans le travail des élections pour le parti ultra, et c'est parce qu'il passait pour habile en ce genre d'entreprise qu'il fut appelé en cette occurence où les élections se trouvaient d'une si grande importance. Mais l'habileté intrigante n'y pouvait plus rien.

Le pays avait été trop froissé, trop irrité, trop exaspéré comme à plaisir ; et les députés, ayant voté l'adresse hostile au ministère Polignac, n'avaient qu'à se présenter aux électeurs pour être choisis par acclamation. Je suis bien persuadée qu'électeurs et députés, personne ne pensait à renverser le trône mais, oui bien, – le ministère.

CHAPITRE XXI

Le mariage du roi d'Espagne avec la princesse Christine de Naples fut suivi très promptement par la déclaration, désignée sous l'appellation de rappel de la *Pragmatique,* qui rendait les filles aptes à hériter de la couronne. L'effet de cette mesure fut très vif à notre Cour et nulle part davantage qu'au Palais-Royal.

Madame la duchesse d'Orléans m'en parla avec amertume ; elle se trouvait également blessée comme napolitaine et comme française. Je me rappelle qu'elle me dit que cette mesure, si hostile aux autres branches de la maison de Bourbon, avait été regardée comme une offense tellement personnelle par le roi de Naples, son frère, qu'elle avait décidé son départ de Madrid dans les vingt-quatre heures. Cette circonstance m'a toujours fait douter que la reine Christine eût été pour quelque chose dans cette première décision du roi Ferdinand. La mesure, comme tout le monde sait, avait été déjà préparée sous Charles IV.

Quoi qu'il en soit, madame la duchesse d'Orléans me

raconta que, la vieille au soir, on avait parlé de cette nouvelle chez madame la Dauphine. Le Roi, monsieur le Dauphin, madame la duchesse de Berry, tous les Orléans, s'étaient prononcés contre cette décision.

Madame la Dauphine seule avait dit : « Oui, je crois bien que c'est une mauvaise chose qui doit déplaire au gouvernement et même à la famille, mais, quant à moi personnellement, je trouve que le roi d'Espagne a raison et que ce qu'il fait est tout simple. »

Madame la Dauphine se serait assez bien accommodée que les filles héritassent des trônes, même de celui de France. Cependant je dois dire qu'elle repoussa avec ridicule et mépris des propositions qui lui arrivèrent de je ne sais quel nid d'intrigants pour l'engager à réclamer la couronne de Navarre.

J'ai quelque souvenir, sans oser l'affirmer, que monsieur de Chateaubriand avait un moment accepté cette idée, croyant par là plaire à madame la duchesse d'Angoulême ; je l'appelle ainsi car c'était sous le règne de Louis XVIII.

L'arrivée de la Cour de Naples fut le signal des fêtes. Madame la duchesse de Berry paraissait enchantée de recevoir sa famille chez elle ; je ne l'ai jamais vue plus à son avantage que dans cette circonstance. Le Roi son père, auquel la maladie avait donné les apparences d'une caducité prématurée, ne paraissait que le moins possible en public et s'accommodait mieux de l'intérieur plus tranquille de sa sœur, madame la duchesse d'Orléans.

Mais la reine de Naples, toute grosse, toute ronde, tout enluminée, toute prête à se divertir de toutes les façons possibles, mettait à contribution la bonne volonté de madame la duchesse de Berry à la promener dans tout Paris et dans tous les spectacles. C'était ainsi que, de bon accord, nos deux princesses françaises se partageaient l'accueil à faire à leurs parents.

Il y eut spectacle à la Cour ; et, pour la première fois, nous vîmes la famille d'Orléans paraître dans la loge royale. Le Roi avait témoigné la veille de la représentation un demi regret que cette loge ne fût pas assez grande pour les y admettre avec les voyageurs, leurs si proches parents.

Monsieur de Glandevès, gouverneur des Tuileries, recueillit ces paroles, fit travailler toute la nuit et le lendemain prévint le Roi que la loge pouvait contenir les princes d'Orléans. Le Roi resta un moment étonné, puis il prit son parti de bonne grâce.

La joie en fut des plus vives au Palais-Royal, et la reconnaissance pour monsieur de Glandevès si sincère que j'en ai constamment retrouvé les traces, même après que les journées de Juillet eurent changé tous les rapports.

Madame la duchesse de Berry donna, dans ses appartements et ceux de ses enfants aux Tuileries, un magnifique bal. Je n'en ai jamais vu de mieux ordonné. Le local forçait à occuper deux étages ; mais un escalier, qui n'était pas celui par lequel on arrivait, avait été élégamment décoré ; les paliers en étaient transformés en salons confortables, et, les quelques marches qui les séparaient les uns des autres se trouvaient tellement dissimulées sous les tapis et les fleurs que cet escalier fut autant occupé qu'aucune autre pièce et semblait faire partie des appartements.

Malgré la recherche, l'élégance de ce bal où la bonne compagnie se trouvait réunie en nombre immense sans qu'il y eût cohue, malgré la bonne ordonnance et l'air satisfait de la maîtresse de la maison, il régnait dans tous les esprits un instinct d'alarme qui arrêtait la gaîté.

Ce bal fut suivi d'un voyage à Rosny des plus magnifiques. On m'en fit de pompeux récits, mais, n'y ayant pas assisté, je n'ai rien à en dire.

Je voudrais pouvoir passer également sous silence la fête donnée au Palais-Royal, au retour de Rosny, car le souvenir ne m'en est pas agréable. Le roi Charles X ayant consenti à accompagner celui de Naples à ce bal, il semblait naturel que la fête fût pour eux, mais il en arriva tout autrement.

Lorsque j'arrivai au Palais-Royal, les rues étaient tellement encombrées de monde que ce n'était qu'avec beaucoup de peine et à travers les imprécations de la foule que les voitures circulaient. Mon cocher avait dû tourner dans dix rues différentes pour se frayer un chemin. Parvenue enfin à la petite porte de la rue du Lycée, il fallut que les gendarmes, les suisses, etc., fissent une espèce de sortie pour se réunir à mes gens et parvenir à me faire entrer dans le Palais en m'arrachant de la foule.

Dans l'intérieur, la cohue n'était guère moins grande. Tout ce qui avait voulu demander des billets en avait obtenu, et c'était à grand'peine que les aides de camp du prince, réunis à ceux du Roi et aux officiers des gardes du corps, conservaient un espace de quelques pieds autour de la troupe royale. La faire circuler fut longtemps chose impossible.

Je me trouvai lancée par la foule dans cet espace réservé où je n'avais aucune intention de pénétrer, au point de tomber sur le prince de Salerne.

Le duc de Blacas, qui était de service et avec lequel je n'étais pas en trop bons rapports, eut pitié de moi et me prit sous sa protection pendant le passage d'un des flots de cette foule.

J'eus occasion alors d'examiner la physionomie des

princes. Le Roi paraissait de bonne humeur, les napolitains étonnés, madame la Dauphine assez mécontente et je le conçois, madame la duchesse d'Orléans fâchée, Mademoiselle embarrassée, monsieur le duc d'Orléans satisfait. Cette satisfaction me déplut, je ne saurais trop dire pourquoi ; mais j'avais un sentiment de peur, de chagrin et hâte de m'en aller.

J'étais rentrée chez moi à dix heures ; ma mère me voyant arriver de si bonne heure craignit quelque accident. Je lui dis que j'aimais trop les Orléans pour avoir été contente de ma soirée et que, pour la première fois, je ne pouvais me défendre de croire des arrière-pensées à monsieur le duc d'Orléans.

Cette manière de remplir ses salons, fort au delà de ce qu'ils pouvaient contenir, de tous les gens les plus désagréables au Roi pendant qu'il était censé lui donner une fête, et, plus encore, cette illumination de tous les jardins, ce soin de les tenir tous grands ouverts à la multitude, dans un temps où l'impopularité du souverain n'était un secret pour personne, cette affectation à se présenter perpétuellement sur la terrasse pour faire crier : « *Vive monsieur le duc d'Orléans* », tout cela avait quelque chose de plus que populaire, de *populacier*, si j'ose le dire, qui me blessait d'autant plus que la circonstance le comportait moins.

Nul n'aurait pu trouver extraordinaire que monsieur le duc d'Orléans, recevant les rois de France et de Naples, s'occupât principalement de ses hôtes royaux. Il y avait donc une sorte de préoccupation politique à transformer cette fête pour des rois en une fête pour le peuple, et cette disposition me peinait.

Au reste, elle porta ses fruits. Cette nuit peut être considérée comme la première émeute de l'année 1830, si fertile en ce genre. La foule, admise sans aucune surveillance dans les jardins et les galeries, finit par s'exalter, sous les conseils de quelques prédicateurs de désordre, et devint tellement turbulente qu'il fallut la faire expulser par la force armée.

Faut-il conclure de là, comme je l'avais exprimé dans ma mauvaise humeur, que monsieur le duc d'Orléans avait des arrière-pensées? Oui et non. Je suis persuadée qu'il n'avait aucun plan de conspiration, mais il soignait ce qu'il appelait sa *popularité*, et il voulait toujours, selon l'expression de ce pauvre duc de Berry, faire *pot à part*.

Le lendemain de ce bal, une lettre de Chambéry m'apprit que monsieur de Boigne devenait de plus en plus souffrant et que ses médecins s'en inquiétaient. Je le connaissais trop bien pour hasarder à l'aller trouver sans sa permission. Je lui écrivis sur-le-champ pour demander, sans l'alarmer, à lui faire une visite. Il me fit répondre qu'il venait d'être assez souffrant pour être trop faible pour écrire lui-même, mais qu'il était beaucoup mieux, qu'aussitôt qu'il serait en état de supporter la voiture il se rendrait à des eaux qu'on lui conseillait dans la Tarentaise et qu'il me priait de remettre ma visite à son retour vers la fin de juillet.

Rassurée par cette lettre et celles qui suivirent, mais ne voulant pas aller dans le monde, je m'établis à la campagne dans le commencement de juin. Ce fut là que j'appris que monsieur de Boigne, qu'on disait en pleine convalescence, avait succombé le 21 à une nouvelle attaque d'une maladie dont il était atteint depuis bien des années. Cette dernière crise n'ayant duré que peu d'heures, on assurait qu'il avait été impossible de m'en prévenir. Je dus le croire. Cependant je regrettai de n'avoir pas insisté plus fortement pour me rendre à Chambéry au mois de mai, malgré sa résistance.

Il se passait depuis quelques mois une circonstance bien singulière et qui n'a jamais été expliquée. Nos provinces du nord étaient dévorées d'incendies. Le nombre s'en était tellement multiplié qu'il était impossible de les supposer accidentels et, d'ailleurs, la malveillance se prouvait dans la plupart. La terreur était au comble dans ces pays, et les paysans voyaient partout des incendiaires. Ce fléau gagnait de plus en plus et se rapprochait des environs de Paris. De pauvres bergers, des jeunes filles furent accusés et convaincus du crime d'incendie. Il était évident qu'ils avaient été séduits, fanatisés, mais par qui? C'est ce qu'on n'a jamais pu découvrir. Les partis se sont mutuellement reproché d'avoir employé cette coupable manœuvre pour exalter les esprits. Je ne comprendrais pas dans quel but. Ce qu'il y a de sûr, c'est que les faits étaient vrais et qu'ils n'ont pas été expliqués.

Les élections pour une nouvelle Chambre se faisaient dans un sens de plus en plus hostile au ministère. Les 221, qui avaient voté l'adresse, étaient tous réélus par acclamation, et, dans les autres collèges, les députés sortants étaient en assez grand nombre remplacés par les libéraux.

L'inquiétude commençait à gagner le cabinet et on attendait avec anxiété les nominations successives dont le courrier ou le télégraphe apportait la nouvelle. Lorsqu'il avait appris dans la journée un choix qui lui semblait favorable, le Roi donnait généralement pour mot d'ordre le nom de la ville où l'élection avait eu lieu, en l'accompagnant d'une épithète obligeante.

Le collège de Montauban nomma monsieur de Preissac qui avait voté la fameuse adresse. Mais la canaille de la ville, soulevée par quelques ultras, attaqua les électeurs, poursuivit monsieur de Preissac, força sa maison, insulta sa vieille mère, blessa ceux qui la voulaient défendre et monsieur de Preissac ne dut son salut qu'à la fuite et à la fermeté du duc de La Force qui protégea sa retraite.

Tout le monde fut fort indigné de cette violation brutale de tous les droits constitutionnels. Charles X iuventa de donner pour mot d'ordre le nom de la ville de Montauban et ne se refusa pas le sourire de satisfaction. Le duc de Raguse se redressa avec l'air si blessé que le Roi devint fort rouge, balbutia Mont... Mont... Montpellier : « Oui, Sire, j'entends, Montpellier », reprit le duc. Ils n'ajoutèrent rien, mais tous deux s'étaient compris ; tous deux étaient mécontents l'un de l'autre.

Le duc de Raguse me raconta ce court colloque le soir même. Je trouve que ces petites circonstances dévoilent souvent mieux les hommes que les longs détails de leurs actions.

A mesure que les élections étaient connues, les bruits de coup d'État médités prenaient plus en plus de la consistance. Monsieur le duc d'Orléans s'en était expliqué avec Charles X dans une longue conversation qu'ils avaient eue à Rosny, et le Roi lui assura avec uue telle apparence de franchise que rien ne le déciderait à sortir des mesures constitutionnelles qu'il réussit à le tromper.

Malgré toutes les batteries qui se dressaient pour résister légalement à un ministère détesté par le pays, malgré tous les embarras qui en pouvaient surgir, monsieur le duc d'Orléans était persuadé, je le lui ai entendu dire alors et depuis, que la Couronne elle-même ne courait aucun danger tant qu'elle restait dans la lettre de la Charte. La Charte, toute la Charte, rien que la Charte, tel était le vœu du pays et son expression.

La prolongation du séjour des souverains napolitains, établis au palais de l'Élysée, commençait à gêner le Roi. Il voulait quitter Paris pour Saint-Cloud. Madame la Dauphine se chargea de leur demander le jour de leur départ, sous prétexte de fixer celui où elle se mettrait en route pour les eaux. Ils furent très blessés de cette façon de les éconduire, et en nommèrent un assez prochain.

Madame la Dauphine avait une excuse pour cette apparente inhospitalité. Son voyage était annoncé ; elle n'aurait pu que difficilement y renoncer, et elle voulait être de retour avant le moment où la réunion des Chambres pouvait être le signal des mesures extrêmes qu'elle combattait seule, mais avec persévérance. Il est étrange, mais pourtant exact, qu'elle avait complètement changé de rôle avec son mari. Plus il était devenu violent et exagéré dans le parti ultra, plus elle, en revanche, était modérée et sage.

Je n'ai pas été suffisamment initiée dans les secrets de cet intérieur pour savoir les motifs de ce revirement de conduite, mais très certainement, à cette époque, madame la Dauphine était contraire à toutes les mesures acerbes et monsieur le Dauphin y poussait. Madame la Dauphine n'avait aucune confiance dans le ministère Polignac ; monsieur le Dauphin n'espérait qu'en lui.

La princesse partit, emportant la promesse du Roi qu'aucune décision importante ne serait prise en son absence. Les ordonnances de Juillet ont prouvé comment elle a été tenue.

Mes affaires personnelles m'ayant amenée un matin à Paris, je me trouvai dans les rues au moment où le canon raconta aux habitants la prise d'Alger. Un long cri de joie s'éleva dans toute la ville. Je fus frappée de l'impression générale que je remarquai. J'avais tant

entendu tirer ce glorieux canon et avec si peu d'effet
sur le citoyen, dans des occasions bien autrement importantes sous l'Empire que je fus très étonnée de la part
personnelle prise par tout le monde à ce succès.

Chaque porte ou boutique était remplie des gens de la
maison, et les passants s'arrêtaient sans se connaître
pour exprimer leur satisfaction. Était-ce la désuétude
où était tombé ce genre de bulletin chez nous qui lui
donnait plus de prix, ou bien la fatigue des longues
guerres de la Révolution et de l'Empire, les sacrifices
qu'elles avaient coûtés à presque toutes les familles
empêchaient-ils cet airain triomphant de frapper aussi
directement sur le timbre de l'orgueil national ? Je ne
sais. Mais il m'a semblé que la joie pour l'entrée dans
Alger a été plus expressive que pour celle dans Vienne
ou Berlin. Je ne parle que de mon impression, sans
affirmer qu'elle soit exacte.

Le Roi voulut rendre grâce à Dieu du succès de ses
armes. Un *Te Deum* solennel fut chanté à Notre-
Dame. Charles X, arrivant dans toute la pompe de la
royauté, y fut reçu et harangué par monsieur l'archevêque de Paris. Son discours, fidèlement répété dans le
Moniteur, promettait au Roi l'appui de la sainte Vierge
pour la croisade qu'il lui prêchait contre les infidèles
de l'intérieur aussi bien que contre ceux d'Afrique.

Cet appel du parti prêtre au parti ultra eut un long
et fatal retentissement et acheva d'exaspérer les
esprits. Les paroles du prélat doivent être comptées
au nombre des circonstances qui ont le plus immédiatement provoqué la résistance au gouvernement de
Charles X.

L'événement du succès d'Alger, l'espoir d'exploiter
la satisfaction que le pays en avait ressenti, peut-être
aussi le désir de profiter de l'absence de madame la Dau-

phine qui annonçait son retour décidèrent le conseil à signer ces historiques ordonnances que les directeurs occultes du Roi réclamaient depuis longtemps et que Charles X souhaitait de toute sa persévérante obstination. C'est bien de lui qu'on a pu dire avec vérité : « Il n'a rien appris, il n'a rien oublié. »

On m'a raconté qu'au dernier conseil, tenu le dimanche, ces fatals papiers, dont la teneur avait été discutée et convenue le mercredi précédent, se trouvèrent sur la table ; mais, au moment de les signer, toutes les mains semblèrent se paralyser. Le nom du Roi y était apposé ; il s'impatientait des hésitations et sortit du cabinet. Alors monsieur de Polignac, qui a toujours plus de cœur que de cervelle pour savoir le conduire, prit la plume et mit le nom de Polignac sous celui de Charles : « Maintenant, messieurs, dit-il, la signature du Roi est légalisée ; la vôtre n'est plus nécessaire, vous signerez si vous voulez. Pour moi, je ne crains pas la responsabilité de mes actes. » Tous signèrent à l'envi.

Malgré le secret dont on entourait cette déplorable décision, il en perçait assez pour provoquer une sérieuse inquiétude. Toutefois, on voyait une telle incurie dans les gens chargés des affaires publiques que les indiscrétions des ultras et des amis du Roi n'éveillaient pas suffisamment l'attention. Cependant plusieurs prêtres avaient parlé, même en chaire, de l'abaissement prochain de l'impie.

Les jésuites se montraient plus exultants que jamais. Le conseil de conscience du Roi ne cachait pas sa satisfaction, et enfin monsieur Rubichon avait révélé à monsieur Greffuhle le texte même des ordonnances sans réussir à le persuader. Cela paraissait si extravagant que l'on n'y pouvait croire, d'autant que rien n'annonçait des mesures prises pour soutenir la révolution qu'on méditait dans le gouvernement du pays.

Monsieur de Rothschild, banquier de l'État et se croyant très avant dans la confiance du gouvernement, alla le dimanche même demander à monsieur de Peyronnet ce qu'il fallait penser des bruits qui circulaient. Le ministre lni exprima son étonnement qu'un homme aussi sage y pût accorder la moindre importance ; la malveillance seule, selon lui, pouvait les répandre : « Du reste, ajouta-t-il, voulez-vous une preuve matérielle de leur fausseté ? Tenez, regardez. »

Il lui montra son bureau couvert des lettres closes qu'il signait pour convoquer les députés à la séance royale de l'ouverture de la session. La plupart, en effet, furent expédiées pas le courrier de ce jour.

Monsieur de Peyronnet, en quittant monsieur de Rothschild, se rendit à Saint-Cloud où l'on signait les ordonnances ; et monsieur de Rothschild alla dîner à la campagne chez madame Thuret où se trouvait invité tout le corps diplomatique.

La visite qu'il avait faite au ministre de l'intérieur et les lettres closes, vues sur son bureau, firent la nouvelle de ce dîner et rassurèrent les esprits. Quelques-uns des convives s'arrêtèrent chez moi au retour, et me racontèrent ce qu'ils y avaient appris.

Le *Moniteur* du lendemain contenait les ordonnances. Monsieur de Rothschild ne fut pas le seul trompé. Monsieur de Champagny, sous-secrétaire d'État de la guerre et dirigeant le ministère en l'absence de monsieur de Bourmont, était à la campagne ; il ne reçut le *Moniteur* que le mardi soir et ne put arriver à Paris que le mercredi. Aussi monsieur le Dauphin disait-il, en se frottant les mains : « Le secret a été si bien gardé que Champagny ne l'a su que par le *Moniteur*. » Le duc de Raguse, destiné in petto à soutenir ces insoutenables mesures, avait été tenu dans la même ignorance.

Monsieur de Polignac s'était surpassé dans la profonde incapacité qu'il avait déployée dans toute cette circonstance. Presque tous les chefs de la garde royale étaient absents par congé, aussi bien que les autorités militaires de la ville de Paris ; et trois des régiments de la garde avaient été envoyés en Normandie, à l'occasion des troubles excités par les incendies dont j'ai fait mention.

Rien, en un mot, n'avait été prévu, ni préparé ; et on se jetait dans ces témérités sans précaution comme sans effroi. Le fait est que, dans leurs étroits cerveaux et ne vivant que sous l'influence de leur propre parti, ni le Roi, ni son ministère n'avaient prévu d'obstacles ; et ils ne s'étaient point armés pour une lutte qu'ils ne croyaient pas avoir à redouter. C'est l'explication et peut-être l'excuse de leur conduite. Ils pensaient répondre par les mesures qu'ils adaptaient aux intérêts moraux de la France et se flattaient d'être soutenus, dans cette pieuse entreprise, par une assez grande partie du pays pour que la poignée de factieux qui s'y opposeraient n'osât pas témoigner son ressentiment.

Hélas ! il s'est trouvé que c'était la nation toute entière. Je dis *toute entière,* car, dans les premiers temps, aucune voix, pas même au milieu de ceux qui ont suivi Charles X jusqu'à Cherbourg, n'a osé s'élever pour justifier les démarches qui l'avaient précipité dans cet abîme, et jamais souverain n'est tombé devant un assentiment plus unanime.

APPENDICES

APPENDICES

QUELQUES CORRESPONDANTS DE MADAME DE BOIGNE

I

LA REINE MARIE-AMÉLIE.

Twickenham, ce 16 janvier 1817.

Ma chère Adèle, Vous avez été bien aimable de Vous rappeller de moi en m'envoyant un échantillon de votre charmant ouvrage. Nous avons tous admiré le gout, la patience et l'excellence de l'aimable ouvrière, je n'espère pas de pouvoir Vous imiter, mais, avec un si bon modèle sous les yeux, je travailleré avec plus d'ardeur, et mon ouvrage me deviendra doublement agréable en pensant à Vous. Vos dignes Parens ont donné une charmante petite soirée à mes enfans et ceux-ci n'appellent plus Mme d'Osque *notre amie*. J'espère que Vous serez entièrement quitte du rhûme que vous avez souffert ; nous parlons bien souvent de vous avec vos Parens, car je vois bien que c'est la conversation qui leur fait plus de plaisir, et à moi de même. Ma sœur et mon mari me chargent de tous leurs complimens pour Vous et, en Vous embrassant avec toute l'amitié, je suis

Votre bien affectionnée

MARIE-AMÉLIE.

Samedi 20 mars 1819.

Ma chère Adèle, Vous avez rendu bien justice à mon cœur en m'apprenant que votre pauvre mère est arrivée heureuse-

ment à Paris ; j'espère que le repos la tranquillité et le bonheur
de se voir entourée de ses enfans la remettront aussi parfaitement que je le lui souhaite. Dès que ma sœur sera rentrée, je
lui donnerai votre billet et je suis sûre d'avance du plaisir
qu'elle et mon mari éprouveront en apprenant l'arivée de vos
dignes parens, car nous partagions vivement vos inquiétudes
à ce sujet. Remerciez bien votre mère du paquet dont elle a
bien voulû se charger pour moi, exprimez-lui bien tout l'intérêt que je prends à sa santé et dites-lui mille amitiés tant à
Elle qu'à M^r d'Osmond de la part du trio qui est toujours le
même. Je partage sincèrement votre joie, ma chère Adèle, et
je suis de tout mon cœur en vous embrassant tendrement.

> Votre bien affectionnée
>
> MARIE AMÉLIE.

Thuileries, ce 29 juillet 1833.

J'étois bien sûre, ma chère amie, que vous prendriez une
part bien vive à mes joies de Grand-Mère ; vous avez toujours
si bien compris et partagé tous mes sentimens. J'ai trouvé
votre si aimable lettre ici en sortant de voiture, j'aurois voulu
pouvoir vous en remercier tout de suite, mais la fatigue que
j'éprouvois avant hier au soir et l'emploi de toute la journée
d'hier ne m'en ont pas laissé le temps. J'ai laissé Louise à
merveille assise dans son lit, et ayant à ses côtés son joli
enfant qu'elle aime déjà beaucoup, et pour lequel j'éprouve
tous les sentiments de Grand-Mère ; la santé de Louise ne me
donnant aucune inquiétude, je tenois beaucoup à me trouver
dans ces journées au poste où mon cœur et mon devoir m'ap-
pelloient ; je suis arrivée avec Clémentine, Marie ayant préféré de rester auprès de sa sœur ; je compte partir après
demain soir pour aller l'y rejoindre et rester encore quelques
jours à soigner Louise. Les journées ici se sont très bien
passées, celle de hier a été des plus brillantes ; les plaisirs se
sont succédés sans discontinuer pendant plus de douze heures,
le calme et la tranquillité ont été parfaits et si, pendant la
Revue, quelque cri inconvénant s'est fait entendre, il a été

étouffé par les acclamations avec lesquelles on a salué le Roi ;
ces acclamations se sont rénouvellées encore avec plus d'ardeur et d'affection dans la tournée qu'il vient de faire ce matin et aucun autre cri s'y est mêlé. Je suis bien peiné des
inquiétudes que vous éprouvés pour la santé de votre père
et je sais combien vos tendres soins lui sont nécessaires.
Veuillez bien lui dire mille choses de ma part et recevoir
Vous même l'assurance de toute mon ancienne et constante
amitié.

> Votre bien affectionnée
>
> Marie Amélie.

Laeken, ce 5 août 1833.

Il m'a été impossible, ma chère Amie, de trouver un moment avant celui-ci pour Vous remercier de votre lettre du 31
et des intéressants détails que vous m'avez donnés et que j'ai
communiqués seulement au Roi. J'espère qu'à votre retour à
Châtenay Vous aurés trouvé M. d'Osmond bien, je vous prie
de lui dire bien des choses de ma part. J'ai trouvé mon accouchée et son joli enfant à merveille ; il sera baptisé solennelle-
ment jeudi prochain, et je repartirai samedi pour retrouver
mes pénates où je me retrouve toujours avec tant de plaisir ;
en attendant, je Vous embrasse avec toute l'amitié qui est
d'ancienne date.

Brusselles, ce 21 avril 1835.

Ma sœur m'a appris le cruel malheur que Vous avez éprouvé,
ma chère amie, et je ne veux pas tarder un moment à Vous
exprimer toute la part que j'y prends. Perdre l'objet de tant
de soins et d'affections et le perdre d'une manière si affreuse
c'est bien déchirant pour un cœur comme le votre, et le mien,
qui Vous est bien attaché, s'associe à vos peines. Je ne Vous
en dirai pas davantage ; je vous plains avec tout le sentiment
de la plus sincère amitié.

> Votre bien affectionnée
>
> Marie-Amélie.

Thuileries, ce 25 7bre 1835.

Je m'empresse, ma Chère Comtesse, de rectifier une erreur involontaire que j'ai commise hier. Il n'est que trop vrai que M. Cholet, chef d'escadron du 6me dragons, brave officier, a péri aux journées de juin 1832, et qu'alors j'ai vû sa veuve et que je me suis intéressée à son sort, il n'y a que le Cousin que je ne puis vérifier. J'ai encore parlé au Roi des deux protégés du G^l Pozzo et il m'a chargée de lui remettre de nouveau des petites notes à leur sujet pour pouvoir les rappeler à ses Ministres ; si cela n'a pas encore été fait, ce n'est pas faute de bonne volonté du Roi qui serait charmé de faire quelque chose d'agréable au Général. Adieu, ma Chère, Vous conoissez mon ancienne et bien sincère amitié pour Vous.

Lausanne, ce 10 8bre 1852.

Ma chère Amie. en arrivant ici j'apprends l'affreux malheur qui est arrivé à votre neveu, je sens combien cela doit être douloureux pour Vous et c'est un besoin pour mon cœur de vous exprimer combien je partage votre peine, combien je plains ses pauvres parens. J'ai trouvé Hélène en pleine voïe de convalescence et remise de son accident. Je n'ai que le temps de Vous renouveller l'assurance de toute mon amitié.

Ramsgate, ce 7 août 1853.

Ma Chère Comtesse, j'apprends à l'instant le malheur qui vient de Vous frapper et je m'empresse de Vous exprimer la part que j'y prends, je m'associe à votre douleur ; il est si cruel de perdre une sœur et une Amie ; combien je vous plains ; combien je plains votre pauvre frère, ses Enfans, et les pauvres que votre Belle sœur secourait avec tant de zèle et de charité. Elle en retrouvera la récompense dans le ciel. Je me suis fiée à l'aimable complaisance de notre commune Amie, la bonne Mme Mollien, pour vous donner de mes nouvelles et de celles de tout ce qui m'est si cher, mais je n'ai pas voulu lui

céder la plume dans un moment ou Vous etiés malheureuse et
ou je tenois à Vous exprimer moi même tout ce que mon
cœur sentoit pour Vous ; je forme des vœux pour que cette
secousse n'aie pas causé un nouvel ébranlement à votre chère
santé. Je veux, en même temps, Vous remercier de vos deux
chères lettres du 21 avril et 5 juin ; si je ne réponds pas aussi
tôt que je le voudrois, je vous assure pourtant qu'elles me
font bien plaisir, prenant le plus vif intérêt à ce qui vous con-
cerne et rien ne pouvant altérer mon ancienne amitié pour
Vous. J'espère que la santé du respectable Chancelier se con-
serve bien, parlez lui de moi, il connait mes sentimens pour
lui ; j'ai été bien peinée du malheur que ses Enfans ont encore
éprouvé. Je suis venue passer quelques jours ici avec Aumale
et sa famille qui y sont depuis six semaines ; Hélène et ses
Enfans sont venus me rejoindre ; j'ai de bonnes nouvelles de
tous mes chers Absens, et je me dispose à aller passer l'hiver
à Seville, si les circonstances le permettent ; je vous remercie
de tout ce que vous me dites au sujet du mariage de mon
petit fils, tout me fait espérer qu'il sera heureux, quoique je
le trouve trop jeune. Adieu, ma chère Amie, comptez toujours
sur toute l'amitié de votre bien affectionnée

M. A.

Nervi, ce 16 février 1856.

Ma Chère Comtesse, j'ai prié notre commune Amie, la bonne
Mme Mollien, d'être mon interprète auprès de Vous, ma santé
ne me permettant pas de Vous écrire comme je l'aurois desiré
depuis longtemps ; mais, à présent, que, graces a un retour de
beau temps, mes forces reviennent journellement, je ne veux
plus tarder à Vous remercier de votre lettre du 3 de ce mois,
des bons vœux qu'elle contient, et à Vous offrir ceux que je
forme pour votre conservation et pour votre bonheur. J'ai vû
avec peine que la santé du Chancelier vous avoit donné des
inquiétudes, heureusement j'ai appris depuis qu'il étoit parfaitement rétabli, j'espère qu'il ne doute pas du vif et
constant intérêt que je lui porte. J'ai bien pensé au chagrin

que vous avoit causé la mort de M. Molé, il est si triste de voir ainsi finir les uns après les autres des anciens amis qu'on ne retrouve plus. Nemours et sa femme me chargent de Vous remercier de votre bon souvenir et de Vous dire bien des choses de leur part, ils me soignent avec une constante tendresse. Quant à Clémentine; elle est retournée chez Elle depuis le mois de Xbre; et Elle a eu son fils ainé avec une fièvre typhoïde qui l'a fort inquiétée; il en est a présent entierement retabli. Adieu, ma Chère Amie, comptez sur tous les anciens et constants sentimens pour Vous de la vieille solitaire, de

  Votre bien affectionnée

MARIE AMÉLIE.

II

Madame Adélaïde d'Orléans.

Saint Cloud, jeudi 12 mai 1831.

C'est du fond de mon âme ma chère, que je vous plains et
que je partage vos regrets, je sais que vous souffrez doublement et de votre douleur et de celle de votre malheureux père,
dites lui combien nous sommes occupés de lui, soyez notre
bonne interprète auprès de lui, je vous en prie; j'avais besoin
de vous exprimer ce que mon cœur sent pour vous dans cette
cruelle circonstance et combien il vous comprend; je vous
embrasse tendrement

L. Adélaïde L. D'Orléans.

P. S. Faites moi donner de vos nouvelles et de celles de
votre pauvre père. Le Roi, la Reine me chargent d'être leur
interprète auprès de vous et de lui, c'est au nom de tous.

(Les lignes suivantes sont de la main de la reine Marie-Amélie.)

C'est de tout mon cœur que je m'unis à ma sœur pour vous
dire combien je suis occupée de vous et de votre père, combien je vous plains et combien je partage tous vos regrets;
vous connaissez mon ancienne amitié pour vous.

St Cloud, 15 juillet 1831.

Je suis bien fachée de vous avoir manquée hier, ma chère
comtesse, nous étions à Paris; je crois, et j'espère que la
journée d'hier déconcertera un peu tous les mauvais sujets
et les agitateurs de tous les partis par l'indignation que le
peuple et les ouvriers ont manifestée aux acteurs de ces cou-

pables tentatives. Je vous remercie beaucoup de votre intéressante lettre, et de l'extrait curieux qu'elle contenait; je regrette que ce soit encore votre projet de venir dimanche, car je ne pourai en profiter; nous allons passer la matinée à Paris, mais j'espère et je vous demande de m'en dédomager un autre jour. Bonjour, ma chère comtesse, vous connaissez tous mes sentimens pour vous, c'est de tout mon cœur que je vous en renouvelle l'expression; soyez, je vous en prie, ma bonne interprète auprès de votre excellent père.

L. Adélaïde L. D'Orléans.

Neuilly, 24 juillet 1833.

Ma chère comtesse, nous sommes bienheureux, nous venons de recevoir la délicieuse nouvelle que notre chère Louise est heureusement accouchée ce matin après deux heures de souffrances d'un beau garçon, elle et son enfant sont aussi bien que possible. Je sais combien vous partagerez notre joie ainsi que votre excellent père. Je vous embrasse bien contente.

III

M. de Chateaubriand.

Paris, 31 juillet 1830.

Sorti hier pour aller|vous voir, j'ai été reconnu dans les rues, trainé et porté en *triomphe*, bien malgré moi, et ramené à la chambre des pairs où il y avoit réunion. Aujourd'hui, je suis si découragé par ma *gloire* que je n'ose plus sortir ; je vais entrer dans une carrière périlleuse où je me trouverai presque seul, mais où je me ferai tuer, s'il le faut. Je veux rester fidèle à mes serments, même envers des parjures. Quel malheur d'être si loin de Vous ! point de voiture, aucun moyen de communication.

Mille hommages, Madame, je tâcherai de saisir quelque occasion pour aller jusques dans la rue d'Anjou. La nuit seroit le bon moment, mais je ne puis à cause des frayeurs de M^{de} de Ch., des malades et des réfugiés qui m'ont demandé l'hospitalité. M^{de} R. n'est pas revenue, je m'attends à la voir arriver à chaque instant.

Paris, le 13 mai 1831.

Je me suis présenté à votre porte pour deux bien tristes raisons. Croyez, Madame, à toute la part que je prends à Votre douleur ainsi qu'à celle de Monsieur d'Osmond. Je vais quitter la France, je ne sais si je vous reverrai jamais. Si vous voulez bien me conserver, un souvenir, j'en serai plein de reconnoissance.

Recevez, !Madame, je vous prie, avec mes adieux, l'hommage empressé de mon respect.

Chateaubriand.

IV

LE BARON SÉGUIER,

consul général de France à Londres.

Londres, le 13 août 1830.

Madame,

Quoique très affairé et non moins souffrant, je ne veux pas laisser passer ce courrier sans vous accuser au moins réception de votre lettre du cinq du courant, et de l'incluse que je n'ai pu encore remettre, mais que je remettrai s'il y a lieu.

La manière dont vous parlez de notre nouvel état de choses m'a fait grand plaisir, car elle prouve qu'il se confirme, et c'est la confiance en nous même, avec l'union, qui peut achever de nous sauver. On est ici dans l'admiration de nous ; les papiers anglais ne sont pleins que d'amendes honorables sur notre mauvaise réputation passée ; nous ne sommes plus bons à faire seulement des danseurs et des perruquiers, nous sommes ce qu'il y a de mieux dans le monde après les Anglais. Tous ces nouveaux éloges semblent donnés de bonne foi, et, si nous continuons à les mériter, une noble estime peut se former entre les deux peuples ; nous marcherions alors unis, hand in hand, et le bonheur avec la liberté de l'Europe seraient assurés.

Pouvez vous lire ce griffonage ! ma main me refuse le service.

Adieu, Madame, présentez l'hommage de mon dévouement à votre famille et ne doutez jamais de mon aussi réel que respectueux attachement

b^{on} SÉGUIER.

V

Adrien de Montmorency, duc de Laval.

Monsures, 5 Sep^bre.

Ma vieille amitié se sent très touchée, très émue des
expressions singulièrement tendres et pénétrantes que je
viens de lire dans votre lettre du 2. Vous accordez beaucoup d'intérêt et de pitié, à mes nouvelles douleurs. Cet
excès de malheur, qui comble la mesures de mes misère,
a remué en vous les souvenirs de notre intimité passée.
Vous m'adressez de doux reproches, que je suis très loin de
mal recevoir.

Mais pourquoi ai-je été blessé ? c'est, pour ne rien dissimuler, que, depuis quelques années, notre amitié déjà si vieille,
et si intime s'étoit encore resserrée par une confiance sans
bornes de ma part. C'est que je vous aimois comme une sœur
de mon choix ; c'est que je trouvois en vous, ma chère Adèle,
une amie douée de raison, de jugement, de dévouement avec
un charme infini dans le commerce de la vie ; il y avoit alors
sympathie en toutes choses, en toutes circonstances, entre
vous, et moi. Nous étions alors amis dans toute la perfection
de ce sentiment.

Ainsi que nos parens nous avoient donné l'exemple de cette
union inaltérable, cette seconde génération d'amis me sembloit
réunir à la fois ce qu'il y avoit de plus solide, de plus doux
et de plus honorable pour le cœur.

Qui donc a changé et bouleversé cet état de choses ? qui a
formé de nouvelles amitiés, de nouveaux liens, qui a repoussé
nos vieux souvenirs ? ce n'est pas moi. Vous avez raison
lorsque vous dites qu'il ne faut pas rompre les vieilles liaisons

pour en chercher de nouvelles ; personne plus que moi n'est
pénétré de ces puissantes admirables expressions de Shakes-
peare

> « those friends thou hast, and their adoption tried »
> « grapple them to thy soul with hooks of steel. »

Je veux répondre à votre procédé avec tendresse, et sans
récrimination ; j'irai vous voir incessamment ; s'il ne s'agissoit
que de vous aimer comme une ancienne connoissance, de m'en
tenir à l'agrément de votre esprit, à la distraction d'une des
maisons les plus agréables qui existent encore à Paris, ce
seroit déjà fait, ou plutôt, je ne vous aurois témoigné aucun
dissentiment. Vous n'avez à vous plaindre de mes froideurs
que parce que vous étiez placée beaucoup plus intimement
dans mon affection, dans mon estime, dans ma confiance ;
encore une fois, je le répète, j'irai vous voir à ma 1re course
au val, je vous serrerai la main comme autrefois, et nous
essayerons tous deux de fermer cette playe et de guérir cette
profonde blessure.

Je retourne demain pour quelques jours à la r. de l'uni-
versité ; et bien loyalement je vous déclare, ma chère adèle,
que j'ai été bien sensible à la lettre [que] je réponds.

Je remets à Mad. Recamier ce mot pour vous, je pars pour
Genève, et vous savez les consolations que j'y vais chercher :
ne seroit-ce que ce secret, en commun avec moi, notre amitié
seroit éternelle, et à l'abri des revolutions ; la France, le pauvre pays pourroit être bouleversée dans ses entrailles que
notre vieille amitié fraternelle n'en pourroit être altérée,
n'importe la différence de nos couleurs.

Ainsi pardonnez moi ma solitude, et jurez moi amitié ; c'est
un serment qui ne sera changé, ni violé par moi.

Adrien.

Samedi 28.

Ecrivez à M. Louis Bellanger, poste restante à Genève.

17 mars, Gênes [1831].

Avant hier soir à 11 h. 1/2 lorsque je lisois quelques pages angloises de Walter-Scott pour endormir mes chagrins sans y réussir, est entré dans ma chambre un ambassadeur poudré, de la meilleure compagnie, de doctrine pas si bonne à mon sens, mais si agréable dans les manières et si amical dans les souvenirs, que j'ai joui beaucoup de cette visite inattendue.

Vous pénétrez que c'est d'un de vos amis, ou au moins d'une de vos connoissances que je veux parler ; il alloit en toute diligence là où je l'avois accueilli, il y a cinq ans, avec sa femme et sa famille.

Depuis mon départ de Paris, je n'avois rencontré si bonne, intéressante, instructive conversation ; cet entretien a éclairci, a raffraichi toutes mes idées sur des sujets, des complications bien confuses pour ma pauvre ignorance.

Il est reparti immédiatement en toute diligence pour sa destination.

Il me parait évident que vous êtes trop loyal dans votre cabinet pour ne pas vouloir de guerre, pour en rejetter les horreurs et les chances, à quelque prix que ce soit, pourvû que vous soyez les Maîtres, ce qui peut n'arriver pas ; il est permis de s'en inquiéter.

Vous étiez bien aimable, amical dans votre d[nière] lettre. Vous vouliez me consoler de choses inconsolables ; ce qui n'est pas dans la puissance humaine. Vous reverrais-je dans quelques semaines, quelques mois ? Je ne le sais. Toujours, et dès ma jeunesse, j'ai eu horreur des injures et des outrages qui ne peuvent se venger avec l'aide d'un seul bras ; me garantirez vous le repos dans la dignité ? dans toute l'Europe, je puis voyager. Mon nom, j'ose le dire, est un noble passe-port, ma conduite une bonne lettre de recommandation ; avec ces deux choses, je puis aller, séjourner dans toutes les monar-chies de tous les tempéramens, comme dans les 22 répu-bliques de la Suisse ; je trouve ma place au 1er rang de la société, à Genève, comme à Londres, Vienne, Rome, etc.

Chéz nous, il n'y a rien de cela ; ce nom et cette conduite,
c'est un soupçon, c'est une surveillance, une perquisition.

Dieu m'est témoin que les nobles inconvéniens, les dangers, je ne les appréhende pas.

En vérité, je ne sais si ce n'est pas une inconvenance, un
mal-à-propos de causer ainsi tout haut, et de vous importuner
de mes irrésolutions ; quoiqu'il en soit, c'est la franchise de
l'amitié ; et la mienne est de si vieille date et de si bonne
trempe que vous n'avez jamais pû recueillir un plus sincère
hommage.

Je m'étonne que notre amie Juliette ne m'envoie jamais
un souvenir ; je m'en sens plus humilié que blessé, puisqu'enfin j'étois le plus ancien de ses amis ; j'ai souvenance
d'une petite lettre sans réponse au commencement de l'année.

Mille complimens à Poz... ; j'avais vû son neveu à Florence,
aimé et goûté dans la meilleure compagnie.

25 mai, Milan [1831]

Une lettre du 17 que je reçois à l'instant de Caroline m'in-
forme de l'objet d'une course qu'elle fesoit à Paris pour
donner à votre pauvre père un témoignage de son intérêt à
sa profonde douleur. Cette douleur, ma chère amie, est également la vôtre ; et qui sait mieux que moi en mesurer
l'étendue, et apprécier tout ce qu'elle renferme d'amertume !
une mère dont jamais vous ne vous étiez séparée ; la famille
la plus unie, la plus dévouée, la plus intimement dévouée
les uns envers les autres qui exista jamais ! je connois donc
tout ce que vous devez souffrir, tout le poids de cette insupportable douleur, tout ce que le ciel a réservé de chagrins
pour les vieux jours de votre si bon et si vénérable père.
Veuillez lui offrir les intimes hommages de ma vieille amitié
héréditaire ; je sens pour lui ce que sentiroit mon angélique
Mère, si elle étoit encore sur cette terre ; dans toutes les circonstances qui nous brisent le cœur, nous devons les partager ;
nous aimer beaucoup enfin, par la raison que les sentimens
prennent une double force lorsqu'ils sont transmis de génération en génération.

Voilà, ma très chère Adèle, l'expression des 1ers mouvements que produit dans mon âme si ouverte à toutes les
émotions douloureuses la lettre de Caroline. Veuillez, je
vous en conjure, vous en pénétrer, et offrir aussi à votre
frère les assurances de toute ma sensibilité.

Le 4 de ce mois, je vous répondois, et je vous disois les
alarmes que me causoit la poitrine de mon petit compagnon.
C'est cette cruelle maladie qui nous retient ici depuis
5 semaines ; il est en convalescence à présent ; le médecin
très habile se flatte que la playe au poumon est cicatrisée ;
nous espérons pouvoir nous mettre en route dans une 12aine
de jours. Nous voyagerons lentement avec les plus excessives
précautions ; nous irons d'abord séjourner à Lausanne ; c'est
là que je vous demande une réponse ; vous ne la refuserez
pas à une vieille amitié qui sympathise si étroitement avec
vos chagrins. A Lausanne, je prendrai mes dernières résolutions, c. à. d. des résolutions pour quelques semaines, quelques mois ; ce n'est pas la moindre des peines que de vivre
toujours dans le doute, et d'user sa vie dans l'incertitude du
lendemain.

Les papiers fois annoncent que leur héros est parti pour
Genève. Je n'apprends pas que Juliette ait encore prit ce
parti. Mais quel est l'établissement que va former son ami ?
et de qui le compose-t-il ? son génie et sa femme ne lui suf-
fisent pas. C'est sans doute à la campagne qu'il va le poser,
on m'avoit parlé de Coppet ; cela n'appartient-il pas à la veuve
d'Auguste ?

J'ai vu des arrivans de Vienne qui disent des merveilles
de votre ami Marm., de ses habitudes avec un jeune homme
de 20 ans, et de ses intimités avec un ministre de Po. Il y a là
dedans plus de diplomatie que d'affection.

Adieu, chère et malheureuse amie ; quelque soit votre sort
et le mien, je ne cesserai de vous aimer de la tendresse la
plus fraternelle.

VI·

M. THIERS

Madame,

Je vous demande pardon de ne pas avoir répondu plutot à votre aimable lettre ; quand vous recevez ma reponse, vos vœux seront ou déçus ou accomplis.

Vous savez que j'ai toujours le plus grand penchant à faire ce qui vous est agréable, et à me conserver votre amitié ; permettez-moi de ne pas vous en dire davantage aujourd'hui, et de faire ce que je n'ai jamais fait, c'est à dire le mystérieux.

En attendant que j'aie le plaisir de vous voir, agréez, madame, l'hommage de mon respect et de mon attachement.

A. Thiers

Jeudi 14.

Madame,

Je suis tout disposé à prendre votre femme de chambre, mais à une condition c'est que vous ne l'avertirez que lorsque je vous donnerai le signal ; alors je vous prie de l'envoyer prendre, de me la faire arriver sur le champ, sans aucune explication préalable. Quant à moi, je la mettrai en voiture et la ferai partir sans qu'elle ait pu voir toute la nation Carliste et prendre leurs ordres, leurs instructions, et surtout leur *télégraphie*. Je vous demande pardon de ces précautions, mais, depuis que ma fatale destinée a fait de moi un chef d'assassins, Elle en a fait aussi un geolier, et je suis obligé à mille manœuvres révoltantes.

Adieu, madame, croyez-moi l'un de vos amis les plus respectueux et les plus dévoués

A. Thiers

Samedi matin 24.

Madame,

Vous auriez grand tort de croire que je vous ai oubliée, car ce serait me supposer ingrat. Je ne le suis pas, je vous assure, et je songe toujours avec une reconnaissance bien sentie à la bienveillance que vous m'avez témoignée. Ce n'est pas chose si commune que la bienveillance pour la si mal accueillir. Mille affaires, mille soucis m'ont toujours empêché d'aller vous présenter mes hommages. Je n'ose même plus en former le projet, tant j'acquiers l'expérience de l'instabilité de nos pauvres projets à nous, gens tourmentés. Je saisirai la première occasion de votre passage à Paris pour aller vous demander ma grâce. En attendant, je ne manquerai pas d'attacher un grand prix à votre recommandation en faveur de M. de Chateaugiron. Je le sais homme de mérite et d'expérience et propre à bien administrer. J'ai beaucoup et beaucoup de candidats, mais je vous promets de placer celui-ci en bon rang.

Croyez, Madame, à mon respectueux et sincère attachement.

A. Thiers

11 septembre 1834.

VII

M. HYDE DE NEUVILLE

de la préfecture de police, 18 juin 1832.

Je vous remercie mille fois, Madame ; je reconnais, à votre
obligeante lettre adressée à Madame de Neuville, votre bienveillante amitié pour moi, vous savez tout le prix que j'y
attache et combien je vous suis dévoué ; *quand même*, je viens
vous demander un service, c'est, quelque traitement qu'on
me fasse éprouver, de ne rien demander pour moi à un gouvernement dont je n'accepterais aucune faveur... je ne le
crains point, je ne l'aime point et, après ce qui vient de se
passer, vous pouvez concevoir aisément tous les sentimens
que je lui voue. Il n'a rien contre moi, il le sait ; il sait plus,
il sait *qu'il ne peut rien avoir contre moi* car il n'y a pas une
de mes actions qui ne puisse être produite au plus grand
jour, mais il a voulu justifier des mesures odieuses, arbitraires,
et il s'est empressé de profiter d'une accusation absurde, qui
part d'un courtisan du pouvoir ou d'un sot, pour mettre en
avant des noms que la France connait et qu'à juste titre
elle estime. C'est à nous maintenant à *demander compte
de l'accusation.* Pour moi, j'étais très éloigné de croire qu'il
fut utile de conspirer contre un gouvernement qui sait si
bien se suicider et travailler à sa ruine ; je disais à tous,
laissez faire et je suivais cette règle avec autant de modération que de patience ; je mettais quelque dignité, après
m'être retiré des affaires en homme de cœur, à garder le
silence, et à attendre tout, *du tems, de la raison publique,
de la force des choses,...* mais, enfin, on me déclare la guerre ;
je l'accepte et j'espère que toute la France sera pour moi.

Un ilote est encore bien fort quand il a du sang français dans les veines, du courage et l'amour le plus sincère du pays et de ses libertés, enfin quand il peut publier tous ses actes et afficher tous ses écrits.

Voici la lettre que je reçois à l'instant d'un homme de beaucoup de talent dont les opinions ne sont pas les miennes.

« Votre arrestation m'a causé autant de douleur que de « surprise ; je suis moi-même à moitié proscrit, mais, si le « ministère et l'assistance d'un homme auquel votre carac- « tère public et privé a inspiré une haute estime, peuvent « vous être utiles, disposez de moi. »

Si cette lettre était tombée aux mains de M^r le procureur général de Rennes, ce serait là un chef grave d'accusation ; un homme du mouvement, écrivant à un légitimiste *disposez de moi* — à coup sur j'ai dirigé non seulement les mouvemens de l'ouest mais aussi les républicains de l'église St Merry — il y a des hommes qui ne conçoivent pas qu'on puisse avoir du cœur et se montrer noble et généreux dans tous les partis.

Adieu, Madame ; je souffre encore beaucoup ; je vais demander au juge d'instruction une maison de santé ou Mad^e de Neuville pourra me suivre ; je suis, du reste, accablé de soins par Mr Carlier qui a bien voulu me retirer chez lui, et me faire sortir d'un nid de voleurs, mais mon état de faiblesse exige des soins particuliers. Je verrai si M. le juge d'instruction croit ma parole aussi sure que des verroux. Agréez l'hommage de mon respect et de mon attachement

Hyde de Neuville

VIII

L'AMIRAL DE RIGNY

Paris, lundy [1832].

J'espère, Madame, que vous êtes plus au courant que moi d'une situation qui me paraît s'embrouiller de plus en plus ; vos amis vous instruisent. et, comme on me dit qu'ils se plaignent de moi, je n'ose, devant vous, être trop contradic- toire.

Il est bon cependant, que vous sachiez, (bon, j'entends pour moi), du vrai, sans le vernis obligé.

M. de Broglie était un homme trop honorable pour que je fasse une objection personnelle et, malgré quelque préci- pitation désobligeante de la part du Roi envers mon oncle, accusé déja, si je refusais, de faire manquer une combinaison si difficile à terminer, j'acceptais si le duc de Broglie se décidait.

.Cela se passait le *dimanche* ; le mardi, M. de B. apporta ses conditions au Roi : il s'agissait de Guisot, Seb... et un autre qu'il fallait faire entrer sans portefeuille.

Ici, je fis objection, et contre le sistème des ministres sans portefeuille et un peu contre l'invasion trop complette de ce qu'on appelle les doctrinaires, et j'offris ma place ; Barthe en fit de même, et Thiers déclarat qu'il ne croyait pas cette com- binaison possible avec la chambre.

C'était un *sine qua non* de la part du duc de B. ; force fut de retourner à Dupin ; à l'heure ou je vous écris, on attend sa réponse et son arrivée. Je n'y compte pas trop, car c'est un singulier personage qui n'acceptera pas la présidence du maréchal.

Je passe rapidement sur les épisodes et les intrigues ; toute la mienne est là sous vos yeux et, plus que jamais, je desiré d'être hors d'un cercle vicieux où on ne peut dire la vérité sans choquer quelqu'un, ou blesser ses amis, où la prévoyance est taxée de dissolvance et les calculs raisonés de calculs égoïstes.

M. de Taleyrand part demain soir. Le dehors ne s'embellit pas ; Matuchewitz a fait manquer à Londres une *Coërtion fiscale* qu'aurait sans lui adoptée la conférence.

Pozzo crie sur les toits à Vienne que c'est une horreur de vouloir dépouiller encore le roi de Hollande ; la Prusse ne veut pas de nos rassemblements de troupes, pas de siège d'Anvers, et se borne à ne rien dire contre la coertion navale que chaque jour rend désormais illusoire ; chacun parle de sa dignité nationale, de son intérieur et prétend ne plus rien sacrifier au notre. Voilà comme nous allons aborder la session, et de plus les recriminations et le reste.

Je vous confie ces embarras, Madame, dont les doctrinaires ne nous sauveraient pas !

On peut voir maintenant si j'avais tant de tort, en priant de différer les épousailles, et de ne pas presser le départ, toujours à tems, des princes, de Gérard, et de tout ce ndemo belliqueux.

Quant à la composition ministérielle, j'ignore ce qui se fera. Le maréchal a été soufflé de mettre d'Argout aux aff. étr. il veut Bassano ou Rayneval et tous les deux ; moi, si j'ai voix et que je reste, je demanderai Thiers. On dit qu'Humann ne veut plus ; M. Louis en tous cas ne voudra plus rester, Montalivet dit qu'il se retirera, mais le Roi veut encore essayer de s'arranger avec Dupin.

Voilà des noms et des projets en l'air ; veuillez les prendre pour ce qu'ils valent et n'en pas nommer le narrateur, votre humble et dévoué, Madame.

H. de R.

Il est 9 heures du matin, et rien de fait ou du moins de connu pour moi.

Le Roi est reellement le plus embarassé, et s'est embarassé lui-même.

M. de Broglie a decidément refusé encore, hier soir, d'entrer sans le cortège qu'il demandait.

Reste toujours la question de savoir si on le prendra tel qu'il veut être accompagné ou si on essayera une combinaison entre lui et Dupin exclusivement, alors viennent les embarras des noms : Human ne veut entrer qu'avec M. de Broglie. Sans M. de Broglie, on ne trouvera pas de ministre des Aff. Etr.

Mais peut être, après tout, vois-je mal de mon coin ! le dehors n'est rien moins que complaisant et le deviendra d'autant moins encore.

Thiers est furieux contre *les doctrinaires* de ce qu'ils ne veulent céder sur rien ; on se brouille avec ses amis ; on s'envenime mutuellement et la partie va grand train.

Je crois cependant que ce soir on finira par un méli-mélo. Je m'arrache les cheveux d'être dans cette galère car la *rame est inutile.*

Adieu, Madame ; tout cela est bien triste, mais j'espère que cela l'est moins a P^t chartrain que dans la rue d'Anjou où je craindrais bien d'être mal famé en ce moment.

Mille hommages.

Mercredy matin.

jeudi, à 8 h du matin

Voilà, Madame, le plus pénible, le plus laborieux, et le plus forcé des accouchements ministériels.

Nous sommes restés enfermés aux thuileries de deux heures à minuit. On criera au ministère *Polignac* et c'est cette considération qui m'a décidé a ne pas me séparer de l'ad^on nouvelle.

je crois fermement à la majorité ! Alors ! Alors.

Pardon de ce décousu mais j'en suis encore ahuri.

Mons, 14 8bre [1835]

J'ai reçu ici un billet de vous qui n'était pas destiné à aller si loin ; je n'ai pu y répondre plutôt.

Après avoir balloté, cahoté un rhumatisme pendant deux mois par terre et par mer, le premier moment de repos a été une crise dont je ne prévois pas la fin. Le jour même de mon arrivée ici, j'ai eu une attaque sur la poitrine et les poumons, et, depuis 8 jours et huit nuits, j'étouffe dans des angoisses sans cesse renouvellées ; je suis couvert de sangsues, de cataplasmes et de vésicatoires, et je compte les heures, les minutes de chaque jour et de chaque nuit. En ce moment même, je vous écris sur mon séant ; j'ai peine à finir chaque mot. Ce voyage me coutera cher peut être.

Jugez du spectacle que je donne à une femme grosse, nerveuse et malade. Je ne sais quand j'aurai du repis et si je pourrai reprendre la route de Paris. J'ai fait venir mon médecin qui était à la suite de M^{de} Thiers et qui va être obligé de s'en retourner.

Je pense aux plaques du maréchal qui seraient ici bien insuffisantes.

Adieu, Madame ; ayez quelque pitié d'un agonisant en lui donnant quelques lignes

mille hommages

H. DE RIGNY

Mons, 15.

Je vous remercie bien d'avoir pensé à moi. C'est une bien bonne distraction pour un malade qu'un souvenir d'amitié ; je suis dans un assez triste état ; je suffoque jour et nuit. Les douleurs aigües ont un peu cédé, mais il me reste un mal que je ne comprends pas et que je crois n'être pas plus compris des médecins ; le mien vient de repartir pour rejoindre la caravane avec laquelle voyage Thiers.

Vous me dites que j'ai eu tort de partir avant que rien ne fut décidé ; mais d'abord rien ne devait se faire qu'au retour

de Thiers, et je ne prévoyais pas que je serais impotent. Ce
qui se fera, je ne le sais ; j'ai eu une explication avec le Roi la
veille de mon départ. Son embarras est grand, entre Gérard,
auquel il a promis, et Sebastiany auquel il a promis encore.

Celui-ci veut s'en retourner à Londres maréchal ; l'autre
veut la légion d'honneur ; il faut que ces prétentions là soient
satisfaites avant les miennes. Cependant, aux tourments que
j'endure et qui ne sont dus qu'à ce voyage de Naples, il me
semble qu'on me devrait compter aussi.

J'aurai fait triste figure à votre dîner de M^{de} de Lieven,
moi qui n'ai pas voulu aller à Petersbourg. Maison ne deman-
derait mieux que de donner sa place à Sebastiany.

Du reste, je ne sais rien de ce qui se passe, je désire beaucoup être en état de monter en voiture car je m'ennuie fort
ici. Mais comment faire avec 3 vésicatoires, des cataplasmes
et des synapismes sur tout le corps ; la patience commence à
être à bout.

Quant à M^{de} de Rigny elle quitte décidement le pays, ce
qui la force à rester jusqu'a la fin du mois pour ses arrangements de cloture.

Voulez vous faire mes compliments à Mr Pasquier.

J'aurais voulu lui dire mon entrevue avec le Roi qui m'a
dit qu'il n'y avait plus que Duperré qui fit obstacle et qu'il
était, lui, consentant à me nommer amiral.

Adieu, madame, que votre bonté ne s'épuise pas.

mille hommages

H. DE R.

A moins d'empéchements absolus, je compte arriver à Paris
lundi 26. M^{de} de Rigny vient avec moi, et le médecin qui
m'a traité m'accompagne une partie de la route ; c'est une
entreprise que je fais car je ne sais si je supportérai la voiture. J'ai beaucoup souffert ; depuis hier je suis plus calme et
j'ai enfin pu dormir artificiellement deux ou trois heures.
J'étais venu ici pour des affaires dont il m'a été impossible
de m'occuper. Je les laisse en souffrance ; quant à celles de
Paris, je m'en occuppe encore moins ; il parait qu'on trouve

des difficultés à tout. Je ne sais pas ce qui fait dire que je demande qu'on renvoie Seb. de Londres pour m'y mettre ou qu'on renvoie Dup. de la marine pour m'y mettre encore. Je n'ai rien demandé de tout cela ; je ne desire la place de personne, j'ai le jour de mon depart, demandé au Roi quelles objections il avait à me nommer amiral, il a fini par me dire aucune !

Je demande un grade qui n'est et ne peut être l'ambition de personne, mais il faut que je trouve là Seb. à la traverse. Les arrangements ministériels devaient se faire au retour de Thiers ; la verité est que si on ne les brusque pas, il ne se fera rien.

Je serai vraisemblablement plusieurs jours à Paris sans pouvoir sortir. Si M. Pasquier pouvait disposer d'un 1/4 d'heure pour moi, je lui en serai bien reconnaissant, le mardi ou le mercredi ; de cette manière, j'aurai de vos nouvelles.

J'ai besoin de vous dire combien j'ai été sensible à vos bonnes attentions, et de vous renouveler tous mes hommages.

H. DE RIGNY.

Mons, ce 22.

———

IX

M. DUCHATEL

Londres, 1er 9bre 1848
Lowndes-Square, 5

Nous venons de nous établir de nouveau à Londres, madame, et l'on m'écrit que vous êtes de retour à Paris. Je profite de ce rapprochement pour me rappeler à votre souvenir. Je ne sais quand il nous sera donné de nous revoir ; je doute toujours que ce soit bientôt. Je cherche à ne pas penser à cette époque du retour ; c'est la meilleure manière d'éviter les déceptions et l'impatience.

J'ai trouvé bien des malades à Claremont. La Reine surtout et le P^{ce} de Joinville ont été cruellement atteints. Je crains que la Reine ne se remette difficilement. Les médecins ont déclaré pendant un grand mois qu'ils ne comprenaient rien à ces maladies si opiniâtres ; ils les attribuaient à une influence du choléra, bien qu'elles eussent des caractères complètement contraires. Enfin, il y a deux jours, on a eu l'idée d'analyser l'eau ; on l'a trouvée empoisonnée et contenant je ne sais quelle substance de plomb.

Alors on a examiné tous les symptômes, et l'on a reconnu que toutes les indispositions n'avaient d'autre cause que l'empoisonnement, qui est attribué à quelque dérangement dans les conduites qui amènent l'eau. Le Roi lui-même, et les princesses qui ne sont pas malades, ont les gencives bleues et portent la trace du poison. J'ai bien peur que la Reine n'en soit frappée trop gravement pour permettre d'espérer un retour complet à la santé. C'est ce que disaient hier les médecins.

L'horizon politique me parait bien sombre. On dit ici que l'élection de L. Bonaparte est inévitable. Est-ce un bien ? est-ce un mal ? je ne me permets pas de prononcer. Je crains avant tout, pour notre pays et pour la société, la domination de cette coterie républicaine qui n'a ni principes d'honneteté, ni capacité de gouvernement et qui nous mènerait lentement et sourdement aux mêmes abîmes que la république rouge.

Veuillez me rappeler à l'amitié du Chancelier. Ma femme me charge de tous ses souvenirs pour vous. Daignez agréer l'hommage de mes sentiments de respectueux attachement

D.

X

Madame Lenormant,
Nièce de Mme Récamier.

Ce 1er juillet 1848.

Chère Madame, j'ai vu hier chez ma tante le petit mot que
vous avez bien voulu adresser à M. Ampère et c'est dans les
circonstances présentes une joie vive que d'entendre parler
de ses amis.

Ma tante va assez bien ; elle a traversé ces affreuses journées avec tout le courage qu'on pouvait attendre d'elle. Nous
avons été séparés trois jours entiers d'elle, sans lettres, ni
communications. C'était une horrible angoisse. Hélas, et
qu'est-ce qui n'était pas angoisse dans ces terribles moments !
pendant cinq jours et cinq nuits, je ne voyais qu'à de rares
intervalles mon mari dont la légion et le bataillon ont tant
souffert, et je craignais à toute heure de le voir revenir
blessé ; ils ont perdu 8 hommes et comptent 80 blessés. Pour
lui, le ciel l'a protégé.

Aynard de La Tour du Pin a été blessé d'une balle et même
depuis l'extraction souffre toujours beaucoup. M. Beaudon
souffre peu, mais sa belle-mère a dit à ma tante qu'avant
plusieurs jours encore on ne serait pas certain d'éviter l'amputation.

Le duc de Noailles est revenu à Paris le vendredi 23 avec
son fils Jules ; l'un et l'autre ont fait le service le plus actif
dans la 10e légion. Mais cela ne suffisait pas au jeune courage
de Jules de Noailles, il a échappé à son père, s'est joint à la
garde mobile, a traversé avec elle à plat ventre sous le feu
des insurgés le pont du canal St Martin, s'est battu à la bar-

ricade de la Bastille et son père l'a ramené mercredi à la
duchesse de Noailles après l'avoir, disait-il, un peu grondé
de son héroïsme, mais en étant bien fier.

Sitôt qu'on a pu sortir, on s'est cherché avec un empressement bien mêlé de terreur. Au milieu de toutes ces circonstances si effroyables dont l'âme est encore navrée après la
victoire, l'état de M. de Chateaubriand a fait de rapides progrès vers une fatale conclusion. Je venais d'être un mois sans
le voir quand mercredi je suis allé chez lui. Sa maigreur est
effrayante, il tousse presque sans cesse et il s'est joint à ses
autres maux un catarrhe à la vessie qui lui cause par intervalles des douleurs très aiguës. Hier on n'a pas pu le lever. Il
m'a semblé que cet état de douleurs physiques avaient plutôt
reveillé qu'abattu ses facultés morales. Il m'a parfaitement
reconnue et m'a témoigné même une affection qui m'a touchée.

Quelques traits d'héroïsme de ces petits mobiles que je lui
ai racontés l'ont vivement ému. Il parle peu toujours, sa figure
est beaucoup plus altérée mais l'expression y vit. La douleur
a vaincu la paralysie. C'est plus déchirant à voir ; c'est moins
triste, l'être intelligent reprend l'empire. Mais je crois, chère
Madame, que cela ne peut pas durer long-tems. Le catarrhe
à la vessie dans les circonstances de maladie où se trouvait
déjà M. de Chateaubriand est des plus dangereux. Nous
approchons donc de ce terrible moment qui sera le plus rude
coup pour ma pauvre tante ; à mesure que je le vois approcher
j'en conçois plus d'effroi. Elle ne le voit pas et ne juge pas de
l'altération de sa figure ; il est fort patient et même dans les
plus vives souffrances se borne à gemir sans se plaindre, cela
contribue à lui faire illusion. Adieu, chère Madame, agréez
mille tendres et respectueux hommages.

ce 3 juillet 1848.

Chere Madame, M. de Chateaubriand a reçu l'extrême
onction hier à deux heures. Ma pauvre tante s'est établie
hier dans cette maison pour ne plus la quitter. Vous imaginez
aisément l'état où elle est ; hélas ! ce malheur est prévu depuis

bien long-tems, et il semble frapper à l'improviste. Il a une fièvre violente, une toux presque continuelle. Il ne dit rien et souffre avec une admirable résignation.

Ma pauvre tante épie là, au pied de ce lit, une parole, un mot, un adieu, qui ne viendront peut-être pas. Mais il sait qu'elle est là et n'y souffre nul autre.

Je vous ferai donner le bulletin de la journée et de la nuit prochaine, si tout n'est pas fini avant la nuit.

Mille hommages.

Jeudi [6 juillet 1848].

Je ne reçois rien de vous, chère Madame, mais vous devez avoir appris par M. Lenormant la fin de M. de Chateaubriand ; hélas ! vous devinez bien l'état de ma pauvre tante. Elle ne peut croire encore à ce malheur ; l'étourdissement de ce terrible coup, la fatigue physique l'empêchent de sentir le vide dont je suis plus épouvantée que je ne puis dire. Il faut espérer que le bon Dieu nous viendra en aide, car je ne sais ce qui serait assez puissant pour la soutenir dans de tels momens, si ce n'est une grâce d'en haut.

La cérémonie religieuse aura lieu samedi à midi précises à l'église des Missions ; le corps, déposé d'abord dans les caveaux, sera dans quelques jours transporté à St Malo.

A partir du dimanche après la réception des derniers sacrèmens, que M. de Chateaubriand a reçu avec toute sa connaissance et beaucoup de joie, il n'a plus adressé un mot à qui que ce soit. La fièvre qui avait une terrible intensité l'accablait, il était très rouge et entendait pourtant sans doute ce qui se faisait autour de lui, car il faisait un effort pour soulever ses paupières quand on s'approchait du lit, mais hélas, n'y parvenait pas. Mardi, à huit heures et demie, sa vie s'est éteinte tout doucement, sans agonie, sans souffrance. Ma pauvre tante, M. Louis de Chateaubriand, l'abbé de Guerry et une sœur de Marie-Thérèse étaient seuls présents dans cette chambre à ce solennel moment.

On n'a point retrouvé de testament ; les scellés ont été

apposés, ce qui me fait croire que M. L. de Ch. n'a accepté la succession que sous bénéfice d'inventaire. L'ébranlement est tel pour ma pauvre tante que ses idées sont encore toute confuses et, jusqu'à présent, elle n'a exprimé aucun desir, formé aucun projet. Elle confond, dans la même douleur, deux douleurs bien différentes, deux pertes bien intenses, celle de M. Ballanche et celle de M. de Chateaubriand. Hélas, c'était la meilleure part de sa vie et je n'ose regarder en avant.

Vendredi 7.

Cette lettre que j'avais laissée hier ouverte sur ma table, chère Madame, a été interrompue parce que j'ai été passé la journée à l'Abbaye aux bois. J'y ai trouvé la lettre que Monsieur Pasquier m'a fait l'honneur de m'écrire et qui a vivement émue ma tante.

M. le Chancelier permettra que je ne lui réponde pas aujourd'hui. Je viens aussi de recevoir à l'instant votre billet d'hier. Je vais le porter à ma pauvre chère tante. Il est bien certain que votre amitié est celle sur laquelle elle compte le plus, que votre nom est celui qu'elle prononce le plus et que vous êtes, chère Madame, la seule personne qu'elle pourrait voir avec joie. Je vais lui dire votre tendre pensée, je sais d'avance qu'elle en sera profondément attendrie. Je ne sais pas si elle l'acceptera. Je ne pense pas qu'elle veuille quitter Paris tant que le corps de M. de Ch. y sera. De plus, elle a une vive inquiétude du parti qui va être pris pour la publication des *Mémoires* et voudra être édifiée à ce sujet. Le seul désir qu'elle m'ait témoigné c'est de faire le voyage de St Malo. La route la plus courte est celle de Caen. Peut être nous arréterions nous quelques jours ou quelques semaines chez moi en Normandie avant de continuer ce triste pèlerinage. Je vous écrirai sans doute demain et vous manderai ce qu'elle aura résolu.

Mille respectueux et tendres hommages.

Ce 8 au soir.

Chère Madame, c'était aujourd'hui une cruelle journée et dont ma pauvre tante a bien souffert. Elle est dans un accablement qui fait pitié.

Je lui ai lu votre bonne et tendre lettre, elle en a été vivement émue ; personne mieux que vous ne la comprend, personne mieux que vous ne sait la plaindre, personne plus que vous ne pourrait la consoler. L'hospitalité si tendre que vous lui offrez aurait eu pour elle le seul charme qu'elle puisse encore ressentir, mais elle ne veut pas quiter Paris sans être éclaircie sur beaucoup de points qui l'inquiètent. M. Vertamy, qui était le conseil et en quelque sorte l'homme d'affaires de M. de Chateaubriand, absent de Paris, y est revenu seulement aujourd'hui. C'est par lui qu'on connaîtra les volontés de M. de Ch., au moins relativement à ses mémoires. Ma tante est d'ailleurs chargée d'accomplir un des legs de M. de Chateaubriand, c'est-à-dire de remettre à la ville de St Malo le portrait de Girodet qui était deposé chez elle.

A la nouvelle de la mort de M. de Ch., le duc de Noailles est sur le champ revenu de Maintenon. M. Briffaut entoure aussi ma pauvre tante des soins les plus délicats. Mais, hélas ! qu'est-ce que tout cela pour son pauvre cœur brisé ? De projets, nous n'en formons aucun. Elle dit qu'elle a peine à suivre, à lier, à retrouver ses pensées. Dans quelques jours peut-être pourrons-nous la déterminer à quelque chose. Je désirerais bien ardemment qu'elle s'éloignat au moins momentanément de l'Abbaye aux bois ; si vous aviez été à Chatenay, peut-être aurait-elle été vous y retrouver.

Paul David va tout à fait bien ; sa chute n'a été qu'un accident sans suite facheuse et, grace à Dieu, cette inquiétude là est du moins épargnée à notre pauvre affligée. Adieu, chère Madame, agréez le tendre hommage de mes sentimens.

ce 6 août [1848].

Vous avez écrit à ma pauvre tante, chère Madame, une bonne, longue et si tendre lettre qu'elle lui a fait du bien. Elle me charge de vous en remercier vivement. Votre langage est si tendre, si délicat, si sensible et si sensé que, de toutes façons, il devait arriver à son cœur. C'est avec une extrême émotion qu'elle l'a entendu. Elle veut que je vous dise combien vous avez bien su lui dire les seules choses qu'elle puisse entendre. Ses impressions, ses sentiments sont en parfaite harmonie avec ceux que vous exprimez ; elle se travaille dans le sens même que vous lui conseillez et elle *dit* qu'elle croit qu'elle obtient quelque chose. Peut-être, en effet, commence-t-il à y avoir quelque chose de moins âpre, de moins amer dans sa douleur ; mais, il ne faut pas se le dissimuler, le vide est infini. Rien ne l'intéresse plus, rien ne la touche plus, elle est comme absente d'elle-même. A force de prières, j'ai obtenu qu'elle sortît un peu presque tous les jours (elle ne voulait plus sortir de son appartement), mais c'est là tout. Elle ne dort point et sa pâleur est effrayante. Quand je m'inquiète de sa santé, elle me répond qu'elle s'étonne encore de supporter de tels coups. J'aurais voulu pour tout au monde lui faire quitter Paris ne fut-ce que pour quinze jours ; je n'obtiens rien, car je compte bien peu sur la promesse qu'elle me fait de venir me retrouver en Normandie. Aussi, chère Madame, j'ai le cœur bien navré. Ma santé est si détruite que, depuis six mois, je ne crois pas avoir eu huit jours sans souffrance. On me presse d'aller prendre les eaux bonnes à la campagne puisque je ne peux pas aller les prendre aux Pyrénées, et je partirai samedi prochain pour profiter des derniers jours de chaleur. Mais, quoiqu'il en soit, je ne consentirais peut-être pas à partir si je n'espérais un peu que cette absence la déterminera à partir aussi.

Voilà où nous en sommes. M. Ampère ne la quittera pas. Si elle venait en Normandie, il irait passer ce temps en Angleterre et Paul l'accompagnerait chez moi, mais, je le répète, j'espère bien peu qu'elle se décide. Ses pauvres yeux ont achevé de se perdre dans toutes ces émotions et ses larmes. C'est un obstacle de plus à lui faire arriver la moindre distraction.

La famille de M. de Chateaubriand est indigne pour elle ; croirez vous que L. de Chateaubriand, après avoir assisté avec elle à cette dernière et terrible scène de la mort, témoin de son dévouement si rare, si complet, si angélique, n'a pas même mis une carte chez elle, n'a pas éprouvé le besoin de lui exprimer sa reconnaissance au nom de toute la famille de l'ami qui sans elle aurait été livré à des gens de service...

Le portrait de Girodet est légué à St Malo, ma tante le savait, elle a prévenu toute demande et fait écrire au maire qu'elle était chargée du soin de remettre ce legs à la ville natale de M. de Ch. Elle vient d'en faire faire une copie qu'elle garde, mais, hélas, qu'elle ne verra pas. Le buste en marbre de David est légué au chateau de Combourg. Ma tante attend que M. L. de Chateaubriand le fasse réclamer. Dieu sait avec quelle mauvaise grâce cela sera fait. Tout porte la trace des volontés de Mme de Chateaubriand. Elle a abusé de l'affaiblissement de son mari pour lui faire signer avant sa mort à elle toutes sortes de dispositions qui n'auraient pas été sa volonté à lui ; et, comme sa mémoire était tout à fait éteinte, il n'en avait nulle conscience.

C'est grand pitié !

M. Piscatory, que j'ai vu au moment de son départ pour Tours, m'avait promis de vous parler de moi.

Adieu, chère Madame, permettez-moi de vous demander d'écrire encore, d'écrire de tems à autre à votre pauvre amie. De tous les amis qui lui restent encore, elle dit que vous êtes celle de [qui] l'absence lui est le plus pénible. Vous nous viendrez en aide cet hiver.

Veuillez agréer l'hommage de mes bien tendres sentimens.

XI

LA COMTESSE MOLLIEN

Claremont 21 août [1850].

Vous serez sans doute, Madame, quelque peu surprise du rapprochement de la date et de la signature de cette lettre. En passant par Paris dernièrement, je m'étais informée si vous y étiez pour vous demander vos commissions pour la Reine, pour vous dire aussi comment et pourquoi je me rendais près d'elle ; c'est une consolation que je ne sais pas repousser que de croire à votre interêt.

Depuis mon arrivée, je me promettais tous les jours de vous donner des nouvelles du Roi : elles ne sont rien moins que bonnes ; la Reine est inévitablement menacée d'un malheur pareil au mien et le chemin qui l'y conduit est bien autrement rude ! Un triste événement vient encore d'aggraver les soins et les soucis qui dévorent sa vie. Mme la d^{esse} d'Aumale, il y a quelques jours, est tout à coup accouchée à 8 mois, d'un enfant mort. C'était une fille, si chétive, si peu bien conformée que, fut-elle venue à terme, on assure qu'elle ne pouvait pas vivre. Le chagrin a donc été médiocre, mais le trouble a été grand. On devait partir le lendemain pour Richmond, il a fallu d'abord rester. Il faudrait maintenant y aller, parce que Mme la D^{esse} d'Orléans y est, que la P^{sse} Clémentine y arrive, et que le Roi se persuade que le changement d'air et de place lui sera salutaire.

La D^{sse} d'Aumale est très bien ; on ne ne se ferait pas de scrupule de la laisser ici, parce que la P^{sse} de Joinville resterait avec elle. Ce n'est donc plus elle qui retient, mais c'est Mgr le duc de Nemours qui garde la chambre depuis quelques

jours. On parlait de clous mal placés, le médecin dit aujour-
d'hui que c'est une entraxe (un anthrax) pour laquelle on
sera obligé de recourir à une petite opération chirurgicale,
et le départ est encore ajourné presqu'indéfiniment, au grand
déplaisir du Roi. Autour de lui le sentiment est tout contraire
et l'anxiété que cause son état de faiblesse, qui ne fait que
s'accroître, s'augmente encore par la pensée de le voir dans
cette situation quitter un lieu très digne, très convenable de
tous points, où il est en repos et bien logé, pour s'aller mettre
à l'auberge.

Je suis fort de cet avis et, pour mon compte, je regretterais
Claremont si je pouvais regretter ou désirer quelque chose ;
mais, en acceptant de venir passer quelque tems auprès de la
Reine, je me suis promis de ne plus penser à moi et cet effort
m'a été moins difficile que je ne croyais. Sa patience vraiment
sainte est une grande leçon de résignation.

Quelle que soit la douleur dont on puisse être atteint,
quelque profond que soit le malheur dont on se sente écrasé,
en face d'elle on aurait honte de se plaindre.

Elle sait que je vous écris et elle me charge, Madame, de
tous ses sentimens pour vous ; elle veut en même tems que je
vous dise qu'elle regrette bien de ne pouvoir vous donner
elle même de ses nouvelles et de celles du Roi aussi souvent
qu'elle le voudroit, mais qu'elle compte sur votre attachement
pour être sûre que vous comprener toutes les difficultés de
sa vie ; et il est certain qu'en suivant l'emploi de toutes les
minutes de chacune de ses journées on se demande comment
en effet elle a le tems de vivre. Grâce au Ciel, sa santé est
très bonne ; je ne l'ai jamais vue mieux. Mme la d^{sse} d'Orléans est bien quoiqu'encore maigrie ; ses fils sont grandis et
fortifiés.

Je retournerai en France probablement au commencement
de septembre. Avant de rentrer dans mon triste manoir, où
je passerai peut-être une partie de l'hyver, je m'arréterai
deux jours à Paris, et mon premier soin, Madame, si vous y
êtes, sera d'aller vous donner, avec un peu plus de détails, de
plus fraîches nouvelles des personnes et des lieux que j'aurai

quittés. J'espère que le séjour de Trouville aura eu comme
l'année dernière un bon effet sur votre santé. Je veux espérer
encore autre chose, Madame, c'est de vous trouver un peu
de bienveillante affection pour la pauvre malheureuse isolée.
Vous savez quel haut prix j'ai toujours su y mettre et, maintenant, je n'ai plus rien à perdre

A. D. Ctesse Mollien

Claremont, mardy 3 [septembre 1850].

Tout est fini, chère Madame, toutes traces de mort ont
disparu de ce triste lieu. Les huit chevaux du char funèbre
ont seuls marqué d'un signe royal ce royal cercueil et il repose
maintenant sous une simple pierre, dans le tout petit caveau
d'une toute petite chapelle particulière. Il ne sera conduit à
Dreux que lorsque ses fils auront droit de rentrer en France
avec lui. Cette résolution est hautement annoncée et toute
permission, qui par impossible pourrait être accordée, ne la
changerait pas. On ne veut pas laisser à cet égard le moindre
doute.

La journée d'hier a été rude pour la Reine; j'ai attendu
qu'elle fut passée pour pouvoir répondre d'autant mieux à
votre désir d'avoir de ses nouvelles. Elle ne s'est rien épar-
gné, mais son courage n'a point faibli; il est admirable et
au-dessus de tout ce qu'on pouvait espérer. Une seule fois, je
l'ai crue vaincue; la première lettre de la Reine des Belges,
en renouvelant de douloureuses émotions, donnait aussi de
facheux détails sur sa santé; elle aggravait les inquiétudes et
il fut facile de voir que tous les malheurs peuvent être sup-
portés excepté celui là. Il y a là un abyme qu'on n'ose pas
sonder. Que Dieu la ménage, cette sainte si vraiment sainte,
et lui mesure l'épreuve!

Vous savez, sans doute, Madame, qu'on ne forme aucun
projet que de rester non seulement unis, mais réunis. Le
dernier veu du Roi, la première parole de la Reine en se
relevant des bords de ce lit de mort, auront leur entier
accomplissement; on ne quittera pas Claremont. Mme la

d^{esse} d'Orléans vient de louer à un quart d'heure de distance une fort bonne maison pour y passer l'hyver. Il n'y a nulle part nulle intention de voyage. Ce faisceau de famille dont le pilier vient de disparaître ne semble devoir être brisé par rien, jusqu'à présent du moins. L'administration des biens ne sera même pas divisée, elle reste telle qu'elle est formée maintenant et dans les mêmes mains. Cette unité de sentiments et de vie répondra, je crois, aux vœux de leurs amis. Elle serait habile si, dans ce moment, ils pouvaient être servis par quoi que ce soit d'une manière utile ; mais, lors même qu'on n'agirait pas en vue de l'avenir, ce qu'on fait là est bon et bien, surtout on se garantit de tout regret, et c'est toujours là la grande affaire.

La santé de la Reine se maintient ; elle se promène tous les jours dans le parc et dort passablement. Sa douleur bien profonde est calme ; l'agitation ne vient que de la Belgique.

Je lui ai remis sur le champ votre lettre, ainsi que celle de M. le Chancelier. Elle répondra bien promptement à toutes deux. J'ai à m'accuser d'une petite indiscrétion, qui, je pense, cependant me sera facilement pardonnée ; je lui ai fait lire aussi la lettre que vous m'avez écrite en m'envoyant les deux autres. Il m'a semblé que je n'irais pas contre votre intention en lui donnant cette preuve de plus de vos sentiments pour elle. Ce dont je suis sûre c'est qu'elle en a été très touchée.

Chère Madame, je ne vous parle pas de moi, j'en aurais honte ; devant cette mort dans l'exil, comment oser se plaindre ! devant la Reine, comment ne pas essayer d'avoir du courage ! mais je suis loin d'avoir son admirable force et toutes ces lugubres scènes m'ont trouvée faible, je l'avoue. Vous avez deviné qu'il en pouvait être ainsi et je vous remercie de cette affectueuse pensée. Ce que vous avez deviné aussi, et je vous en remercie plus encore, c'est combien je m'applaudis d'avoir été près de la Reine dans ces tristes et si solennels momens. C'est un grand souvenir qui ne me quittera plus et un nouveau lien qui m'attache à jamais à elle. Je suis aise aussi d'avoir revu le Roi.

Voilà encore un long bonheur fini ! mais le cœur de la Reine est encore plein. Ce qu'il y a de profondément décourageant c'est de le sentir vide et de n'être plus rien pour personne.

Adieu, chère Madame, conservez moi un peu de bonne amitié ; vous savez quel haut prix j'y sais mettre et de quelle consolation elle peut être pour moi.

A. D. Ctesse MOLLIEN.

TABLE DES MATIÈRES

CHAPITRE XXI

APPENDICES

Quelques correspondants de Madame de Boigne.